Marc Lutz

Moderne Erzählformate

Die Entwicklung von Geschichten und IPs mit
Worldbuilding

UVK Verlag · München

Umschlagabbildung: © iStock/Mihaela Rosu
Abbildungen: Abb. 5: © Carole Raddato, Frankfurt, CC BY-SA 2.0, https://commons.wikimedia.org/w/index.php?curid=37881322; Abb. 6: Tierkreis: © iStock/Evheniia Vasylenko; Abb. 7: Christliches Kreuz, keltisches Kreuz, Ankh: © iStock/Aaltazar; Abb. 8: Monstranz: © shutterstock/godongphoto

Bibliografische Information der Deutschen Nationalbibliothek
Die Deutsche Nationalbibliothek verzeichnet diese Publikation in der Deutschen Nationalbibliografie; detaillierte bibliografische Daten sind im Internet über http://dnb.dnb.de abrufbar.

DOI: https://doi.org/10.36198/9783838562049

– Ein Unternehmen der Narr Francke Attempto Verlag GmbH + Co. KG
Dischingerweg 5 · D-72070 Tübingen

Internet: www.narr.de
eMail: info@narr.de

Einbandgestaltung: siegel konzeption | gestaltung
Druck: Elanders Waiblingen GmbH

utb-Nr. 6204
ISBN 978-3-8252-6204-4 (Print)
ISBN 978-3-8385-6204-9 (ePDF)
ISBN 978-3-8463-6204-4 (ePub)

MIX
Papier | Fördert gute Waldnutzung
FSC® C016368

utb 6204

Eine Arbeitsgemeinschaft der Verlage

Brill | Schöningh – Fink · Paderborn
Brill | Vandenhoeck & Ruprecht · Göttingen – Böhlau · Wien · Köln
Verlag Barbara Budrich · Opladen · Toronto
facultas · Wien
Haupt Verlag · Bern
Verlag Julius Klinkhardt · Bad Heilbrunn
Mohr Siebeck · Tübingen
Narr Francke Attempto Verlag – expert verlag · Tübingen
Psychiatrie Verlag · Köln
Ernst Reinhardt Verlag · München
transcript Verlag · Bielefeld
Verlag Eugen Ulmer · Stuttgart
UVK Verlag · München
Waxmann · Münster · New York
wbv Publikation · Bielefeld
Wochenschau Verlag · Frankfurt am Main

Marc Lutz lehrt u. a. an der Filmakademie Baden-Württemberg, an der Hochschule Darmstadt und an der Fachhochschule Graubünden mit den Schwerpunkten Worldbuilding und formatoffene Erzählung von Geschichten sowie Storytelling im kurzen Erzählformat. Er leitet das Major „Branded Motion" an der Fachhochschule Graubünden in Chur und Bern. Außerdem ist er Storymentor für das Migros Kultur Prozent Story Lab.

Für meine Studierenden
von Herzen.
Ihr habt meinen menschlichen und kulturellen Horizont erweitert.
Ich habe viel mit und durch Euch lernen dürfen.
Danke für den Austausch, das Wachstum und die Inspiration.

Dank

Mein Dank für die fachliche Betreuung geht an Prof. Georg Struck. Außerdem danke ich H. J. Dränert für die Geduld, den Glauben und die Lebensrettung, Heidi Boner-Schilling und Marie-Therese Mäder für das Mythologie-Mentoring, Inga von Staden für das Open-Minding und die guten Ideen, Axel Melzener und Markus Röthl für die fachlichen Tipps, Lidia Pirola für die wertvollen Inputs, Lukas Eckart für die Perspektive der Spieleentwickler und Sandra Bollenbacher für das erste Lektorat.

Inhalt

Download | Unter https://files.narr.digital/9783825262044/Zusatzmaterial.zip steht Ihnen die Worldbible sowie die Plot- und Formatidee zum Hades-Beispiel zur Verfügung. Außerdem finden Sie dort ein Beispiel für eine Figurenentwicklung. Daneben ist unter https://files.narr.digital/9783825262044/QR_liste.pdf eine Liste der Links aus dem Buch zu finden.

Für den praktischen Teil des Buches gibt es online eine Vorlage zum Aufbau einer eigenen Geschichtswelt. Die Worldbuilding-Vorlage findet sich unter http://www.miro.com/miroverse (Suchbegriff „Worldbuilding). Sie lässt sich auch direkt über die Suchbegriffe „miroverse worldbuilding canvas marc lutz“ finden. Es gibt eine englische und eine deutsche Version. Beide sind auch in der kostenlosen Version vollumfänglich nutzbar. Lediglich für den Download des Boards in hoher Auflösung benötigt man eine Vollversion. Für Studierende ist die Vollversion kostenlos (Stand August 2024).

Vorwort

Das Thema Worldbuilding war für mich als Autor und Regisseur filmischer Formate anfangs uninteressant, weil ich ganz klassisch in meinen gelernten Medienformaten, dem Kurzfilm, Werbefilm und Imagefilm, zu Hause war. Doch durch das Internet und die ständig neuen interaktiven und linearen Formate beschäftigte ich mich plötzlich mit digitalen Gamingformaten, VR/AR-Anwendungen, dem Storytelling und Storyliving in virtuellen Welten und der Frage, wie man Geschichten dafür konzipieren kann, ohne dabei an ein Format gebunden zu sein. Und hier kam für mich das Worldbuilding ins Spiel, um Geschichten ohne ein Fomatkorsett entwickeln zu können.

Die ersten Berührungspunkte und Workshops mit dem Thema Worldbuilding waren für mich ernüchternd. Ich erlebte Worldbuilding als hauptsächlich designbezogen oder perspektivisch so offen, dass man nach einem langen Entwicklungsprozess daraus nur schwer Narrationen generieren konnte oder die Welten im Aufbau inkonsistent zerfielen. Man konnte stundenlang über Sinn und Nutzen neuer Elemente der Welten diskutieren, weil sie kein inhaltliches „Fundament", keinen narrativen „Weltenkompass", hatten, von dem ausgehend man sich orientieren konnte. Manche Weltenbauer haben während des Design-Prozesses versucht, ihrer Welt ein narratives Fundament zu geben. Das kam aber meist zu spät und endete in Inkonsistenzen zwischen bestehendem Weltenbau und neuem Fundament.

Ich war auf der Suche nach einem ökonomischen Weltenbau, der auf einem starken, narrativen Fundament basiert, um so ein reichhaltiges Arsenal an spannenden Fragen, Konflikten, Plots und Figuren zu haben, die viel Potential für die Entwicklung von linearen und interaktiven Geschichten jeglicher Form bieten. Sei es für fiktive oder nicht-fiktive Projekte.

Beim Lesen diverser Bücher zum Thema Worldbuilding erhielt ich interessante Einblicke und ein gutes, theoretisches Fundament, aber ich war dadurch nicht fähiger, beispielsweise ein eigenes Worldbuilding aufzubauen. Was mir an der theoretischen Literatur gefehlt hat, war ein praktischer Handwerkskoffer, wie man die Theorie des Weltenbauens anhand eines eigenen Projektes in die Praxis umsetzen kann.

Und so entwickelte ich einen Prozess zum Aufbauen von Geschichtswelten, der auf ein verdichtetes, narratives Fundament setzt und den ich in diesem Buch vorstellen möchte.

Der Schwerpunkt bei diesem Worldbuilding liegt somit nicht auf dem Designen von Welten, sondern im Schöpfen reichhaltiger Plots aus der Welt für lineare, interaktive, transmediale Storytelling- und Storyliving-Formate.

Daraus kann man die Bausteine einer Geschichte ohne ein dazugehöriges Erzählformat entwickeln und somit formatoffen und multiperspektivisch arbeiteten. Denn

Worldbuilding ist das, was unter einer Geschichte liegt. Es ist das narrative Spannungsfeld, in dem sich die Geschichte kraftvoll entfalten kann.

Das Buch richtet sich an gleichermaßen an Medienstudierende und Berufseinsteiger wie an Medienprofis, die die Denkweise und das Handwerk des Weltenbauens für sich entdecken und dessen Vorteile nutzen wollen. Seien es Roman- und Drehbuchautoren, Spieleentwickler, Graphic-Novel-Designer, Werbende oder Medien-Produzierende und Distributoren.

Das im Buch vorgestellte Handwerk soll Medienschaffenden das Werkzeug an die Hand geben, selbst ein Worldbuilding und daraus die passenden Formate und Formatarchitekturen ableiten zu können. Und das nicht nur heute, sondern in einem sich ständig verändernden Medienmarkt, weil man sich mit diesen handwerklichen Grundlagen flexibel an neue lineare und interaktive Erzählformate im medialen Zeitgeist anpassen kann.

Ein Buch, das mir als handwerkliche Grundlage geholfen hat, ist *Building imaginary Worlds* von Mark J.P. Wolf, das ich hier als Ergänzung empfehlen möchte.

Da dieses Buch beim Worldbuilding den Schwerpunkt auf dem Erzählen von Geschichten setzt, wird, neben dem Aufbau der Welt, auch der Weg in den Plot behandelt. Somit begegnet man in diesem Buch auch narrativen Elementen aus dem Storybuilding. Allerdings werden sie im Worldbuilding formatoffen und multiperspektivisch behandelt.

Der Aufbau des Buches

Der Beginn des Buches (Kapitel 2) öffnet das Prinzip der Konzeption vom Format hin zum Weltendenken und erklärt die heutigen, marktpolitischen Aspekte anhand einiger Beispiele. Außerdem behandelt es die Grundlagen für das Entwickeln von Geschichtswelten.

Im Anschluss (Kapitel 3 bis 6) folgt der Praxisteil mit einem Leitfaden zum Aufbau eigener Geschichtswelten und mit dem Schwerpunkt auf Storytelling und Figurenentwicklung. Dabei gibt es generell zwei unterschiedliche Aufbauprozesse: das erweiterte Worldbuilding und das kleine Worldbuilding. Den Unterschied erkläre ich später im Buch. Ein Kapitel behandelt Mythologie für Weltenbauer als das unsichtbare Fundament einer Welt und das letzte Kapitel geht auf mögliche Formatstrategien ein, um von der Welt in die passenden linearen, interaktiven oder transmedialen Formate zu kommen.

Hinweise | Um den Lesefluss aufrechtzuerhalten verzichte ich auf die Einhaltung von Genderregeln. Ich wünsche mir, dass jeder Mensch seine Bedürfnisse in Freiheit ausleben kann, solange es anderen Menschen nicht schadet. Alle Menschen verdienen Respekt, unabhängig von Geschlecht, Herkunft, Religion oder sexueller Orientierung.

Spätestens im Praxisteil verwende ich die direkte, persönliche Ansprache. Für mich hat es sich beim Schreiben falsch angefühlt im Neutrum zu schreiben, wenn es im Praxisteil um das Anwenden kreativer Prozesse geht.
Der Einfachheit halber werde ich im Buch oftmals von *Medienschaffenden* sprechen und beziehe mich dabei auf sämtliche Berufsbilder, wie beispielsweise Roman- oder Drehbuchautoren, Spieleentwickler, Graphic-Novel-Designer, Produzenten oder Distributoren.
Wenn ich von *Geschichten* spreche, beziehe ich mich, neben den linearen Erzählformaten, auch auf interaktive Formate wie beispielsweise Spiele oder transmediale Formatarchitekturen.

1 Einleitung: Worldbuilding und der Nutzen für Medienschaffende

„Eine Welt benötigt keine Geschichte, aber eine
Geschichte benötigt eine Welt."
Mark J. P. Wolf

Netflix, Amazon Prime Video, Disney+ oder Steam – moderne Mediendistributoren suchen Geschichtswelten/IPs (Intellectual Properties) und deren Communitites, für die sie passende Inhalte produzieren können. Ob Filme, Serien, Spiele, Prequels, Sequels oder Spin-offs – der moderne Medienmarkt hat sich weg vom **Formatgeschäft** hin zum **IP-/Weltengeschäft** entwickelt. So wie es ein erfahrener Autor zu Mark J. P. Wolf gesagt hat:

> *„Als ich anfing, hat man eine Geschichte gepitcht, weil man ohne eine gute Geschichte keinen guten Film hatte. Später, als Fortsetzungen aufkamen, pitchte man eine Figur, weil eine gute Figur mehrere Geschichten ermöglicht. Und jetzt pitcht man eine Welt, weil eine Welt mehrere Geschichten über mehrere Medien hinweg ermöglicht."*[1]

Entsprechend sehen auch die Listen der erfolgreichsten Filme und Spiele, Comics und Graphic Novels aus. Dort finden sich fast ausschließlich Projekte, die in sekundären Welten spielen, Sequels, Prequels oder Spin-offs sind oder eine große Community haben.

Rank	Film	basierend auf
1	Avatar: The Way of Water	IP
2	Top Gun: Maverick	Sequel
3	Jurassic World Dominion	IP
4	Doctor Strange in the Multiverse of Madness	IP
5	Minions: The Rise of Gru	IP
6	Black Panther: Wakanda Forever	IP
7	The Batman	IP
8	Thor: Love and Thunder	IP
9	Water Gate Bridge	Sequel
10	Puss in Boots: The Last Wish	IP
11	Moon Man	IP

1 Wolf, 2021, S. 10, Übersetzung des Autors

12	Fantastic Beasts: The Secrets of Dumbledore	IP
13	Uncharted	IP
14	Sonic the Hedgehog 2	IP
15	Black Adam	IP
16	Elvis	Pop-Ikone, Community
17	The Bad Guys	IP
18	Bullet Train	Buch
19	Lightyear	IP
20	Smile	-.-

Tabelle 1 | Die 20 erfolgreichsten Kinofilme aus dem Jahr 2022 und worauf deren Geschichte basiert[2]

Rank	Spieletitel	basierend auf
1	Call Of Duty: Modern Warfare II	IP
2	Elden Ring	IP
3	Madden NFL 23	IP
4	God Of War: Ragnarök	IP
5	LEGO Star Wars: The Skywalker Saga	IP
6	Pokémon: Scarlet/Violet	IP
7	FIFA 23	IP
8	Pokémon Legends: Arceus	IP
9	Horizon II: Forbidden West	IP
10	MLB: The Show 22	IP
11	Mario Kart 8	IP
12	Call Of Duty: Vanguard	IP
13	Gran Turismo 7	IP
14	Kirby and the Forgotten Land	IP
15	NBA 2K23	IP
16	Sonic Frontiers	IP
17	Gotham Knights	IP

2 imdb.com

18	Minecraft	IP
19	Nintendo Switch Sports	IP
20	Super Smash Bros. Ultimate	IP

Tabelle 2 | Die 20 erfolgreichsten Games aus dem Jahr 2022 und worauf deren Welt basiert[3]

Rank	Titel	basierend auf
1	Batman Spawn #1 (One-Shot)	IP
2	Miles Morales Spider-Man #1	IP
3	Batman #130	IP
4	Amazing Spider-Man #15	IP
5	Dark Web #1	IP
6	Dark Crisis On Infinite Earths #7 (Of 7)	IP
7	Gargoyles #1	IP
8	Batman & The Joker The Deadly Duo #2 (Of 7) (Mature)	IP
9	Daredevil #6	IP
10	Thor #29	IP
11	Spider-Man #3	IP
12	Fantastic Four #2	IP
13	Immortal X-Men #9	IP
14	Amazing Spider-Man #16	IP
15	Invincible Iron Man #1	IP
16	Joker The Man Who Stopped Laughing #3	IP
17	Mary Jane & Black Cat #1 (Of 5)	IP
18	BRZRKR #11 (Of 12) (Mature)	IP
19	X-Men Annual #1	IP
20	Poison Ivy #7	IP

Tabelle 3 | Die 20 erfolgreichsten Comics aus dem Jahr 2022 und worauf deren Welt basiert[4]

3 Forbes.com

4 ComicHub, via ICv2. Leider gibt es zu Comic- und Graphic-Novel-Verkäufen keine validen Zahlen, die alle Verkäufe auf einem territorialen Markt (Bsp. Nordamerika) und das gesamte Jahr umfassen (inkl. Papier und digital). Die angeführten Daten beziehen sich auf Verkäufe in den USA. (https://icv2.com/articles/news/view/52997/comichub-reporting-based-comic-store-pos-data-updated)

In den USA wird heute kaum mehr ein Blockbuster, Spiel oder Comic entwickelt, der sich nicht auch als Storyworld/IP eignet. Oftmals kommen Filme, Spiele und Comics auch aus derselben IP, wie beispielsweise *The Last of Us, Uncharted, ResidentEvil, TombRaider , The Sandman, Star Wars,* oder *Warcraft.*

Worldbuilding ist zu einem **Produktionsstandart** großer Studios geworden. Neue mediale Formate werden größtenteils aus bestehenden Storyworlds/IPs entwickelt. Dadurch ist das Aufbauen und Erweitern von Geschichtswelten im modernen Medienmarkt zu einem wichtigen, erzählerischen Handwerk für alle Arten von Medienschaffenden geworden. Egal ob Roman- oder Drehbuchautoren, Spieleentwickler, Graphic Novel Designer, Produzenten oder Distributoren.

In Büchern beschreibt man die Welt, in Filmen stellt man die Welt dar und in Spielen kann man sie erspielen und erkunden.

Den Begriff *Worldbuilding* haben viele Medienschaffende bereits gehört, aber sie kennen meist das Potential nicht, das in diesem Handwerk steckt, weil der Begriff weitläufig verwendet wird und unterschiedliche Prozesse beschreiben kann. Er erstreckt sich von reinem Gestaltungsdesign über die Entwicklung von Fantasywelten bis hin zur Schaffung alternativer Gesellschaftsmodelle für die Entstehung neuer Metropolen. Doch was sind die Vorteile einer Geschichtswelt? Wann und wie baut man sie auf? Wie kommt man von der Welt in die medialen Erzähl- oder Spieleformate?

Dieses Buch behandelt Worldbuilding mit dem Schwerpunkt auf formatoffenes Erzählen von Geschichten sowie Formatstrategien, um aus den Geschichtswelten auch in lineare, interaktive oder transmediale Erzählformate oder Formatarchitekturen zu kommen. Es geht also nicht um das Designen von Welten, sondern darum, reichhaltige Plots aus der Welt schöpfen zu können für lineare, interaktive, transmediale Storytelling und Storyliving Formate.

Der klassische Weg: Die Welt

Geschichten, egal ob für lineare oder interaktive Spiele, Filme, Comics oder Theaterstücke, benötigen eine Welt, in der sie stattfinden. Viele Medienschaffende denken bei der Entwicklung einer Geschichte erstmal nicht über die Welt, in der die Geschichte spielen soll, nach, sondern in erster Linie an die **Geschichte,** die sie erzählen wollen. Sie erzählen sie in einer Welt, die sie kennen. Aber vielleicht ist diese Welt für das Thema oder die Geschichte noch nicht der optimale Nährboden. Daher ist es sinnvoll, sich bewusst mit der Welt auseinanderzusetzen, in der eine Geschichte spielen soll. Eine Geschichtswelt kann dabei in nur wenigen Aspekten von unserer Welt abweichen und sie kann auch nicht-fiktional angelegt sein. Im besten Fall wird die Welt ein spannender, narrativer Boden, in dem sich die Geschichte kraftvoll einfalten kann.

Der klassische Weg: Das mediale Format

Geschichten oder Spiele werden von ihren Schöpfern normalerweise in einem **Formatkorsett** entwickelt. Also beispielsweise im Format eines Kurzfilms, Multi-Player-Games, Theaterstücks, Romans, Comics oder in einem anderen Spiele- oder Erzählformat, das bereits formatspezifische, dramaturgische Eigenheiten und Begrenzungen mitbringt. Es kann jedoch sinnvoll sein *zuerst* die Geschichte formatbefreit in ihrem ganzen narrativen Potential zu entfalten, bevor man sie in ein Formatkorsett überführt.

Aber der spannendste Aspekt einer neu erschaffenen, sekundären Welt ist vor allem die Beziehung zwischen unserer realen Welt und dieser imaginierten Welt. Dieses **dramaturgische Spannungsfeld** der Beziehung zwischen realer und imaginärer Welt ist ein zentraler, dramaturgischer Muskel für Geschichtenerzähler. Hier entscheidet sich, ob eine sekundäre Welt einen narrativen Sog entwickelt oder nichtssagend, beispielsweise im Design, verhaftet bleibt.

Minimale und maximale Welten

Die Charts vom Beginn des Kapitels führen einige große Welten auf, z. B. bei *Avatar, Pokémon* und *Batman.* Doch eine Welt muss nicht immer riesig sein. Sie kann auch etwas Kleines sein, um daraus z. B. Mini-Serien oder Mini-Games zu entwickeln.

Beispiel | Eine minmale Handlungswelt kann beispielsweise aus einem schwarzen Strich auf weißem Untergrund bestehen. Eine Regel dieser Handlungswelt könnte die physikalische Grundlage sein, dass es auch in dieser stilisierten Welt Schwerkraft gibt und die Welt an den Grenzen der weißen Linie endet. Hier können nun weitere Regeln definiert werden, die auch als Regeln einer Serienwelt übernommen werden können.
Die Figuren in dieser Welt sind ein Kreis und ein Quadrat, die sich auf dem Strich befinden. Der Kreis ist der feminine Teil: verspielt, elegant, leicht und dynamisch. Das Quadrat ist der maskuline Teil: schwerfällig, kräftig und langsam. Emotionaler Ausdruck wird durch die Art der Bewegung der Figuren fühlbar, sowie durch einfache Laute, die sie von sich geben können.

Abbildung 1 | Eine minimale Handlungswelt mit Kreis und Quadrat

Das Thema der Welt ist *Sehnsucht* und somit ist die treibende Kraft beider Figuren die Liebe und Sehnsucht, die sie füreinander empfinden. Doch ein Strich als antagonistische Gegenkraft trennt beide Figuren voneinander. Die Fragen in dieser Welt wären: Werden Kreis und Quadrat es schaffen, den Strich zu überwinden, um sich zu vereinigen? Wird sich ihre Sehnsucht erfüllen?
Aus dieser kleinen Welt, die erstmal ohne eine Formatperspektive entwickelt wird, kann man nun lineare und interaktive Formate entwickeln. In einer Animationsserie wäre beispielsweise die Leitfrage: *Wie* werden die Figuren es diesmal schaffen, die Linie zu überwinden? In einem Mini-Game wäre die Leitfrage: Wirst Du es schaffen, die Hindernisse zu überwinden und die Figuren zusammen zu führen?

Im Gegensatz dazu auch noch ein Beispiel für eine **maximale Welt.** Diese Hades-Welt haben Jessica Bauer, Lola Grösch, Sina Minor, Jennifer Rink und Britta Schumann in einem meiner Worldbuilding-Kurse entwickelt. Im Buch wird das Fundament dieser Welt verwendet.

Beispiel | Die Hades-Welt behandelt das Thema *Tod*, den Umgang mit seiner Ungewissheit und den Verlust geliebter Menschen. Die Leitfrage der Welt ist: *Ist es wirklich gut zu wissen, wann man stirbt?* Die passende Weltenprämisse dazu ist: „Stell Dir eine Welt vor, in der jeder weiß, wann er sterben wird." Diese sekundäre Welt entspricht dabei in vielen Belangen unserer Welt, bis auf ein geändertes Naturgesetz: In dieser Welt kommt jeder Mensch mit einer Art länglichen Narbe auf der Innenseite der Unterlippe auf die Welt. Anhand der Länge der Narbe kann man das zu erwartende Lebensalter einer Person bis auf die Woche genau bestimmen. Mit diesem veränderten Naturgesetz kann man nun Gesellschaften und Kulturen aufbauen, die ganz unterschiedlich mit dieser Lebensnarbe umgehen.
Wie sehen Schöpfungsmythologien, Religionen und Kulturen in dieser Welt aus? Gibt es Religionen in dieser Welt, die es verbieten, die Narbe auszulesen? Oder Kulturen, die diese Narbe bei der Geburt der Menschen entfernen? Was wären deren Motivationen? Gibt es Lebensversicherungen in diesen Gesellschaften? Wie würde ein Dating-Portal in dieser Welt aussehen? Welche Frage steht bei einem ersten Date im Raum? Finden Beerdigungsrituale noch mit den Lebenden, aber bald sterbenden Personen statt, so dass man sich noch zu Lebzeiten voneinander verabschieden kann?
Diese Weltenprämisse und die Änderung eines Naturgesetzes eröffnet viel Spannungspotential für den Aufbau einer Geschichtswelt. Vor allem aber spiegelt diese Prämisse starke Fragen in unsere Welt: Ist es gut zu wissen, wann man stirbt? Wie gehe ich mit dem vorhersehbaren Tod einer geliebten Person um? Will ich überhaupt wissen, wie lang die Narbe meiner geliebten Mitmenschen ist? Will ich wissen, wie lange meine eigene Lebensnarbe ist?

Diese Welt weicht in nur einem Naturgesetz von unserer Welt ab, liefert aber viel Potential für den Aufbau von Mythologien, Kulturen und Gesellschaften und spannende Fragen für die Entwicklung von Geschichten aus der Welt.

Diese Beispielwelt wird sich durch das ganze Buch ziehen. Anhand dieser Welt werden verschiedene handwerkliche Aspekte des Worldbuildings erlebbar werden. Den bisherigen Stand des Worldbuildings und einen ersten Plot aus der Welt steht zum Download zu Verfügung.

Die Medienschaffenden im Treibsand der medialen Erzählformate

Als ich im Jahr 3 b. Y. (before Youtube) meinen Abschluss in der Werbefilmabteilung an einer Filmhochschule gemacht habe, wurden dort zwei Formate gelehrt: Der Werbefilm und der Imagefilm. Der Medienmarkt bestand aus überschaubaren Distributionskanälen (Kino, TV, DVD, VHS-Video) in der Hand weniger großer Distributoren und die Halbwertszeit der bis dahin gelehrten und produzierten Erzählformate ging in die Jahrzehnte.

Lief im Fernsehen am Samstagabend die Sendung *Wetten, dass..?* mit Thomas Gottschalk, saß gefühlt das gesamte deutschsprachige Europa vor dem Fernseher und am Montagmorgen hatte man ein gemeinsames Thema, über das man mit allen Altersgruppen und durch alle gesellschaftlichen Schichten sprechen konnte.

Heute, gute 20 Jahre später, hat sich der Medienmarkt fundamental verändert. Wir befinden uns im **Zeitalter der geteilten Inhalte** und der **geteilten Aufmerksamkeit.** Der Markt erschafft ständig neue Devices und Softwareplattformen die neue mediale Interaktions- und Erzählformate hervorbringen. Das Social Web gibt uns eine Macht, die noch vor 15 Jahren undenkbar gewesen wäre. Wir leben heute in der Mediendemokratie: Produzent und Rezipient begegnen sich auf Augenhöhe. Viele große Webplattformen arbeiten nur noch mit User Generated Content. Der Rezipient ist zum **Prosument** (= professional consumer) geworden.

Wetten, dass..? war gestern. Jugendliche mit einem Altersabstand von wenigen Jahren kennen ihre medial konsumierten Inhalte untereinander nicht mehr, weil es keine gemeinsame Referenzkultur mehr gibt. Die Mediennutzung war noch nie so divers wie heute. Medienkonsumenten leben heute in individualisierten, digitalen Filterblasen, die durch personalisierte Algorithmen erzeugt werden.

Wie konsumiert der Mensch heute? In jedem Augenblick entstehender Langeweile, Unsicherheit oder Einsamkeit zieht man das Smartphone aus der Tasche, um sich einen der täglich unzähligen, homöopathischen Dopamin-Kicks abzuholen, auf der Suche nach einem versüßten Augenblick, der Momente später wieder vergessen ist. Gleichzeitig sind die meisten Menschen durch die unzähligen medialen Impulse und unendlichen Feeds gelangweilter denn je.

Das Smartphone ist 24/7 geworden. Viele Menschen gehen abends mit dem Blick auf das Smartphone ins Bett und stehen morgens mit dem Blick auf das Smartphone auf. Es ist digitales Kommunikationszentrum, Arbeitsgerät und Zentrum unserer Lebensplanung geworden. Man verbindet es mit Wearables und sämtlichen Lebenszubehör. Es begleitet auf dem Weg zur Schule und zur Arbeit, viele fühlen sich hilflos, wenn das Handy nicht dabei ist.

Wir stehen morgens auf und unser Geist wird abgefüllt mit medialen Inhalten, noch bevor er richtig wach ist. Unsere Konzentrations- und Aufmerksamkeitsfähigkeit ist durch die ständigen medialen Inputs und das dauerhaft geistige Abgefülltsein auf ein Minimum gesunken. Aufmerksamkeit ist in diesem Zeitgeist die neue Währung geworden. Konsumieren wir die sozialen Medien oder werden wir von ihnen konsumiert?

Hinzu kommt, dass sich die technische Produktionsqualität von Produzent und Rezipient im visuellen Endprodukt kaum mehr unterscheiden. Ein modernes Smartphone kann heute eine Bildqualität erzeugen, die für den Laien nicht mehr von professionellen Kameras zu unterscheiden ist. Allein mit schönen Bildern, edler Grafik, aufwändigen visuellen Effekten und Animationen kann sich ein Medienproduzent heute nicht mehr abheben.

Der Inhalt macht den Unterschied

Wie kann man als Medienschaffender dieses mediale Grundrauschen durchdringen und aus der Masse der Produktionen herausstechen? Guter Content war noch nie so wichtig wie heute. Doch guter Content ist selten geworden. Viele Distributoren und Kunden sind heute nicht mehr bereit, Geld für eine gute Idee und den Prozess der konzeptionellen Entwicklung von Inhalten und Geschichten auszugeben. Sie bezahlen für das Resultat: die Produktion der Formate.

Guter Inhalt kostet Zeit, Mühen und somit Geld. In einer digital-medialen Welt, in der Inhalte inflationär verbraucht werden, und mediale Projekte auf kurze Halbwertszeiten ausgelegt sind, laufen die Kosten in möglichst billige, schnelllebige, aber erfolgsversprechende Formate, denen es meist an starken und originären Inhalten mangelt. Hier kann man mit guten Geschichten aus spannenden Welten und in ungewohnten Erzählformaten aus der Masse der Mittelmäßigkeit herausstechen.

Künstliche Intelligenz und die Produktion von Inhalten

Gleichzeitig hält die maschinelle Intelligenz Einzug in die Konzeption, Produktion und Evaluation von medialem Content: Neben den populären Plattformen hat beispielsweise Largo Films (Schweiz) mit Largo.ai einen **Algorithmus** entwickelt, der Geschichten bereits in der Konzeption auf das Zuschauererlebnis hin analysiert, daraufhin dramaturgische Änderungen des Inhalts vorschlägt, den möglichen Hauptcast mit dem Content abgleicht und hilft, die richtigen Entscheidungen für das gewünschte Publikum (Arthaus oder Mainstream?) und einen Zuschauererfolg zu treffen. Ebenfalls eine Vorhersage der möglichen Einnahmen.

The Scriptbook, ein ähnliches Tool zum Greenlighten von Geschichten, analysiert Drehbücher auf Figuren, Protagonisten, antagonistische Kräfte und Emotionen und sagt Zielgruppe und Box-Office voraus. Und das ist erst der Anfang eines neuen Zeitalters: Disney wiederum hat Dialogprototypen für personalisierte Gespräche zwischen K. I. und Kindern entwickelt, gleicht bei Testscreenings neuer Filme mit einem Algorithmus die emotionalen Reaktionen via Facial Performance Capture der Zuschauer ab und vergleicht diese mit der emotionalen Zuschauererwartung an das Projekt. Bleiben die Reaktionskurven unter der Erwartungskurve, geht das Projekt zurück in die Produktion.

Bereits 1998 organisierte Douglas Hofstadter ein Konzert der besonderen Art: Ein Pianist spielte drei Stücke im Stil von Bach aber nur eines war eine Komposition von Bach. Ein Stück war die Komposition eines Musikprofessors, den Stil Bachs nachahmend, und eine Komposition entstand durch einen Algorithmus. Das Publikum, in dem Bach-affine Zuhörer saßen, musste erraten, welches die echte Bach-Komposition war. Das vom Publikum gewählte Stück war das vom Algorithmus komponierte.

Wie werden sich Algorithmen auf uns Geschichtenerzähler auswirken? Wie werden sich unser Berufsbild und die Erzählformate durch Algorithmen verändern? Wie kreativ kann ein Algorithmus sein? Oder, wie es Douglas Hofstadter formulierte: *Ist die Seele irrelevant für die Komposition von Musik?*

Der Weg zur IP und deren Geschichtswelt

Moderne Algorithmen sorgen dafür, dass Konsumierende heute genau die Inhalte erhalten, auf die sie reagieren. So befindet sich jeder moderne Medienkonsument in seiner individuellen „Bubble“ (Medienblase). Distributoren sind händeringend auf der Suche nach Inhalten, um zu den großen Bubbles mit ihren vitalen Communitites durchdringen zu können. Das geschieht fast nur noch IP-basiert, also über die **Suche nach Spiel-, Geschichts- und Werbewelten,** die bei großen Communities funktionieren und aus denen sich unbegrenzt neue Inhalte produzieren lassen. Auf diese Weise kann man bestehende Communities bedienen, aber diese auch durch neue Inhalte erweitern und somit die Reichweite und den Wert der IP erhöhen. Genau hier beginnt das Umdenken von der Formatproduktion hin zur Welt, IP und deren Communities, auf das ich im zweiten Kapitel eingehen werde.

Wo befindet in diesem unruhigen Zeitgeist der Ruhepol und die Komfortzone für Geschichtenerzähler und welches Handwerk hilft, in diesem unruhigen Meer der beständigen Veränderungen flexibel anpassbar zu sein?

Der ewig ruhende Pol im Treibsand der medialen Formate: die klassischen Dramaturgien

Während Endgeräte, Onlineplattformen und deren medialen Formate kommen und gehen, bleibt eine Konstante bestehen: Die klassischen Dramaturgien des Erzählens und der Mensch in seinem Wesen und seinen Bedürfnissen selbst.

Für Medienschaffende ist der Mensch der handwerkliche Ruhepol. Seine Psyche und die tief darin liegenden Fragen und Bedürfnisse haben sich seit Jahrtausenden nicht verändert. Je besser man den Menschen in seinen emotionalen (und manchmal irrationalen) Handlungen, Sehnsüchten, Träumen, Ängsten und den daraus erwachsenden Wünschen und Bedürfnissen versteht, desto besser kann man für ihn Welten und Geschichten konzipieren. Und der „Homo narrans" liebt Geschichten und das Eintauchen in fremde Welten. Unser Gehirn ist auf das Aufnehmen und Erzählen von Geschichten ausgelegt.

Inhalt und Erzählformat

Das Erzählen von Geschichten lässt sich in zwei Säulen aufteilen: Den Inhalt – was erzählt wird – und das Erzählformat – wie es erzählt wird. Während sich der Inhalt unserer Geschichten im Kern kaum verändert hat, ist die Variable das Erzählformat. Früher haben Menschen Felswände mit Jagdgeschichten bemalt und Mythologien ihres Stammes am Lagerfeuer erzählt. Im Mittelalter gab es das Markttheater, bis es die Kirche verbot und selbst die Predigt von der Kanzel ist ein Erzählformat. *Romeo und Julia* war in seinem ersten Erzählformat ein Theaterstück, dann folgten Adaptionen als Buchroman, Opern, Musicals, Ballettaufführungen, Spielfilme, Hörspiele, VR-Experiences und in einigen Jahren vielleicht eine interaktive Holo-Deck-Experience: Formate sind in ständiger Evolution. Sie kommen und gehen. Was bleibt, ist der Inhalt, die Geschichte und die Welt, in der sie spielt.

Die Emanzipation vom Erzählformat

Wir kommen aus einer medialen Zeit, in der Content für bestimmte Formate generiert wurde und wird. Bisher haben Verlage, Sender und Medienproduzierende in Büchern, Sendeplätzen, Kinoslots, DVD- und Bluray-Auswertungen und deren Formatkorsette gedacht. **Das Format bestimmte den Inhalt:** Was passt ins Vorabendprogramm? Was auf den Freitagabend um 20:15 Uhr? Welche Romcom platzieren wir im Kino parallel zum neuen James Bond? Das ist die Suche nach Inhalten für feste Formate. Das Format definiert Inhalt, Genre, Tonalität, Filmlänge und meist noch ein ganzes Regelwerk an Vorgaben. Ein Formatkorsett, in das Geschichten hineingeschrieben werden.

Als der Gameboy 1989 auf den Markt kam, war die Hauptfrage vor der Veröffentlichung, welches Spiel mit dem Gameboy verkauft wird, um dieses neue Format mit einem passenden Spielerlebnis zu füllen. Denn wenn es keine gute Anwendung dafür gibt, kann der Konsument damit nichts anfangen, schrieb Microsoft-Gründer Bill Gates 1996 bezogen auf das Internet in einem Beitrag mit dem Titel „Content is king“. Der damalige CEO der Fox Corp. Rupert Murdoch erweiterte Bill Gates' Aussage mit "Content is not just king. It is the emperor of all things electronic." Doch mit neuen Devices, Plattformen und Apps und der Erweiterung des linearen Fernsehens in neue Distributionskanäle, Mediatheken, Streaming-Plattformen sowie den interaktiven Spiel- und Erzählmöglichkeiten sind klassische Erzählformate nur noch eine Möglichkeit von vielen geworden.

Die Dogmen klassischer Erzählformate sind obsolet, weil man heute eine Möglichkeit hat, die vor 15 Jahren noch undenkbar gewesen wäre: Man kann das Erzählformat passend für den Inhalt entwickeln und in den Spiel- oder Erzählformaten erzählen, die zu den jeweiligen Communitites und Rezipienten passen. Der Inhalt muss nicht mehr dem Format(korsett) folgen, sondern das Format kann an den Inhalt und die Rezipienten angepasst oder dafür extra entwickelt werden.

Somit ist der vielleicht wichtigste Schritt für Medienschaffende, den **Content vom Erzählformat getrennt zu behandeln**. Gedanklich aus den Dogmen der Erzählformate auszubrechen und erstmal die Frage zu stellen, welches Potential in einer Geschichte liegt und in welchen Formaten die jeweiligen Rezipienten aktuell unterwegs sind. Genau hier beginnt das Pre-Development einer Geschichte und hier kommt das Worldbuilding ins Spiel, in dem alle Elemente der Geschichte angelegt werden, bevor es zur Entwicklung medialer Formate kommt. Hier hilft das Handwerk des Worldbuildings: zuerst die Geschichten formatoffen entwickeln, bevor dazu die passenden, medialen Formate entwickelt werden.

Zum Schluss noch eine Anekdote zur unterschiedlichen Mediennutzung zweier Generationen: Nachdem der Fernseher meiner Eltern den Geist aufgegeben hat, habe ich ihnen einen Smart-Fernseher gekauft, so dass sie auch Streaming-Angebote nutzen können. Meine Mutter hatte vom Streaming gehört und sie wollte das jetzt auch haben. Ich habe ihr erklärt, dass Streaming wie eine Bücherei funktioniert, in der man digital durch die Buchreihen gehen, und sich „DVDs“ anschauen kann, wann und wie man möchte. Ich habe ihr einen Film angespielt, den sie sehen wollte, ihr die Möglichkeiten vom non-linearen Abspielen und Pausieren gezeigt und dann gefragt, ob sie das Prinzip verstanden hat. „Klar!“, kam als Antwort. Wir haben gemeinsam gegessen und als ich die Wohnung verließ, hat sie mich gefragt, wann denn der Film im Streaming läuft. Da wurde mir klar, dass die Mauern der Gewohnheit höher sind, als ich es erwartet hatte.

> Die Formatmöglichkeiten enden heute nicht mehr mit den Limitierungen der Technologien, sondern in unseren Köpfen.

2 Vom Format- zum Weltendenken

2.1 Communities: Der Wert einer Geschichtswelt und das automatische Publikum

Was haben Jesus Christus, Mohammed, James Bond, Homer Simpson, Donald J. Trump und Kim Kardashian gemeinsam? Sie alle haben eine aktive Anhängerschaft, die ihnen in ihre Welten (und Wertesysteme) folgt. Je größer diese zahlende Anhängerschaft ist, desto wertvoller wird auch die „Geschichtswelt/IP" und desto einfacher lassen sich neue Formate aus dieser Welt finanzieren.

Der Wert einer Geschichtswelt misst sich an der Größe und Vitalität ihrer Anhängerschaft.

Der strategische Schritt weg von der klassischen Formatproduktion, hin zu Geschichtswelten und IP kann man beispielsweise deutlich bei Streaming-Plattformen beobachten:

- Als Amazon Prime Video die neue *Star-Trek*-Serie *Picard* (2020) mit der Figur des *Jean-Luc Picard* in der Hauptrolle ankündigte, ging ein lang gehegter Traum vieler *Star-Trek*-Fans in Erfüllung. Seit vielen Jahren war es ein Wunsch der weltweiten *Star-Trek*-Community, die Geschichten um *Jean-Luc Picard* aus der *Star-Trek*-Welt fortzusetzen. Der Rechteinhaber Paramount Global hat auf diesen Wunsch jahrzehntelang nicht reagiert und so musste erst Prime Video kommen, um diesen Wunsch der Community zu erfüllen. Für Prime Video ist das beileibe keine sentimentale Entscheidung, sondern eine strategische. Denn diese Eigenproduktion bringt neue Abonnenten aus der *Star-Trek*-Community auf die Streaming-Plattform.
- Schaut man sich die **Eigenproduktionen** im Jahre 2021 der Amazon Studios an, findet man viele Projekte, die auf großen Fan-Bases/Communities aufbauen. So zum Beispiel bei der Comedy-Serie *LOL: Last One Laughing*. Hier bringt jeder Comedian bereits eine Anhängerschaft mit. Die Serie vereint somit die jeweiligen Anhänger der Comedians zu einer großen Community. Ähnliches bei der Buchverfilmungen: Mehr als 1 Mio. Buchverkäufe und die internen Nutzerdaten von Amazon führten zu der Serienverfilmung *Der Greif* von Wolfgang Hohlbein, einer der erfolgreichsten Autoren Deutschlands. Hier wird es sicherlich eine große Community geben, die Interesse an der Verfilmung haben wird. Mit Sebastian Fitzek schlossen die Amazon Studios einen Exklusivdeal für die Verfilmung drei seiner Romane als Serie. Hier kennt Amazon als Buchhändler die Verkaufszahlen der Bücher und somit die Größe der interessierten Community. Im Non-fiction-Bereich produzieren die Amazon Studios Doku-Serien über Bushido und den Fußballverein Bayern München. Auch hier bringen die Hauptakteure jeweils umfangreiche Communities und somit zahlenden Streamingkunden mit.

- *Batman* und der *Joker* sind zwei Figuren aus dem *DC*-Universum, das auf eine große Community blicken kann. Heath Ledger hat in dem Psycho-Thriller *The Dark Knight* (2008) einen *Joker* dargestellt, der durch seine starken menschlichen Züge eine ungeahnte Tiefe bekam. Selbst das Make-up bröckelte und man konnte den Menschen hinter der Maske fühlen. Eine angstfreie Figur, die weder nach Geld oder Besitz strebte und den Kapitalismus anprangerte. Die Zuschauer waren von dieser Figur fasziniert und es entstand das Bedürfnis, mehr über die Hintergründe dieser Figur zu erfahren. Todd Phillips, der Autor und Regisseur von *Joker* (2019), erklärte, sein Film handele nicht vom *Joker*, sondern erzähle die Geschichte von dem Mann, der einmal *Joker* werden soll. Hier wurde die antagonistische Figur der *Batman*-Filme plötzlich Hauptfigur in einer eigenen Erzählung, in der *Batman* eine kleine Nebenrolle spielt. Stellen Sie sich den Film *The Joker* als ein eigenständiges Werk vor, das nichts mit der *Batman*-Welt von D.C.-Comics zu tun hätte. Ein arthausiges Psychodrama und intensives Psychogramm des werdenden *Jokers*. Hätte dieser Film dieses starke Zuschauerinteresse gehabt, wenn es sich nicht die Figur des *Jokers* aus der DC-Welt gewesen wäre? Der *Joker* hat als Figur aus der Geschichtswelt des *Batman* eine feste Community und so ist es auch möglich, mit einem „arthausigen" Genrefilm einen Kassenschlager zu produzieren.

Beispiel | Wir alle kennen die Walt Disney Company als Heimat von *Mickey Maus*, *Donald Duck* und vielen weiteren Comic- und Märchenfiguren. Doch Disney hat seinen Kanon an Geschichtswelten in den letzten Jahrzehnten permanent erweitert. Zuerst mit dem Zukauf von Pixar und dessen Welten und Figuren, dann folgte das Marvel Cinematic Universe (*Avengers, Fantastic Four, Blade, Thor, Spider-Man, Guardians of the Galaxy, Iron Man, Hulk* u. v. m.), Lucasfilm Ltd. (*StarWars, IndianaJones, Monkey Island* etc.) und schließlich 21st Century Fox (*The Simpsons, Deadpool, Avatar, X-Men,Modern Family, National Geographic* u. v. m.). Damit besitzt Disney die wertvollsten IPs der globalen Unterhaltungsbranche. Mit *Disney+* besitzt Disney auch seine eigene Streamingplattform, sowie weltweit diverse TV-Sender um seine eigenen Inhalte unter die Zuschauer zu bringen. Die Walt Disney Comapny ist somit Herr der Geschichtswelten und ihrer Distribution. Was das für einen Druck unter den Distributionsplattformen erzeugt, kann man an den verfügbaren Titeln bei Netflix sehen: Vor 2019 hatte Netflix noch sämtliche Disney-Titel im Programm. Durch den Start von *Disney+* zog Disney seine Titel auf seine eigene Distributionsplattform. Mit dem Start von *Paramount+* Ende 2022 verloren auch Amazon Prime Video und Netflix weiter Inhalte aus dem *Star-Trek-Universe*, sowie klassische Paramount-Titel. Und so spielt sich aktuell das Leben und Sterben der Streamingdienste anhand vorhandener IPs ab.
Wer hat die nächste Geschichtswelt (IP), mit der sich Zuschauer gewinnen und halten lassen? Denn wer die Geschichtswelten und deren Formate besitzt, gewinnt auch die dazugehörigen, zahlenden Communities.

Die großen Distributoren suchen heute händeringend neue IPs und Geschichtswelten, aus denen sich Medienformate, meist Serien und Spiele, erzählen lassen und mit denen man große Communities an sich binden kann. Das bringt beispielsweise Amazon Prime Video dazu, für einen kleinen zeitlichen Abschnitt aus der *Herr-der-Ringe*-Welt 250 Millionen Dollar für die globalen Verfilmungsrechte zu bezahlen, um daraus eine neue Serie zu entwickeln, die wiederum die *Herr-der-Ringe*-Fans an die Streamingplattform binden soll.

Auch im Gaming-Markt gibt es Unternehmen, die ihre Inhalte von der Welt bis hin zur Distribution der Gamingformate in einer Hand halten. Gamern ist die *Valve Corporation* ein Begriff. Das amerikanische Unternehmen produziert Spielewelten wie unter anderem *Half-Life, Counter-Strike, Portal, Team Fortress, Left 4 Dead* und *Dota* und setzt dabei auf Spieleserien, die aus eigenen Geschichtswelten entwickelt werden. Somit werden bestehende Communities gepflegt. Daneben hat Valve mit *Steam* eine eigene Distributionsplattform für eigene und fremde Inhalte, sowie eigene Hardware, wie *SteamVR* oder *Steam Deck* im Angebot. Also eine ähnliche Architektur wie Disney: Eigene Geschichtswelten, daraus diverse Spielformate und eine eigene Distributionsplattform. Im Gegensatz zu Disney produziert Valve allerdings gerne komplett neue Spielwelten oder Gameplay-Konzepte, anstatt alte immer wiederzuverwenden und sie sind generell für ihre Kreativitätsbereitschaft bekannt.

2.2 Der ökonomische Aspekt: Formatbusiness vs. IP-/Weltenbusiness

Die Beispiele der großen Streamer und der Valve Corporation zeigen, dass sich für Produzierende, Verlage und Distributoren der Blick auf den Unterschied zwischen klassischem Formatbusiness und Weltenbusiness lohnt.

Formatbusiness bedeutet: Jedes Erzählformat muss von Beginn an (vor)finanziert und verkauft werden. Verlage müssen Bücher bewerben und auf eigene Kosten vorproduzieren – mit offenem Verkaufserfolg. Filmproduzierende müssen Stoffe auf eigene Kosten vorentwickeln und in aufwändige Präsentationen verpacken, die sie dann bei Förderanstalten, Sendern, Distributionsplattformen, Verleihern, Studios etc. einreichen. Dabei konkurrieren sie in einem überquellenden Becken aus Stoffen in einem kleinen, überschaubaren Markt. Der Druck im Markt ist groß. Ein zeit- und kostenintensiver Prozess mit Fragezeichen am Ende, ob das Format jemals produziert und verkauft werden wird. Dasselbe gilt auch für viele andere Formate, seien es Spiele, VR-Anwendungen oder Graphic-Novels, um nur einige wenige zu nennen.

Hat man es dennoch geschafft, das Projekt zu verkaufen, folgen neben der Produktion im besten Fall auch noch die Planungen für das Marketing (falls noch Budget dafür vorhanden ist). Insgesamt ist der Aufwand für die Entwicklung, Produktion, Distribution und das Marketing enorm. Und er muss für jedes neue Projekt wiederholt werden.

Erschafft man hingegen eine Geschichtswelt und produziert **Formate aus dieser Welt** heraus, so hat man anfangs zwar denselben Aufwand und dieselben Risiken wie bei einer Formatproduktion. Allerdings können alle weiteren Formate aus derselben Welt mit einer anderen Verhandlungsbasis im Markt und bei Distributoren angeboten werden, weil man auf die bestehenden Formate und deren vorhandene Community aufbauen kann. Im besten Fall wartet die Community bereits auf neue Formate aus der Geschichtswelt. Geldgebern, Studios, Verleihern oder Streamingplattformen ist die Welt ebenfalls bekannt. Das schafft eine völlig andere Verhandlungsbasis und Verkaufsperspektive.

2.3 Vorteile von Geschichtswelten

1. Das Spannungsfeld zwischen primärer und sekundärer Welt
Die primäre Welt ist unsere reale Welt, in der wir leben. Die sekundäre Welt ist die erschaffene Welt. Das kann eine von unserer Welt völlig unabhängige, fiktive Welt sein oder auch eine non-fiktionale Welt in unserer Welt.

Sekundäre Welten sind interessant, weil man Parallelen zwischen ihnen und der primären, also unserer Welt, ziehen kann. Sie lassen uns unsere Welt mit Abstand betrachten, sei es mit einem anderen Blick auf unsere Kultur oder Gesellschaft, auf bestimmte Themen, Konflikte oder Lebensfragen.

Beispiel | Das Restaurant *La Table Suisse* ist ein saisonales Restaurant in der Schweiz, in dem man Katzen und Hunde essen kann. In einem kurzen Filmportrait, das auf Youtube zu sehen ist (www.s.narr.digital/jvfrd), erzählt Moritz Brunner von seiner Leidenschaft als Koch, der die Rezepte seiner Grossmutter neu erfinden wollte: Den zarten Katzenrücken und das getrocknete Hundefleisch.
Wie fühlt sich das Restaurant an? Würde Sie dort auch gerne mal essen gehen? Was löst der Film bei Ihnen aus?
Sie können sich bestimmt lebhaft vorstellen, dass dieser Film polarisiert hat. In den sozialen Medien hat er einen internationalen Shitstorm ausgelöst und in den USA wurden sogar Petitionen gegen das Restaurant gestartet. Hitzige Diskussionen entbrannten in den sozialen Medien, warum man Hunde und Katzen nicht essen darf, aber dafür Schweine, Hühner und Kühe.
Doch das Restaurant ist so fiktiv wie sein Chef selbst. Hinter dem Projekt steht die Frage: Ist es etwa nicht in Ordnung Hunde und Katzen zu essen, Kühe und Schweine aber schon? Schließlich tötet man ein Tier? Dabei handelt es sich um kulturell sehr unterschiedliche Regeln, welche Tiere man als liebevolle Haustiere hält und welche Tiere man essen darf. Das Thema des Projektes ist *Karnismus:* Die Willkür, manche Tiere als Nutztiere und andere als Haustiere einzustufen. Nach einiger Zeit stellte sich als Absender des Projektes der Vegetarierbund Deutschland e. V. heraus.

Übersetzt man das Projekt in ein Worldbuilding, hat man hier eine sekundäre Welt in unserer Welt, in der man Hunde und Katzen essen kann.

Diese sekundäre Welt reflektiert eine zentrale Frage in unsere Welt: Ist es etwa nicht in Ordnung Hunde und Katzen zu essen, Kühe und Schweine aber schon? Schließlich tötet man ein Tier? Und das ist das erzählerische Spannungsfeld zwischen sekundärer Welt, die Welt, die man erzählt und der primären Welt, unserer Welt, in der wir leben.

> „Sekundäre Welten sind interessant durch die Parallelen, die man zwischen ihnen und der primären Welt ziehen kann; Durch diese Parallelen können wir uns auf sie beziehen und uns vorstellen, wie es wäre, sie zu bewohnen."[5]

Die reflektiven Fragen zwischen primärer und sekundärer Welt sind eine der Stärken einer gut fundierten, sekundären Welt und durch eine kraftvolle Prämisse kann diese Welt einzigartig werden. Und das noch vor der Entwicklung von Form und Design.

2. Multiperspektivisch und genreunabhängig entwickeln
Normalerweise betrachtet man eine Geschichte durch die Augen einer Figur. Diese subjektive, lineare Perspektive liefert einen begrenzten Zugang in eine Welt und deren Bewohner, Stämme, Gesellschaften und Kulturen.

Bei der Entwicklung einer Geschichtswelt verlässt man diese eingeschränkte Perspektive, weil man die Welt nicht aus Sicht einer Figur erschafft, sondern aus einer übergeordneten, **multiperspektivischen Sicht**. Man kann so eine Welt aus unterschiedlichen Perspektiven entwickeln und mit diversen Kulturen, Gesellschaften und Mythologien anreichern, die man dann beispielsweise durch unterschiedliche Figuren in Kontrast zueinander setzen kann. Dadurch kann man das Thema der Welt aus unterschiedlichen Blickwinkeln betrachten und in unterschiedlichen Verhaltensweisen durch deren Bewohner ausleben lassen.

Die Entwicklung einer Geschichtswelt kann **genreunabhängig** stattfinden, da man noch keine Spiel- oder Erzählperspektive bei der Entwicklung der Welt einnehmen muss. Das Genre kann dann mit der Entwicklung der Spiel- und Erzählformate festgelegt werden und je nach Bedarf können dabei auch unterschiedliche Genre-Formate aus derselben Welt entwickeln werden.

Selbstverständlich kann man eine Welt genrebezogen anlegen, beispielsweise ein Science-Fiction-Genre. Dann werden die daraus entwickelten Formate den Bezug des Science-Fiction-Genre haben. Ob es dann aber beispielsweise Dramen oder Thriller-Formate werden, kann man für jedes Format individuell festlegen.

3. Bestehende Geschichten anreichern und fortsetzen
Unsere Welt ist gefüllt mit narrativen Schätzen aus unterschiedlichsten Kulturen. Seien es Märchen, Volkserzählungen oder Legenden. Daneben haben viele Medienschaffende

5 Wolf, 2021, S. 153, Übersetzung aus dem Englischen durch den Autor

noch eigene Geschichten in der Schublade, die bereits bei einem Publikum funktioniert haben, oder kennen bestehende Geschichten, die in spannenden Welten spielen.

Doch viele dieser Geschichten haben für die heutige Mediennutzung beispielsweise eine zu altmodische Tonalität, eine unpassende Botschaft oder Moral oder werden in einem Format erzählt, das unpopulär geworden ist. Hier kann man beispielsweise aus einer bestehenden Geschichte oder einem Spiel die **Geschichtswelt ableiten,** diese erweitern, vertiefen oder mit weiteren Figuren, Erzählorten und Konflikten anreichern und daraus neue Geschichten in zeitgemäßen Spiel- oder Erzählformaten entwickeln.

Aktuell erleben wir das mit neuen Erzählformaten aus Tolkiens *Herr-der-Ringe*-Welt. Die *Herr-der-Ringe-Trilogie* von Peter Jackson (2001–2003) wurden nah an der Romanvorlage adaptiert. Hier war der Ansatz aus dem bestehenden Erzählformat die Filme zu entwickeln. Anders als bei der *Der-Hobbit-Trilogie*, die nicht aus dem Roman *Der Hobbit* adaptiert wurde, sondern aus einer dafür erschaffenen Welt. Diese Welt wurde genährt aus der Romanvorlage *Der Hobbit*, der filmischen *Herr-der-Ringe-Trilogie* sowie einer Vertiefung und Erweiterung dieser Welt durch neue Inhalte und Figuren, die spezifisch mit dem Fokus auf die Formatproduktion geschaffen wurden. Aus dieser Welt wurden dann die drei filmischen Formate entwickelt.

Ein ähnlicher Prozess führte auch zu der Serie *Die Ringe der Macht* der Amazon Studios. Mit der Strategie, zuerst die Welt zu erweitern und dann daraus Formate zu entwickeln, kann man beinahe unbegrenzt neue Inhalte aus der *Herr-der Ringe*-Welt generieren.

Beispiel | Die Welt von *Clash of Clans* des Spieleherstellers Supercell wurde zum 10-jährigen Jubiläum um 30 Jahre in die Vergangenheit erweitert. Dazu entwickelte der Hersteller eine eigene (erfundene) Historie mit Spielen seit den 1980er Jahren (siehe dazu auch die Fallstudien auf YouTube: www.s.narr.digital/ygsde). Eine ca. Jedes Jahrzehnt bekam ein eigenes Spiel im Stil des Zeitalters. Dazu wurden Charaktere, wie beispielsweise Spieleentwickler, erfunden, die dazugehörigen Spiele, Spieledokumentationen, Merchandise und ein Dokumentarfilm, der 40 Jahre *Clash of Clans* erzählte. Hier wurde also eine Spielewelt um 30 Jahre Geschichte angereichert mit neuen Spieleformaten, Figuren, vielen weiteren Details in unzähligen medialen Formaten, die es für die Community der Spielewelt jetzt neu zu entdecken und erleben gab. Man kann mit diesem Beispiel sehen, wie wichtig für die Community nicht nur die Spieleformate sind, sondern die Welt des Spiels, in die die Spieler eintauchen möchten.

4. Das Heimatformat plus Mehrwerte

Der Schritt von der Geschichtswelt in ein Interaktions- oder Erzählformat ist für viele Geschichtenerzähler eine klare Sache: Man hat das Handwerk in einem medialen Format gelernt und somit wird die Interaktion oder Geschichte auch in diesem angestammten Format entwickelt. Das ist selbstverständlich eine sinnvolle Entscheidung, weil man dieses Format beherrscht. Schließlich ist ein guter Drehbuchautor nicht zwangsläuftig ein guter Romanautor, ein Spieleentwickler kein unbedingt guter Graphic Novel Designer usw.

Doch vielleicht gibt es neben dem geplanten Format noch ein weiteres Format, mit dem man zusätzlich Mehrwerte schaffen oder die Geschichtswelt für neue Communities erweitern kann? Dieses Plus-Format kann beispielsweise mit dem Hauptformat in Verbindung stehen.

Produziert man beispielsweise eine Dokumentation zum Thema Inflation, kann man neben dem Haupterzählformat Dokumentarfilm/-serie z. B. ein Spiel anbieten, bei dem der Spieler selbst die Einflüsse und Auswirkungen einer Inflation erleben kann, oder eine Website/App mit weiteren Informationen, wie man sich vor Inflation schützen kann.

5. Fortsetzungsaspekt

Funktioniert ein Erzählformat mit seinen Geschichten und Figuren beim Publikum, kann man uneingeschränkt weitere Geschichten und Erzählformate entwickeln, da die Geschichten nicht auf einem Format beruhen, sondern auf einer Welt.

6. Transmediales Erzählen und Storyliving in virtuellen Welten

Worldbuilding ist spätestens dann unverzichtbar, wenn es um Storyliving in virtuellen Welten und transmediale Formatarchitekturen mit modernen Erzählformaten geht. Das **Storyliving,** also das Existieren als Avatar in einer virtuellen Welt, ist für viele Anwendungsgebiete bereits heute Realität.

Wenn man eine oder mehrere Geschichten transmedial oder in virtuellen Welten als Storyliving erzählen möchte und mit einer aufwändigen Formatarchitektur arbeitet, hilft ein solides **Weltenfundament**, alle Erzählformate konsistent zu halten. Nichts ist schlimmer, als wenn Figuren oder Konflikte in unterschiedlichen Formaten verschieden erzählt werden und so die gemeinsame Geschichtswelt inkonsistent auseinanderfällt bis hin zur Unglaubwürdigkeit. Außerdem kann man die interaktiven Formate für das Storyliving mit einer Geschichtswelt formatunabhängig entwickeln und anreichern und dann aus dieser Welt die benötigten Formate aufbauen.

7. Transautorisch arbeiten

Erschafft man diverse mediale Formate aus einer Geschichtswelt, können mehrere Autoren an unterschiedlichen Formaten arbeiten, weil alle Formate auf einer Welt basieren. Gerade bei **Autorenteams** ist eine **Weltenbibel** als Basis für die gemeinsame Arbeit an verschiedenen, auch gleichzeitig entstehenden Projekten eine sinnvolle Grundlage, um die Welt mit ihrem Regelwerk konsistent in den jeweiligen Erzählformaten zu erzählen.

Bei besonders umfangreichen Welten gibt es sogar eigene Administratoren, die für die Konsistenz aller Elemente einer Geschichtswelt sorgen. Beispielsweise ist Leland Chee der Administrator der Kontinuitätsdatenbank von Lucas Licensing. Deren *Star-Wars*-Datenbank enthält weit über 30.000 Einträge zu allen Figuren, Orten, Waffen,

Fahrzeugen, Ereignissen und Beziehungen aus dem Star-Wars-Universum. Solche Datenbanken helfen, sämtliche Formate einer Welt ineinander konsistent zu halten.

8. Das Wertesystem und Heimatgefühl einer Geschichtswelt
Als Jugendlicher schaute ich regelmäßig die Serie *Star Trek: The Next Generation*. Für mich war die Figur des *Jean-Luc Picard*, der Kapitän des Raumschiffs Enterprise, wie ein Ersatzvater, der sich in den verschiedenen Episoden mit sozialen und philosophischen Fragen auseinandersetzen musste. Beinahe täglich folgte ich der Crew der Enterprise bei ihren Missionen, beobachtete sie bei der Lösung ihrer Konflikte und tauchte dabei in deren Wertewelt ein. Ich konnte aus meinen Alltagsproblemen flüchten und fühlte mich in Verbindung mit den höchst zuverlässigen und in ihren Handlungen vorhersehbaren Figuren. Gleichzeitig war es eine Welt, in der ich meine eigenen Werte entwickeln, hinterfragen und schärfen konnte. So erzeugte diese Serie bei mir ein starkes Heimatgefühl.

Egal ob es die Welt von *Star Trek, Harry Potter, Jibly, Der Herr der Ringe, GTA, WWE, Assasins Greed, Dragon Ball, Westworld, Game of Thrones* oder *Star Wars* ist: einer der wichtigsten Gründe, warum man so gerne in sekundäre Geschichtswelten eintaucht und immer wieder in sie zurückkehrt, ist die Möglichkeit, sich dort mit seinem Wertesystem bewegen zu können und durch die Handlungen und Konflikte in der dortigen Welt diese Werte hinterfragen und überprüfen zu können. Sekundäre Welten bieten uns einen Spiegel in unser Innerstes und unsere eigenen Lebenswelten, Kulturen und Mythologien.

Eine Geschichtswelt ist eine sekundäre Welt, in der man sich mit seinem Wertesystem bewegen kann.

Beispiel | Als Gamer kann man beispielsweise ins Rollenspiel *Disco Elysium* durch eine unglaublich umfangreich selbst definierbare Spielfigur eintauchen. Die Spielewelt ist sehr detailreich und die eigene Spielfigur entwickelt sich durch die Entscheidungen des Spielers in ihrem Grundcharakter weiter. Dem Setting des Spiels, dem Hafen Distrikt Revachol, liegt eine tiefe, politisch komplizierte Backstory inne, zu der sich der Spieler nach Belieben positionieren kann. Das Geschehen wird von den Aspekten der Psyche der eigenen Spielfigur kommentiert, welche quasi als separate Charaktere in ihrem Kopf agieren. Das sorgt für einen Erzählstil, der Bedeutung und Kontext an jeder Ecke vermittelt und selbst den problematischsten Charaktereigenschaften eine Nachfühlbarkeit und Authentizität gibt. Diese besondere Art, die Welt zu erleben und mit ihr zu interagieren, zieht viele Spieler ins Spiel und in die Welt, die einen schon durch die Tiefe und den Detailreichtum der eigenen Figur fesseln kann

9. Unterhalten statt belehren

Durch die Übersetzung aktueller, kultureller und gesellschaftlicher Themen raus aus unserer gewohnten, primären Welt in eine sekundäre Welt kann man auch für moralische Themen einen unterhaltsamen Prozess schaffen. In den letzten Jahren setzte sich gefühlt jedes dritte Projekt, das ich mentoriert habe, mit den Ressourcenfragen unserer Welt auseinander. Sei es dabei die Überalterung unserer Gesellschaft oder die immer knapp werdenden Ressourcen auf unserem Planeten. Die Projekte haben sich in den erzählerischen Aspekten und Szenarien unterschieden, was aber alle Projekte gemeinsam hatten, war die Umsetzungsidee: Eine dystopische Welt in naher Zukunft. An dieser Stelle hatte kein Projekt ein Alleinstellungsmerkmal. Hier könnte man die Frage stellen, wie man das Thema Ressourcenknappheit aus unserer primären Welt in eine sekundäre Welt übersetzen kann.

Beispiel | Man könnte sich beispielweise als sekundäre Welt einen Planeten vorstellen, der so klein ist, dass nur 100 Einwohner darauf leben können: *Die Welt der 100.* Für mehr gibt es keinen Platz, weil sonst die lebensnotwendigen Ressourcen nicht für alle ausreichen würden. Wie sieht ein Planet aus, auf dem 100 Menschen leben? Welche Gesellschaftsform hat er? Welche Gründungs- und Untergangsmythologie leben die Bewohner? Gibt es eine Gesellschaft oder sind es zwei verfeindete Stämme oder Kulturen? Wie sorgen alle dafür, dass es immer maximal 100 Menschen bleiben? Im Kern geht es bei diesem Planteten um die Limitierungen der Ressourcen und das Halten der Balance. Welche Rolle spielt Gier in dieser Welt?
Schon hat man ein Thema unserer Welt in eine sekundäre Welt gespiegelt und kann daraus einen spannenden und unterhaltsamen Prozess gestalten und wir können unsere eigene Welt mit dem Leben und den Herausforderungen dieses kleinen Planeten und dessen Bewohner vergleichen. Das Thema der Ressourcenproblematik könnte durch die Übersichtlichkeit des kleinen Planeten dynamischer erlebbar werden. Und weil es in der Distanz einer fremden Welt spielt, fühlt man als Zuschauer keinen moralischen Zeigefinger.

10. Alternative Gesellschaftsmodelle und Gedankenexperimente

Ob philosophische, politische oder soziale Gedankenexperimente, hier helfen Welten beim Spekulieren über beispielsweise alternative Gesellschaftsmodelle. Man kann Zukunftsmodelle aufzeigen und sich so kritisch mit aktuell wachsenden Problemen unserer Welt auseinandersetzen. Beispielsweise kann ein Worldbuilding bei der Entwicklung neuer Metropolen im Hinblick auf Ressourcenknappheit oder Energieneutralität helfen oder nimmt man das Beispiel Kapitalismus: Man kann den Kapitalismus in seinen verschiedenen Auswüchsen kritisieren, aber was wäre dazu ein alternatives Gesellschaftsmodell? Hier kann man beispielsweise eine Welt entwickeln, in der es keinen Kapitalismus oder kein Geldsystem gibt. Wie würde so eine Gesellschaftsform aussehen? Gäbe es das Prinzip der Arbeit? Wie würde Arbeit gemessen werden? Gäbe es Berufsbilder? Was wären in dieser Welt persönliche Lebensziele, gesellschaftliche und kulturelle Werte?

Man kann mit einem Worldbuilding aber auch wissenschaftlich Spekulieren, wie beispielsweise A.K. Dewdney in *The Planiverse.* Das Buch behandelt die Frage, wie unsere Welt aussehen würde, wenn wir nur zwei Dimensionen hätten. Ebenfalls mit wissenschaftlichen Gedankenexperimenten beschäftigt sich der Roman *Einstein's Dreams* von Alain Lightman, der sich mit der Frage auseinandersetzt, welche Möglichkeiten man mit der Zeit hat?

11. Weltenbau in der Werbung

In der Werbung ist die Gestaltung von Markenwelten heute nicht mehr wegzudenken. Die erste Brandworld, die in den 1960er Jahren von Leo Burnett entwickelt wurde, gilt heute noch als eine der erfolgreichsten Markenwelten überhaupt. Wir alle kennen das ikonische Bild vom Cowboy im rauen, amerikanischen Westen der USA. Die *Marlboro* Welt gilt heute als eine er wertvollsten Markenwelten der Werbegeschichte. Es war Leo Burnett, der aus einer totgeglaubten Zigarettenmarke für Frauen durch die damals völlig neue Idee einer Markenwelt eine Zigarettenmarke wieder zum Leben erweckte und zum Erfolg führte.

Für die Welt der Marke *Hollister* wurde die Figur des John M. Hollister erfunden, ein Weltreisender, der sich 1919 in Los Angeles mit seiner Frau niedergelassen hatte und einen Shop in Laguna Beach eröffnete. Die ganze Gründungsgeschichte findet man online[6]. Die Shops sind im Surfer-Style der Markenwelt gestaltet und jedes Format im physischen- oder digitalen Raum baut auf der Gründungsgeschichte der Markenwelt auf. Gerade in der Werbung ist die Basis eines Werbeprojektes meist eine (Werbe-)Welt, weil Werbung über viele Formate und Plattformen im physischen und digitalen Raum konsistent funktionieren muss.

2.4 Was kann alles eine Welt sein?

Oft sind Welten nicht auf den ersten Blick als solche erkennbar und meist wurden sie auch nicht bewusst als Welt angelegt. Werfen wir mit dem Auge des Weltenbauers den Blick auf einige bekannte Beispiele, die man vermutlich nicht als Welt sehen würde.

Die kleine Welt des Pac-Man

Pac-Man ist Teil unserer Popkultur geworden. Und auch *Pac-Man* ist eine kleine Welt. Hier würde man von einer *Spielewelt* sprechen und in dieser Welt entsprechen die Regeln der Welt zu 100 % den Regeln des klassischen Spieleformates. Schauen wir uns den Samen der Welt von Pac-Man an:

---

6 https://www.businessinsider.com/hollisters-fabricated-backstory-2015-7?r=US&;IR=T

Wir haben einen Handlungsort, der Spielarena ist und gleichzeitig auch die Spielregeln (Regeln der Welt) vorgibt. Es gibt unterschiedliche Gruppierungen und deren Figuren: Pac-Man und die Geister. Das Ziel des Spiels: Pac-Man muss die Punkte im Labyrinth sammeln, um das Spiel zu gewinnen, darf sich dabei aber nicht von den Geistern fangen lassen. Pac-Man kann Kraftpillen fressen und dadurch für eine gewisse Zeit selbst die Geister jagen, die dann zurück in ihr Startfenster gehen müssen. Manchmal erscheinen Symbole, wie beispielsweise Kirschen o. ä., die Pac-Man Extrapunkte einbringen. Sind alle Punkte gefressen, geht es in den nächsten Level. Die Geister haben jeweils unterschiedliche Strategien, Pac-Man zu fangen.

Die dynamische Frage ist in dieser Welt: Wird es Pac-Man schaffen, alle Punkte im Labyrinth zu sammeln und dabei Geistern zu entkommen? In die Spielerperspektive übersetzt wäre das: Wirst Du es schaffen, alle Punkte im Labyrinth zu sammeln und dabei Geistern zu entkommen?

Wir haben hier ein kleines Worldbuilding mit verschiedenen Gruppierungen und deren Figuren, einen Handlungsort mit seinen (Spiel-)Regeln, sowie wichtige Fragen, die einen Plot in Bewegung bringen.

Es gibt unzählige Pac-Man-Spiele und auch Pac-Man-Mashup-Filme im Internet. Angefangen bei reinen Animationsfilmen bis hin zu Realfilmen mit Animationsanteilen. Doch die meisten Filme bedienen sich dramaturgisch lediglich dem Prinzip der Verfolgung, das wir bereits aus dem Spiel kennen.

Für die Produktion neuer, medialer Formate könnte man jetzt beispielsweise den Samen der Welt erweitern. Mit neuen Handlungsorten, Welten- bzw. Spielregeln, weiteren Clans und deren Figuren und daraus neu entstehenden Konflikten. Oder einem Zeitstrahl, mit der Frage, wie es überhaupt zu dem Labyrinth gekommen ist und was Pac-Man und die Geister zu Gegnern hat werden lassen? Gibt es einen Schöpfungsmythos? Daraus könnte man weitere Formate entwickeln. Weitergehend könnte man über ein Fundament der Welt nachdenken und den Samen so erweitern, dass man daraus Narrationen erzählen könnte. Mehr zum kleinen Worldbuilding in Kapitel 3.3.

Wrestling und die Bundesliga

Es gibt viele weitere Geschichtswelten, die man auf den ersten Blick nicht als solche erkennt. Dazu gehört beispielsweise das größte professionelle Wrestling-Unternehmen der Welt WWE (World Wrestling Entertainment). In dieser Wrestlingwelt werden athletische Kämpfe, inszenierte Storylines und überlebensgroße Charaktere miteinander kombiniert. Jeder Wrestler hat einen einzigartigen Charakter und trägt zu den fortlaufenden Konflikten, Rivalitäten und Allianzen innerhalb der Storylines bei. Die Geschichten in der WWE beinhalten persönliche Rivalitäten, Machtspiele und den Kampf um Meisterschaften. Die Matches selbst dienen als Höhepunkte innerhalb der Storylines, in denen die Superstars im Ring ihre Differenzen klären oder um Titel kämpfen. Die WWE-Geschichtswelt erstreckt sich über verschiedene Plattformen, einschließlich Fernsehen und digitale Medien, und umfasst auch Backstage-Dramen und Intrigen. Große Events wie WrestleMania spielen eine entscheidende Rolle in der Fortentwicklung der Geschichten. Diese transmediale Wrestlingwelt hat weltweit eine vitale und große Community und gehört zu den wertvollen Geschichtswelten.

In dieser Welt gibt es ein dualistisches Wertesystem, Regelwerke, Figuren und deren Eigenschaften und Haltungen, Handlungsorte, sowie transmediale Spiel- und Erzählformate.

Auch die Fußball Bundesliga der DFL (Deutschen Fußball Liga GmbH) kann man als eine (Spiele-)Welt sehen. Es gibt die (Spiel-)Regeln der Welt, Verschiedene Gruppierungen und ihre Figuren, wie die Liga-Verwaltung, Vereine, Trainer, Schiedsrichter, Fußballspieler, Zuschauer und Fans, um nur einige wenige zu nennen, sowie verschiedene Handlungsorte mit Spielplätzen und Stadien, außerdem viele mediale Formate aus der Spielewelt, wie beispielsweise die Fußballspiele selbst, die als Realraumerlebnis live und vor Ort erlebt werden können, als auch digital-medial übertragen. Infosendungen über die Spiele und deren Hintergründe, Trainer- und Spielerinterviews, Magazine oder auch interaktive Formate, wie Videospiele zum selbst Nachspielen. Man findet hier eine populäre Welt mit vielen Formaten und einer großen Community, die dieser Spielewelt folgt und gerne in sie eintaucht.

Lego: Vom Spielzeugunternehmen zum Geschichtswelten-Franchise

Die Firma Lego stand im Jahr 2003 mit einem Schuldenberg von 300 Millionen Dollar kurz vor dem Aus, um etwa zehn Jahre später eine der mächtigsten Marken mit einem Jahresumsatz von 800 Millionen Dollar zu werden. Wie hat Lego das geschafft?

Neben der Rückkehr zu Legos Kerngeschäft, dem Spiel mit den Lego-Steinen, hat der neue Geschäftsführer Jørgen Vig Knudstorp auch auf bestehende, populäre Geschichtswelten gesetzt, um die Lego-Steine in deren Communities wiederzubeleben, beispielsweise mit der Lizenzierung verschiedener Spielzeugproduktlinien, die aus den großen Geschichtswelten wie *Star Wars, Marvel, Harry Potter, DerHerr der Ringe, Fluch der Karibik, Indiana Jones* und aus Spielewelten wie *Minecraft* und *Super-Mario* entwickelt wurden. In Kooperation mit *Miramax Films* und weiteren Medienpartnern entstanden animierte TV-Serien, Kino- und Kurzfilme sowie Videospiele aus Geschichtswelten wie *Star Wars, Der Herr der Ringe, DC-Comics, Marvel, Indiana Jones* und *Scooby-Doo,* um nur einige zu nennen.

Die Handlungswelten dieser Filme und Spiele wurden auf den physikalischen Regeln der Lego-Bausteine aufgebaut: Aus der Figur des *Gandalf* aus *DerHerr der Ringe* wurde beispielsweise eine Lego-Figur, die sich in einer *Herr-der-Ringe-Lego*-Welt in holziger Lego-Manier bewegte. Passend dazu konnte Lego wieder neue Spielsets zur Serie, zum Spiel und zum Film auf den Markt bringen. Hier wurden zwei Welten miteinander verbunden: ein Trans-Franchise.

Lego nutzte dieses Trans-Franchise-Prinzip, um Rechte an der Nutzung anderer Geschichtswelten zu kaufen und daraus Geschichten im Lego-Stil zu erzählen.[7]

Doch Lego ging noch einen Schritt weiter und entwickelte auch eigene Geschichtswelten, wie beispielsweise *Bionicle, Ninjago, Lego City, Five Friends* oder *Hero Factory.*

In Kooperation mit Medienpartnern entstanden aus den Lego-Welten Animationsserien für das Kinderfernsehen, Kinofilme, Video- und Kartenspiele. Durch diese Formatdiversifikation erzeugte Lego Reichweite und Bekanntheit in der jungen Zielgruppe, und alle Unterhaltungsformate führten irgendwann zu den Lego-Spielsets.

Besonders sichtbar wird dieses Trans-Franchise-Prinzip im ersten Lego-Kinofilm, den Warner für Lego produzierte und der diverse Figuren aus verschiedenen Geschichtswelten verbindet (u. a. *Batman, Superman, Wonder Woman, Gandalf*) und so zu einer Ikone der Pop-Kultur im Jahr 2014 wurde.

Auf diese Weise entwickelte sich Lego von einem Spielzeughersteller zu einem Trans-Franchise-Medienunternehmen und einem Community-Architekten, der heute in sämtlichen vitalen Pop-Kultur-Communities sein Zuhause feiert.

---

7 https://www.flickeringmyth.com/2017/11/the-lego-movie-franchise-the-marriage-of-movies-and-merchandising/

3 Die Bausteine des Worldbuildings

Der Aufbau einer Geschichtswelt ist ein individuell sehr unterschiedlich verlaufender Prozess, weil jede Welt andere Anforderungen an den Weltenbau stellt. Manche Welten bestehen aus mehreren Völkern und Kulturen mit reichhaltigen Mythologien, andere sind reduziert auf einen einfachen Handlungsort mit nur wenigen, stilisierten Figuren.

Je nachdem, wie man seine Welt gestalten möchten, benötigt man andere Bausteine. Daher führe ich im Folgenden in die einzelnen **Bausteine des Weltenbaus** ein. Je nach Bedarf nimmt man die passenden Bausteine aus dem Baukasten und stellt sie in einem Worldbuilding zusammen.

Man kann sich den Aufbau eines Worldbuildings wie einen Erdboden vorstellen, auf dem ein Baum aus einem Samen wächst: Der Erdboden ist das Fundament der Welt und gibt die Rahmenbedingungen der Welt vor. Das Fundament enthält das Thema der Welt, die Weltenprämisse, den Blickwinkel und die reflektiven Fragen sowie elementare Naturgesetze. Auf diesem narrativen Nährboden folgt der Samen der Welt, der die Rahmenbedingungen für Plots schafft: Gruppierungen, Kulturen und deren Mythologien, Figuren, Handlungsorte/Regeln sowie Konflikte und Fragen. Der Baum schließlich enthält die linearen oder interaktiven Erzählformate, die aus dem Samen erwachsen. Es folgen die verschiedenen Storytelling-, Storyliving- und Gaming-Formate, die transmedial miteinander in Verbindung stehen oder unabhängig voneinander funktionieren.

Abbildung 2 | Aufbau des Worldbuildings (erstellt mit Adobe Firefly)

3.1 Das Fundament der Welt: Die Verdichtung auf einen kraftvollen Kern

Das Fundament ist die **grundlegende Basis** einer Geschichtswelt und umfasst vier elementare Bausteine:

1. Das Thema der Welt
2. Die Weltenprämisse oder zentrale Fragestellung
3. Den Blickwinkel der Welt
4. Die reflektiven Fragen zwischen primärer und sekundärer Welt
5. Ggf. noch fundamentale Naturgesetze, falls dies für die Welt passend ist

Auf diesem Fundament ruht die gesamte Geschichtswelt. Daher ist es wichtig, genug Zeit in die sorgfältige Entwicklung und Überarbeitung des Fundaments und seiner Bestandteile zu investieren, bis es sich schlüssig anfühlt und eine vitale Kraft entwickelt. Das Fundament hilft auch, noch unscharfe Ideen auf einen starken Kern zu verdichten.

Gleichzeitig ist dieses Fundament die **narrative Kompassnadel,** um die Welt und sämtliche aus ihr abgeleitete Erzähl- und Spielformate **konsistent** zu halten. Bei Fragen zur Ausgestaltung der Welt kann später auf dieses Fundament zurückgegriffen werden.

3.1.1 Die Motivation der Schöpfer und die Botschaft der Welt

Bevor man in die Entwicklung des Weltenfundaments startet, gehört vorgelagert die Frage an die Weltenbauer, was sie zur Entwicklung dieser Welt bewegt: Warum soll es diese Welt sein? Was motiviert Sie, genau diese Welt zu erschaffen? Warum liegt Ihnen diese Welt am Herzen?

> Weltenbauer sollten diese Fragen beantworten können, denn eine Welt entsteht immer im Spiegel ihrer Schöpfer.

Gibt es ein bestimmtes **Thema,** ein **Problem** oder eine **zentrale Frage,** die mit der Welt in unsere Welt gespiegelt werden soll? Gilt es, alternative Gesellschaftsmodelle auszuprobieren, kulturelle oder gesellschaftliche Normen, die als selbstverständlich angenommene werden, aufzuzeigen und damit in Frage zu stellen? Oder soll einfach nur eine attraktive Unterhaltungswelt erschaffen werden, in die die Menschen gerne eintauchen sollen?

Es hilft ungemein, wenn sich die Frage der **Motivation klar beantworten** lässt. Denn meist ist die Motivation der Weltenschöpfer eng verbunden mit dem Thema der Welt. Und vielleicht ist mit der Motivation auch eine **Botschaft** verknüpft. Diese Botschaft selbst muss später nicht direkt im Projekt auftauchen, aber sie hilft bei der Schärfung der Motivation, des Themas und des Blickwinkels auf die Welt.

Die Motivation des Teams der Hades-Welt, das Beispiel, das weiter oben bereits beschrieben wurde, lag in der Auseinandersetzung mit dem Spannungsfeld von Liebe und Leiden durch Verlust. Diese beiden Facetten, die scheinbar eng miteinander in Verbindung stehen, dienten als Antrieb für die Erschaffung dieser Welt. Die Botschaft dieser Welt wäre beispielsweise, zum Leben mit all seinen Verlusten und dem dazugehörigen Leid trotzdem Ja zu sagen und den Verlust als Teil des Lebens anzunehmen.

Das folgende Beispiel zeigt, wie Thema und Motivation scheinbar weit auseinanderliegen können.

Beispiel | Ein Sonnenwind ist ein Strom geladener Teilchen von der Sonne, der gewaltige Mengen energiereicher Partikel freisetzt, wenn er auf das Magnetfeld der Erde trifft. Diese Partikel sorgen für Störungen im Funkverkehr, Stromschwankungen und Satellitenschäden. Ein starker Sonnenwind, der alle 100 bis 200 Jahre die Erde trifft, würde einen Großteil der Technologie auf unserem Planeten irreparabel zerstören. Laut Google würde es zwischen 10 bis 15 Jahren dauern, um den vorherigen Status wiederherzustellen. Gleichzeitig kann dieses Ereignis Milliarden Menschen das Leben kosten. Ein Sonnenwind stellt daher eine große Gefahr für die Menschheit dar.

Aus diesem Thema könnte man die Prämisse ableiten: „Stell Dir vor in unserer Welt würde ein Sonnenwind alle Technologien zerstören." Dahinter liegt für Firmen wie Google die Existenzfrage: Was könnte heutzutage ein so globales, dezentrales Unternehmen wie Google zerstören?

Aus dieser Plotprämisse kann man fiktive oder auch non-fiktive Geschichtswelten entwickeln und dadurch multiperspektivisch an das Thema heranführen.

Was ist in diesem Beispiel das Thema und die Motivation für das Projekt? Eine mögliche Frage ist, wie sich die komplett fehlende, technologische Infrastruktur, angefangen bei fehlender Elektrizität und dem Ausfall aller elektronischen Geräte, auf Berufsbilder auswirkt: Wie verändern sich berufliche Hierarchien durch diese Situation?

Die Motivation für dieses Projekt ist gleichzeitig dessen Thema: *Finanzielle Ungerechtigkeit bei der Entlohnung von Arbeit.* Dahinter liegt die Frage: Warum verdient ein Hedgefonds-Manager etwa tausendmal so viel wie eine Krankenschwester und welcher Beruf hat einen höheren gesellschaftlichen Wert?

Blickt man auf das äußere Thema dieses Projektes, würde man vermutlich nicht an ein Projekt denken, das sich als inneres Thema mit dem Wert der Arbeit beschäftigt. Dieses Beispiel zeigt den Gestaltungsspielraum eines Weltenfundaments, indem der Blickwinkel auf die Welt das innere Thema und somit auch die Motivation des Projektteams transportiert.

3.1.2 Das Thema der Welt

Oftmals steht am Anfang eines Projektes ein Thema, das sich aus der Motivation oder der Botschaft der Weltenbauer entwickelt. Das Thema der Welt fasst dabei übergeordnet Leitfrage oder Prämisse, Blickwinkel und reflektive Fragen zusammen.

3.1.3 Die Leitfrage der Welt

„Eine Aussage verschließt den Verstand. Eine Frage öffnet den Verstand."
Robert Kiyosaki

Welche Frage steht mit dem Thema der Welt in enger Verbindung und erzeugt eine starke Dynamik? Welche spannende Frage soll in einer Welt bearbeiten oder beantworten werden?

Eine Leitfrage hilft beim Aufbau einer Geschichtswelt, sie hilft, die Welt konsistent zu halten, da man immer wieder zu dieser Leitfrage als Basis für die Welt zurückgehen kann. Gleichzeitig entwickelt eine starke Leitfrage auch eine narrative Dynamik, die den Weltenbau motivieren kann.

Beispiel | A.K. Dewdney beschäftigte sich mit der Leitfrage, wie unsere Welt aussehen würde, wenn es nur zwei Dimensionen gäbe. Er schuf daraus das Buch The Planiverse. Thema ist die Welt in zwei Dimensionen.

Beispiel | Kann es einen freien Willen in einer Welt geben, in der die Zukunft im Voraus bekannt ist? Das ist die zentrale Frage von *Minority Report* (2002) und das zentrale Thema des Filmes ist *freier Wille vs. Determinismus.* Auf dieser zentralen Frage hat Steven Spielberg die Welt von *Minority Report* entwickeln lassen.
Alex McDowell, der Produktionsdesigner, erklärte dazu, dass sein Team zur Entwicklung der Geschichtswelt und der Drehbuchautor, der das Erzählformat aus der Welt entwickeln sollte, am selben Tag ihre Arbeit anfingen. Er ergänzte sein Designteam mit Zukunftsforschern, um ein möglichst realistisches und glaubhaftes Bild unserer Welt in der Zukunft entwickeln zu können. In diesem Prozess wurden die Geschichtswelt und die Geschichte Hand in Hand miteinander entwickelt.

Beispiel | Die Matrix-Welt hat als Thema *Freiheit.* Die zentrale Frage, die die Autoren Larry und Andy Wachowski stellen, lautet: Ist Freiheit möglich? Die Filme der *Matrix-Triologie* behandeln dieses Thema durch ihre Welt in verschiedenen Aspekten. Beispielsweise ist Freiheit in der Matrix unmöglich, weil die Matrix ein Ausdruck von Kontrolle ist. Die Szenen mit Neo und dem Orakel sind hier ein zentraler Ausdruck dieses Themas: Das Orakel warnt Neo in einer Szene vor einer Vase, und nachdem er sie umgestoßen hat, sagt sie ihm lächelnd, dass er sich fragen wird, ob er sie umgestoßen hat, weil es sein Schicksal war, wie sie es vorausgesagt hat, oder ob er ein freies Wesen ist, aber ihre Vorhersage seine Aufmerksamkeit auf den Unfall gelenkt und ihn so ausgelöst hat.

Beispiel / Was passiert, wenn man einen Soziopathen in die Politik schickt? Das ist die zentrale Frage der Serie *House of Cards* (2013). Aus dieser Fragestellung wurde eine fiktive Welt in unserer Welt entwickelt, die diese Frage thematisiert.
Um einen multiperspektivischen Blick auf diese spezifische Welt zu werfen, waren am Aufbau der Geschichtswelt unter anderem Politiker, Politikberater, Psychologen, Soziologen, Produktionsdesigner und Autoren beteiligt. Ziel war eine möglichst authentische Darstellung der Politik mit ihren unterschiedlichen Facetten zu zeichnen und so eine reichhaltige Welt für das Erzählen der Geschichte zu bauen, die die Prozesse hinter der Politik beleuchtet. Durch die Erschaffung der Geschichtswelt erhielten die Serienschöpfer eine deutlich vielschichtigere Welt, als es Autoren möglich gewesen wäre, wenn sie das Erzählformat direkt entwickelt hätten.

3.1.4 Die Weltenprämisse

Anstatt mit einer Leitfrage kann man das Weltenfundament auch mit einer Weltenprämisse beginnen. Eine kraftvolle Weltenprämisse eröffnet dabei eine Vorstellungswelt und Möglichkeiten der Ausgestaltung. Sie liefert Potential für Konflikte und lässt ein Thema und reflektive Fragen zwischen unserer und der sekundären Welt durchblicken. Die Weltenprämisse ist *der* elementare und kraftvolle Kern einer Geschichtswelt.

Beispiel | Die Weltenprämisse der Hades-Welt, die wir bereits kennengelernt haben, lautet: „Stell Dir eine Welt vor, in der jeder weiss, wann er sterben wird." Beim Lesen dieser Prämisse eröffnen sich bereits mögliche Konfliktpotentiale, reflektive Fragen und emotionale Spannungspotentiale. Diese sekundäre Welt ändert ein Naturgesetz unserer primären Welt ab und erschafft so die Grundlage einer völlig neuen Welt mit Gesellschaften und Kulturen, Schöpfungsmythologien, Religionen und Ritualen, die durch diese Weltenprämisse beeinflusst sind. Das Thema dieser Welt ist der *Umgang mit Verlust.*

Beispiel | „Stell Dir einen Planeten vor der so klein ist, dass nur 100 Menschen darauf leben können weil sonst die lebenswichtigen Ressourcen zerstört werden würden." – das ist die Weltenprämisse des Projektes *Die Welt der 100.* Das Thema der Welt ist *Ressourcenknappheit.*

Beispiel | Die Weltenprämisse von *In Time,* einem Spielfilm aus dem Jahr 2011 lautet: „Stell Dir eine Welt vor, in der Menschen mit Lebenszeit bezahlt werden." In dieser Welt hören Menschen im Alter von 25 Jahren auf zu altern und leben ab da nur noch ein Jahr. Doch sie sind gentechnisch so verändert, dass sie sich Lebenszeit und den Erhalt der unsterblichen Jugend durch gekaufte Zeit verlängern können. In dieser Welt wird das Kapital direkt mit der Lebenszeit verbunden. Das Thema der Welt ist *Zeit als Währung.*

Beispiel | Die Prämisse des Projektes *La Table Suisse* ist bereits angeklungen: „Stell Dir eine Welt in unserer Welt vor in der man Hunde und Katzen in der Schweiz essen kann." Das Thema der Welt ist *Karnismus.*

Weltenprämisse vs. Plotprämisse

Beim Entwickeln von Weltenprämissen mischen sich manchmal Welten- mit Plotprämissen. Es ist wichtig, dass man sich dieser Unterschiede bewusst ist.

- Auf einer **Plotprämisse** basiert eine Geschichte. Zum Beispiel: Ein Wissenschaftler erschafft ein Monster aus toten Körperteilen.
- Aus einer **Weltenprämisse** entsteht eine Welt. Zum Beispiel: „Stell Dir eine Welt vor, in der neue Kreaturen aus toten Körperteilen geschaffen werden können."
- Die Plotprämisse schränkt normalerweise die Erzählperspektive ein, während die Weltenprämisse einen multiperspektivischen Blick auf die Welt zulässt. In diesem Beispiel hat die Weltenprämisse der sekundären Welt andere Naturgesetze als unsere primäre Welt.

Wie genau sehen diese Naturgesetze aus? Wie lange kann man ein totes Körperteil an neue Kreaturen „anheften"? Wachsen diese Körperteile weiter? Wie alt können sie werden? Wie sieht eine Kultur und Gesellschaft mit diesen Naturgesetzen aus? Man könnte beispielsweise Kreaturen nach Bedarf „bauen". Wie würden diese aussehen? Hätte zum Beispiel ein Barista in einem Café mehrere Arme und Augen, um mehrere Kaffees gleichzeitig zuzubereiten? Bräuchte diese Kreatur Beine?

Mit einer Weltenprämisse könnte man eine komplette Welt mit unterschiedlichen Kulturen und Gesellschaften entwickeln. Die Plotprämisse hingegen gibt lediglich den Rahmen einer Geschichte vor.

Worldbuilding mit einer Plot-Prämisse?

Manchmal kann es sinnvoll sein, ein Worldbuilding aus einer Plotprämisse aufzubauen, sei es für fiktive oder nichtfiktive Projekte. Dadurch kann man Figuren, deren Handlungswelten und Konflikte multiperspektivisch und formatoffen ausgestalten.

Beispiel | Die Prämisse beim Sonnenwind-Projekt lautet: „Stell Dir vor, in unserer Welt würde heute ein Sonnenwind alle Technologien zerstören." Dies entspricht einer Plotprämisse. Das Thema ist die *Ungerechtigkeit im Wert der Arbeit.*
Gestaltet man daraus zuerst eine fiktive oder auch non-fiktive Geschichtswelt, kann man genreoffen und multiperspektivisch an das Thema und seine Aspekte herangehen. Man kann erzähl- und inhaltsoffen das ganze Potential des Themas nach Gruppierungen, Figuren, Themenaspekten, spannenden Fragen für die Rezipienten und Handlungsorten recherchieren und sich dann für das oder die passenden linearen und interaktiven Erzählformate entscheiden.
Man könnte beispielsweise ein fiktives Drama als Roman oder Film entwickeln, das verschiedenen Figuren durch die Zeit (vor, mit und nach dem Sonnenwind) folgt. Daneben ist auch ein Dokumentarfilm denkbar, der das Thema aus verschiedenen Blickwinkeln beleuchtet und die tatsächlichen Folgen bis zum Wiederaufbau der Welt nach dem Sonnenwind simuliert. Dieser Dokumentarfilm kann, neben den nicht-fiktiven Inhalten, ebenfalls fiktive Szenen beinhalten, die das Ausmaß einer solchen Situation aufzeigen. Dazu kann ein Spieleformat entwickelt werden, bei dem man selbst mit den Folgen des Sonnenwinds in verschiedenen beruflichen Rollen konfrontiert wird und in dieser Welt ohne funktionierende Technologie überleben muss. Zu guter Letzt kann es noch einen Ratgeber geben, der aufzeigt, wie man sich auf so ein Ereignis vorbereiten kann. Die passenden Formate können für unterschiedliche Rezipienten getrennt voneinander behandeln werden, und zwar immer mit der Frage: Welches Format bietet das maximale Erlebnis für die jeweiligen Empfänger?
So ein mediales Projekt kann somit crossmedial, also jedes einzelne Format in sich geschlossen entwickelt werden, oder auch transmedial, so dass alle Formate miteinander in sinnvoller Verbindung stehen und jeweils durch Mehrwerte für die Rezipienten verbunden werden. Diese transmedialen Formate kann man im Vorfeld mit Hilfe einer Formatarchitektur miteinander in Verbindung setzen und die jeweiligen Verbindungen und Mehrwerte definieren.
Außerdem können die Formate jeweils multiautorisch, also von verschiendenen Autoren oder Projektteams entwickelt werden. Das vorangegangene Worldbuilding ist hierbei die Grundlage aller Formate und hilft besonders bei der konsistenten Entwicklung der jeweiligen Formate, Formatarchitekturen und der Gesamtkomposition des Projektes.

Mehr zum Aufbau einer Welt aus einer Plot-Prämisse und mit einem weiteren Beispiel folgt im Kapitel 5.4.1 Das kleine Worldbuilding.

Was unterscheidet die Entwicklung eines Spiel- oder Erzählformates von einem Worldbuilding?

In einer formatorientierten Projektentwicklung gibt es meist irgendwann eine Plotprämisse, wie beispielsweise: Ein Wissenschaftler erschafft ein Monster aus toten Körperteilen. Würde man hier den Ansatz eines Worldbuildings wählen, gäbe es eine Weltenprämisse, die beispielsweise folgendermaßen lauten würde: „Stell Dir eine Welt vor, in der neue Kreaturen aus toten Körperteilen geschaffen werden können."

Die Plotprämisse schränkt die Erzählperspektive ein, während die Weltenprämisse einen multiperspektivischen Blick auf die Welt zulässt. In diesem Beispiel hat die Weltenprämisse der sekundären Welt andere Naturgesetze wie unsere primäre Welt.

Wie genau sehen diese Naturgesetze aus? wie lange kann man ein totes Körperteil an neue Kreaturen „anheften"? wachsen diese Körperteile weiter? wie alt können sie werden? wie sieht eine Kultur und Gesellschaft mit diesen Naturgesetzen aus? Man könnte beispielsweise Kreaturen nach Bedarf „bauen". Wie würde ein Barista in einem Café aussehen? hätte er mehrere Arme und Augen, um mehrere Kaffees gleichzeitig zuzubereiten? bräuchte diese Kreatur Beine? wie würde eine Religion in dieser Welt aussehen?

Mit dieser Weltenprämisse könnte man eine komplette Welt mit unterschiedlichen Kulturen und Gesellschaften entwickeln, während die Plotprämisse lediglich den Rahmen einer Geschichte vorgibt.

3.1.5 Der Blickwinkel

Aus welchem Blickwinkel oder mit welcher Perspektive will man auf die Welt blicken oder die Rezipienten in sie eintauchen lassen? Was will man mit dem Worldbuilding aufzeigen?

Baut man eine Welt und versucht daraus ohne einen Fokus Geschichten zu entwickeln, kann man sich schnell in den Weiten der Geschichtswelt verlieren. Ein Blickwinkel hilft, von einer spezifischen Perspektive aus auf die Welt zu blicken und dadurch einen ersten, narrativen Fokus zu bilden. Der Blickwinkel steht in enger Verbindung mit der Motivation und Botschaft, diese Welt aufzubauen. Über ihn kann man eine einzigartige Perspektive einnehmen, die das Projekt von anderen Projekten mit ähnlichen Leitfragen oder Prämissen abhebt und besonders macht. Der Blickwinkel auf die Welt ist vergleichbar mit dem inneren Thema einer Geschichte.

In den vorangegangenen Beispielen gibt es folgende Blickwinkel:

- Der Blickwinkel der *Hades-Welt* ist der Umgang mit dem Verlust von Menschen, mit denen man in Verbindung steht. Der Blickwinkel ist hier eng verbunden mit der Motivation des Teams, diese Welt zu erschaffen.

- Der Blickwinkel des *Sonnenwind-Projektes* ist der Statuswandel der Berufe und der Wandel der gesellschaftlichen Rollen: Was wird in einer Welt ohne Technologie aus dem Hedgefonds-Manager und was aus dem Bauern? Durch diesen Blickwinkel kann man beispielsweise ein wirtschaftliches System hinterfragen.
- Beim Projekt *Die Welt der 100* wären mögliche Blickwinkel die Gier der Menschen oder die Balance der Ressourcen.
- Der Blickwinkel von *La Table Suisse* ist die Beziehung zwischen Mensch und Tier.

Der Blickwinkel hat übrigens nichts mit der Erzählperspektive einer Geschichte zu tun. Die Erzählperspektive ist bereits ein eingeengter Blick für einen Plot. Der Blickwinkel ist unabhängig von jeglichem Plot und multiperspektivisch offen.

3.1.6 Reflektive Fragen: Das Spannungsfeld zwischen primärer und sekundärer Welt

Welche Themen, Fragen, Probleme oder Botschaften sollen in unsere Welt gespiegelt werden? In den bekannten Beispielen wären dies:

- Der Baustein der reflektiven Fragen wurde bereits mit den Beispiel *La Table Suisse* eingeführt. Wir vergleichen uns und unsere Welt mit der sekundären Welt. Hier ruht das Potential der reflektiven Fragen zwischen den beiden Welten. Mit welchen spannenden Fragen will man seine Rezipienten konfrontieren?
- Die *Hades-Welt* hat eine zentrale Frage: Ist es wirklich gut zu wissen, wann man stirbt? Daneben eine Reihe reflektiver Fragen: Kann man ein erfülltes Leben leben, solange man menschlichen Verlust nicht akzeptiert? Wie geht man mit dem vorhersehbaren Tod einer geliebten Person um? Wie gehen unterschiedliche Kulturen mit dem Thema Tod und Verlust um?
- Das *Sonnenwind-Projekt* liefert viele reflektive Fragen wie beispielsweise: Wie verändern sich berufliche Hierarchien durch eine Welt ohne Technologien? Woran misst sich der Wert der Arbeit in unserer Gesellschaft? Was für ein wirtschaftliches System wird dadurch begünstigt und welchen Wert hat darin ein Mensch? Was wären alternative Lebensmodelle? Wie weit haben wir uns mit unserer heutigen Gesellschaft von einem naturbezogenen Leben wegentwickelt? Durch diesen Blickwinkel unterscheidet sich dieses Projekt, das eine populäre oder bekannte Prämisse nutzt, von anderen Projekten und wird auf diese Weise einzigartig.
- Reflektive Fragen des Beispiels *Die Welt der 100* könnten sein: Wie können Bevölkerungen mit den Begrenztheiten globaler Ressourcen umgehen? Was passiert, wenn man diese Begrenztheiten ignoriert? Kann man die menschliche Gier bändigen, und wenn ja, wie?

Das Weltenfundament ist der narrative Nährboden einer Welt. Auf ihm ruht die gesamte Geschichtswelt. Daher ist es wichtig, dass alle vier Bausteine des Weltenfundaments organisch und kraftvoll miteinander resonieren. Nach oder neben der

Entwicklung des Weltenfundaments folgt der nächste Schritt zur Geschichtswelt: Die Entwicklung des Samens der Welt.

3.2 Der Samen der Welt: Die vier Bausteine als Grundlage für Plots

Um Geschichten aus einer Welt erzählen zu können, benötigt man vier grundlegende Bausteine, die Plots für lineare oder interaktive Formate ermöglichen. Das sind nicht die Elemente von Plots selbst, da beispielsweise ein Spiel andere Plotbausteine benötigt als ein lineares Erzählformat wie beispielsweise eine Kurzgeschichte. Diese vier Bausteine werden im Samen der Welt zusammengefasst:

1. Gruppierungen, Kulturen und deren Mythologien
2. Figuren
3. Handlungsorte und deren Regeln
4. Konflikte und Fragen

Während das Fundament der Welt einen klar definierten Umfang hat, kann der Samen der Welt **völlig unterschiedliche Dimensionen** annehmen. Er kann extrem stilisiert und vereinfacht oder reichhaltig und mit hoher Detailtiefe ausgearbeitet sein. Die zwei folgenden Beispiele veranschaulichen dies:

Beispiel | Bei *Pac-Man* besteht der Samen der Welt aus einem Handlungsort und dessen Regeln, inklusive der Gameplay-Elemente, zwei Gruppierungen und deren Figuren sowie den dynamischen Fragen.

Beispiel | Die Welt von *DerHerr der Ringe* hat dagegen einen unglaublich detailreichen Samen der Welt mit vielfältigen Kulturen und Völkern, deren Mythologien, Sprachen und Geschichten. Viele detailreiche Figuren aus unterschiedlichen Kulturen und Gruppierungen, eine Handlungswelt mit vielen Handlungsorten und deren Regelwerken und einen detaillierten Zeitstrahl, der sämtliche Vorkommnisse und Veränderungen in der Welt dokumentiert.

Da die Anforderungen an den Samen der Welt sehr von den Bedürfnissen der Welt abhängen, gibt es keine festen Vorgaben, wie er auszusehen hat. Weder in seiner Umfänglichkeit noch in seiner Struktur.

3.2.1 Gruppierungen, Kulturen und deren Mythologien

Bevor man das Individuum in der Welt gestalten kann, benötigt man die **Lebensumgebung** und das **Milieu** für die darin lebenden Figuren, denn diese handeln in der

Regel innerhalb und in Beziehung zu vorhandenen Systemen. Figuren nehmen erst Gestalt an, wenn sie im Bezug zu etwas agieren und reagieren können.

Gruppierungen können Formen, Farben, unterschiedliche Spielfiguren, Stämme, kleine Familien, Clans oder Völker sein, Dörfer, Städte, Burgen, Gemeinden, Länder, Staaten oder Nationen. Meist hat jede Gruppierung ihre eigene Kultur mit einem Weltbild, Gesetzen und Regelwerken, Glaubenssätzen und Mythologien, welche die Individuen prägen.

Beispiel | In der Welt von *Pac-Man* gibt es zwei soziale Gruppierungen: Pac-Man und die Geister.

Beispiel | In der *Hades-Welt* sehen Gruppierungen, Kulturen und Mythologien anders aus: Um die Weltenprämisse – „Stell Dir eine Welt vor, in der jeder weiss, wann er sterben wird."– und deren Thema *Umgang mit Verlust* in einer Geschichtswelt zu behandeln, wären beispielsweise drei unterschiedliche Kulturen spannend, die auf jeweils unterschiedliche Weise mit dem Weltenfundament in Beziehung stehen.

Eine Kultur könnte eine lebendige Mythologie vergleichbar mit der Haltung indigener Indianerstämmen haben: Der Tod ist eine Ehre und nicht zu fürchten. Das Individuum ist Teil eines großen Ganzen, und im Tod vereinigt sich dieses Individuum wieder mit dem ewigen Naturbewusstsein, das alles Leben durchdringt und beherbergt. Nichts ist jemals verloren gegangen. Es ist eine Gemeinschaft, die sehr naturverbunden lebt und in einer lebendigen Mythologie und deren Ritualen verhaftet ist, eine Kultur, in der sich Gier als menschliche Triebkraft nicht durchsetzen kann, weil der Mensch sich als Teil seiner Gemeinschaft erlebt. Jede Entscheidung ist somit eine Entscheidung für oder gegen die Gemeinschaft. Dies ist die kleinste der drei Kulturen und nennt sich das Volk der Ilanga. Bei den Ilanga wird die Lebensnarbe auf der Innenseite der Unterlippe als heilig angesehen. Die Ilanga gehen angstfrei mit dem Todesdatum um. Sie sehen den Tod als ein Geschenk des Lebens. Der Tod ist ein Festtag, um den viel zu engen Körper wieder zu verlassen und die individuelle Seele mit der Weltenseele zu verbinden. Eine zutiefst unideologische Religion, die das Vereinende in allem sieht und allen Individuen der Kultur die Erfahrung der Einheit mit der Weltenseele bereits bei Lebzeiten ermöglichen möchte.

Aus dem Volk der Ilanga spaltete sich in einem Glaubenskrieg vor über 1000 Jahren das Volk der Takoliten ab. Angeführt wurde es von einem machtgetriebenen Anführer, der ein hierarchisches Glaubenssystem einführte. Die Takoliten sehen sich als das auserwählte Volk, das von ihrem Erlöser zum Ende des Sonnenzyklus das ewige Leben erhalten wird. Diese ideologisch-institutionelle Religion verbietet das Auslesen der Lebensnarbe und somit das Wissen über das Todesdatum. Sie sieht darin die Verführung des Dunkelgeistes. Wer das Todesdatum ausliest, kann nicht das ewige Leben erhalten, weil er damit den Sonnengott täuscht und Angst vor dem Tod zeigt. Deshalb wird bei den Takoliten die Lebensnarbe auf der Innenseite der Lippe bei der Geburt in einem Ritual mit dem Zeichen der Takoliten skarifiziert und somit unkenntlich gemacht. In dieser Ideologie gibt es die Prophezeiung, dass jemand auf die Welt kommen wird, der den Todestag durchbrechen und nicht sterben wird. Dieser Prophet wird die Takoliten in das ewige Leben führen. Bei den Takoliten wird die Religion als Machtinstrument genutzt und das Trennende zwischen den Religionen steht im Vordergrund.

Vor etwa 100 Jahren durchlebten beide Kulturen eine Transformation durch die Neuentdeckung der Wissenschaft. Es brach ein Glaubenskrieg zwischen den Religionen und der Wissenschaft und zwischen beiden Völkern aus, der keinen Ausgang hatte. Denn selbst unter den Bewohnern der beiden Völker herrschte Uneinigkeit zwischen den Weltanschauungen. Ein Friedensplan teilte die beiden Kulturen nochmal in eine weitere Kultur der Wissenschaftsanhänger ab. Diese Kultur ist das Volk der Vari.

Um die Anhänger der verschiedenen Weltanschauungen räumlich voneinander zu trennen, nutzte man den Berg zwischen Hochland und Tiefland. Im Hochland leben seitdem die Ilanga und die Takoliten, im Tiefland die Vari, die Anhänger der Wissenschaft.

Die Vari durchlebten seit der Abspaltung eine Transformation von der Religion hin zur Wissenschaft. Eine kapitalistische Gesellschaft, in der Wissenschaft und Wirtschaft das Volk bestimmen. Eine Gesellschaft, die stark unserer heutigen Gesellschaft ähnelt. In dieser Gesellschaft gibt es keine gelebte Religion mehr. Die früheren religiösen Gebäude wurden säkularisiert und sind heute im Besitz von Unternehmen. Die Vari sind eine stark individualisierte Gesellschaft. Der Fokus liegt auf gesellschaftlichem Status und den Lebenszielen des Einzelnen. Die Mythologie und deren Rituale wurde abgeschafft und durch den Geist der Vernunft und Aufklärung ersetzt. Der Tod als Thema wird rationalisiert und verdrängt. Der Umgang mit dem Todesdatum wird von jeder Familie unterschiedlich gehandhabt. Es gibt hier keinen gesellschaftlichen Konsens. Die Angst vor Verlust und Tod unterscheidet sich bei den Vari je nach eigener Lebenserfahrung. Trauer ist ein Prozess, der hinter verschlossenen Türen stattfindet.

So weit drei mögliche Kulturen, die sich aus dem Weltenfundament nähren. Die nächsten Schritte wären die Entwicklung der Mythologien (Schöpfungs-, Gründungs- und Untergangsmythologien), Rituale und Philosophien sowie deren Bezug zur Gesellschaft, sozialer Strukturen, Gruppierungen und Hierarchien innerhalb dieser Gesellschaften und sonstige Ausgestaltungen der Gesellschaften in Bezug zum Fundament der Welt.

Beispiel | Beim *Sonnenwind-Projekt* wäre es spannend, unterschiedliche Kulturen im Kontext der Prämisse zu betrachten, z. B. die Gemeinschaft der Amish alter Ordnung in den USA, die moderne Technologie und Elektrizität weitgehend meiden. Im Kontrast dazu die Kultur einer hochmodernen Stadt wie New York, deren Leben völlig abhängig von Elektrizität und Technologie ist. Wie würde es einem Bänker in einem Hochsicherheitsbüro in der obersten Etage eines Hochhauses in New York gehen, wenn Sicherheitstechnologien nicht mehr ansprechbar sind? Könnte er dann überhaupt noch sein Büro verlassen?

Man sieht, es gibt kein einheitliches Entwicklungsschema für Gruppierungen und Kulturen.

3.2.2 Die kleinste Einheit der Welt: Die Figur

Nichts ist so wichtig wie eine Figur, der wir folgen wollen. Dabei ist es egal, ob es ein kleiner Kreis auf der Suche nach seinem Quadrat ist, Luke Skywalker im Kampf gegen seinen eigenen Vater, Darth Vader, oder eine komplexe Serienfigur wie Don Draper in der Serie *Mad Men* (2007), dessen radikale Wendepunkte aus der Vergangenheit während der horizontal erzählten Serie beleuchtet werden und uns ein Verständnis für seine heutigen Gefühle und Handlungen geben.

Beispiel | Don Draper aus *Mad Men*

Nehmen wir die Figur des Don Draper aus *Mad Men* und blicken zuerst auf die Welt, den Handlungsort der Figur. *Mad Men* spielt in den 1960er Jahren in den USA, genauer in der Welt der Werbeagenturen. Es ist eine Zeit des materiellen Überflusses und der unbegrenzten Möglichkeiten. Das ist die äußere Handlungswelt.

Das innere Thema der Serie ist die *Sinnsuche am falschen Ort.* Menschen, die stets mehr wollen, als sie kriegen können; die Suche nach Befriedigung im Konsum, Besitz und Status. Es ist eine Weltenkulisse, die Wahrheit vorspielt und eine Lüge verkauft.

In dieser Serie ist die zentrale Figur Don Draper, Creative Director einer Werbeagentur: Ein professioneller Lügner, dessen Figur auf einer Lüge aufgebaut ist. Er lebt eine gestohlene Identität und lügt auch in der Beziehung zu seinen Mitmenschen. Das Vorspielen falscher Tatsachen ist hier Quelle des eigenen Leidens und des Leidens seiner Mitmenschen. Das innere und äußere Thema der Serie wird durch die Hauptfigur des Don Draper für die Zuschauer erlebbar gemacht.

In Spielewelten gibt es ebenfalls große Unterschiede in der Ausgestaltung von Figuren.

Beispiele | *Pac-Man* ist ein purer Avatar des Spielers. Seine einzige Charaktereigenschaft ist Hunger, die durch das Gameplay-Prinzip umgesetzt wird. Daneben gibt es persönlichkeitslose Rollenspielfiguren wie in *The Elder Scrolls V: Skyrim,* die der Spieler durch seine Aktionen und Entscheidungen komplett formt. Es folgen persönlichkeitsflexible Rollenspielfiguren wie in *Disco Elysium* und *Mass Effect,* die durch Spielerentscheidungen zwar in vorbereitete Persönlichkeiten gelenkt, aber nicht völlig geformt werden, bis hin zu dem namen-, stimm- und geschlechtslosem Insekt The Knight aus *Hollow Knight,* das dennoch als Geschichtsprotagonist funktioniert. In der Geschichte ist es einer von tausenden Versuchen seines Vaters ein komplett „ausgehöltes" (engl. hollow) Kind zu zeugen, welches eine Art Dämon/Gottheit (The Radiance) in sich aufbewahren kann, ohne korrumpiert werden zu können.

Mit den Figuren steht und fällt eine Geschichtswelt. Deshalb gehe ich auf diesen Baustein der Welt im Detail ein. Erfahrenen Roman- oder Drehbuchautoren werden viele der folgenden Elemente bekannt vorkommen.

Die Figur in Beziehung zur Welt und ihrer Kultur

Als Startpunkt bei der Figurenentwicklung können folgende Fragen dienen: Welche Aspekte behandelt die Weltenprämisse, das Thema und die reflektiven Fragen und welche Figuren kann man erschaffen, die diese Aspekte durch ihre Eigenschaften und Handlungen erlebbar machen?

Beispiel | In der *Hades-Welt* ist das Thema der Welt der *Umgang mit Verlust.* Wir haben drei unterschiedliche Kulturen, die mit diesem Thema jeweils unterschiedlich umgehen. Welche Figuren benötigt man, um dieses Weltenfundament durch Eigenschaften und Handlungen der Figuren erlebbar zu machen? Wie könnten stellvertretende Figuren dieser Kulturen aussehen? Folgende Fituren sind beispielsweise denkbar:

- Sarah, eine Figur aus der Kultur der Vari, könnte beispielsweise durch den plötzlichen Verlust ihrer Mutter im Kindesalter und einer fehlenden Trauerbegleitung Beziehungen ganz ablehnen, weil sie durch das Wissen über den Zeitpunkt des Todes nur den Verlust und nicht den Beziehungsgewinn bis zu diesem Zeitpunkt vor Augen hat. Es ist schwieriger, die Realität eines möglichen Beziehungsverlusts verdrängt zu halten, wenn man den genauen Todeszeitpunkt kennt.
- Philipp, ein junger Mann aus dem Volk der Takoliten, dessen Lebensnarbe bei der Geburt entfernt wurde, hat mit einem väterlichen Verlust zu kämpfen, akzeptiert aber auch das Leid des Lebens. Er hat Wege gefunden, Trauer

auszuleben und zu überwinden. Das hat ihm seine Mutter vermittelt, die aus der Kultur der Ilanga stammt. Er ist offen für Beziehungen und kann Liebe zulassen, weil er auch den Schmerz der Trennung akzeptiert.

Das sind nur zwei simple Beispiele für Figurenansätze, aber sie zeigen, wie das Fundament der Welt und deren Kultur auf die Figuren durchwirkt und wie spannend Konflikte und Plots sein könnten, sollten beispielsweise diese beiden Figuren „interkulturell“ aufeinandertreffen.

Einfache Figuren für kraftvolle Plots

Gleichzeitig kann es auch stilisierte Figuren geben, die sich gut für einfache, aber kraftvolle Plots eignen.

Beispiel | Ein Road Runner aus der *Road-Runner-Kurzfilmserie* von *Chuck Jones* zum Beispiel benötigt keine ausgefeilte Lebensgeschichte. Hier geht es vielmehr um einfache, aber klare Charaktereigenschaften und Ziele für Aktionen und Reaktionen in der Gegenwart der Geschichten. Die Frage der einzelnen Episoden ist immer dieselbe: Was wird sich Wile E. Coyote diesmal einfallen lassen, um den Road Runner zu fangen und wie wird er diesmal scheitern? Der Road Runner als Figur ist sehr einfach gezeichnet. Seine Haupteigenschaft ist es, unglaublich schnell die Straßen (und nur auf den Straßen) entlangrennen zu können. Er ist neugierig und lässt sich durch Lockangebote und Fallen des Coyoten auf der Straße oder am Straßenrand gerne aufhalten, doch er entkommt immer. Sein Markenzeichen ist das *„Meep, meep“*. Dabei streckt er dem Coyoten die Zunge raus.
Coyote wiederum ist die komplexere der beiden Figuren. Er entwickelt ständig neue Ideen, wie er den Road Runner fangen könnte. Er ist facettenreicher in seinen Aktionen und Reaktionen und vor allem in seinem Leiden. Denn er bekommt den Road Runner nie zu fassen und seine ausgefeilten Fallen fügen letztendlich ihm selbst den meisten Schmerz zu.

Bei Spielen gibt es ähnliche Beispiele: Pac-Man ist nichts anderes als ein Mund, der nur essen will, die Schneckenkatze aus dem Spiel *Rain World* ist ein Tier mit nur zwei Bedürfnissen: seine Familie in der lebensfeindlichen Welt zu finden und dort zu überleben. In *Yoku* aus *Yokus Island Express* ist die Spielefigur ein Mistkäfer der, gestrandet auf einer tropischen Insel, Postbote werden möchte. Oft werden diesen einfachen Grundzielen temporär situationsspezifische Ziele vom Spiel beigefügt.

Um einfachen Figuren starke Konflikte und Fragen zu geben, helfen die klassischen Erzähldramaturgien beim Aufbau: ein äußeres Ziel, ein inneres, emotionales Bedürfnis, eine antagonistische Kraft und daraus entstehen die spannenden Fragen für die Rezipienten und somit auch Plots für Spiele und Geschichten. Hier folgend nun einige handwerkliche Aspekte, die beim Aufbau einfacher Figuren hilfreich sind:

- **Das äußere Ziel:** Das äußere Ziel bestimmt die Handlung der Figur und lässt sie aktiv werden. Es geht dabei um folgende Fragen: Was will die Figur bewusst erreichen? Worauf arbeitet sie hin?
- **Das innere Bedürfnis:** Das innere, emotionale Bedürfnis einer Figur ist meist weniger sichtbar für die Zuschauer, aber es ist der unbewusste Motor. Es liegt tiefer, ist aber die eigentliche Antriebskraft und kann eine große, emotional befreiende Katharsis hervorrufen, mit der Rezipierende emotional mitfühlen können. Wonach sehnt sich die Figur insgeheim? Möglicherweise ist sich die Figur dieses Bedürfnisses selbst noch gar nicht bewusst und die Geschichte erzählt den Prozess dieser Bewusstwerdung. Oder sie verdrängt dieses Bedürfnis, weil es mit einer Einsicht, vielleicht einem Leiden, verbunden ist. Dabei sind die häufigsten Bedürfnisse sind Liebe, Anerkennung, Gemeinschaft.
- **Die größte Angst:** Ein anderes, einfaches Instrument für den Aufbau einer Figur ist Angst: Etwas, das die Figur um jeden Preis vermeiden möchte. Beispielsweise hat die Figur schlimme Höhenangst und der Plot fordert von ihr das Besteigen eines Turms (z. B. um eine Prinzessin zu retten). Vor allem ist es für den Zuschauer spannend zu erleben, wie ihre Figur mit der Angstkonfrontation umgeht und die Angst überwindet.
- **Die Wunde aus der Vergangenheit:** Manchmal kann auch ein prägendes Erlebnis aus der Vergangenheit erzählt werden, um das Ziel der Figur und sein Leiden, das sie zu überwinden versucht, nachfühlbar zu machen. Ein Erlebnis, mit dem der aktuelle Plot in Verbindung steht. Vielleicht die Situation, mit der alles begann? Ein Erlebnis, dass seine vielleicht übermäßigen oder auch irrationalen Reaktionen im aktuellen Plot erklärt.
- **Die besondere Fähigkeit**: Eine Figur kann an allem scheitern, aber im richtigen Moment eine Sache machen, die alle anderen Figuren nicht können. Wir verfolgen diese Figur fasziniert, wie sie triumphierend Dinge tut oder sagt, die wir ihr niemals zugetraut hätten. Manchmal kann es ein hilfreiches Erzählinstrument sein, einer Figur eine Eigenschaft zu geben, die sie von allen anderen Figuren abhebt. Eine Sache, die sie besonders macht und auf diese Weise Empathie bei Rezipienten hervorruft.
- **Das Prinzip von Leiden und Ziel nach John Truby:** Nach dem amerikanischen Drehbuchautor und Script-Doctor John Truby[8] möchte das Publikum erleben, wie eine Figur ihre größte Schwäche, ihr Leiden überwindet. Dadurch interessiert man sich für eine Figur und möchte sich in sie, in ihre Schwächen, aber auch in die unvorhergesehenen Stärken einfühlen. Aus seiner Sicht ist es ein Irrglaube, dass eine Figur in einem Plot eine große Backstory benötigt. Für ihn braucht eine Figur

8 Truby, 2008

nur zwei Elemente, die stark sein müssen: Ein **Leiden** oder eine Schwäche (etwas, das die Figur in ihrer Tiefe wirklich verletzt hat und das die Figur überwinden muss) und ein **äußeres Ziel.**

Ich habe diese These über Jahre mit vielen Filmbeispielen und in Mentorings überprüft und für mich trifft er damit einen elementaren Ansatz in der Entwicklung einer nachfühlbaren Figur in Verbindung mit einem Plot. Die Zuschauer können in emotionale Resonanz mit einer Figur gehen, wenn diese ein *emotionales* Leiden überwindet, während das Erreichen des äußeren Zieles nicht dieselbe kraftvolle Katharsis hervorruft.

Beispiel | Betrachten wir die Wirkung der dramaturgischen Elemente von **Leiden und Ziel** anhand einer Castingshow. Ich wähle bewusst kein klassisches Erzählformat, um die universelle Anwendbarkeit dieser narrativen Bausteine zu verdeutlichen. Dabei nehme ich keine moralische Haltung zum Beispiel ein; es geht mir leidglich um seine Wirkungsmechanismen.

Kyle Tomlinson war ein 12-jähriger Kandidat, der bei der Show *Britain's got Talent* (www.s.narr.digital/p4k1e) auftrat und von allen vier Juroren prompt abgelehnt wurde. Drei Jahre später bewarb er sich wieder bei dieser Castingshow und trifft wieder auf dieselben Juroren. Bei seiner Vorstellung erzählt er, dass David Williams, einer der Juroren, ihn sehr verletzt hatte, als er ihm nach seinem damaligen Auftritt ziemlich barsch riet, sich einen Gesangslehrer zu suchen.

Als er das der Jury erzählt, wird er für diese damalige Geschichte ausgelacht. Keiner geht mit seiner damaligen Verletzung respektvoll um. Wenn man diese Sequenz sieht und sich in Kyle hineinversetzt, spürt man den emotionalen Druck, seine Anspannung, Frustration und Wut, als er auf die Bühne geht. Gleichzeitig hat er den Mut, sich der Situation ein zweites Mal zu stellen, trotz der eigenen Unsicherheit und des Schamgefühls von damals und dem erneuten Risiko, sich wieder vor den Juroren und der Welt zu blamieren. Für den 15jährigen Jungen steht viel auf dem Spiel, ausgelöst durch ein Erlebnis, das eine tiefe Wunde erzeugt und ihn geprägt hat. Bis hierher stecken drei Jahre Arbeit an seiner Wunde und das Ziel, diese Wunde zu überwinden und David Williams zu zeigen, dass er es besser kann.

Nach John Truby haben wir hier ein Leiden durch eine emotionale Wunde und das Ziel, das Leiden zu überwinden. Als Kyle gefragt wird, wer ihn so barsch abgelehnt hat, kann er nicht einmal den Namen von David Williams aussprechen, sondern nur mit dem Finger auf ihn zeigen. Die Macht dieser inneren Wunde lässt sich spüren. Gleichzeitig ist er kein Schönling, sondern eher das unscheinbare „hässliche Entlein". Von ihm wird keine Glanzleistung erwartet. Wir erleben hier eine Figur, die ein Leiden in sich trägt, ein äußeres Ziel verfolgt und ein inneres Bedürfnis hat. Das äußere Ziel ist, von den Juroren nicht mehr abgelehnt zu werden und zumindest in der Show eine Runde weiter zu kommen. Das innere Bedürfnis ist die nachträgliche Anerkennung seiner Gesangskunst, das Angenommen- und

Aufgenommenwerden von David Williams und damit stellvertretend in der Welt der Musikbranche und die Überwindung seiner Wunde.
Er hat also mehrere antagonistischen Kräfte zu überwinden:

- **Die antagonistische Kraft in ihm selbst.** Er muss seine Scham und Schüchternheit überwinden, sich wieder auf die Bühne stellen und sich zeigen. Das braucht großen Mut.
- **Die antagonistischen Kräfte des Publikums.** Die Situation ist fast wie im alten Rom bei Brot und Spiele. Das Publikum will gut unterhalten werden und kann grausam sein. Es drohen Buhrufe und soziale Ächtung.
- **Die antagonistischen Kräfte der Juroren.** Es gilt, die Juroren zu überzeugen.

Nun kommt die **besondere Fähigkeit** dieser Figur, der einen Sache, die sie wirklich gut kann, ins Spiel. Die Einleitung ist klassisch; als Zuschauer fragt man sich: Wird er sein Leiden überwinden können? Wird er singen können? Wird er David Williams und die Juroren überzeugen können und in die dortige Gemeinschaft aufgenommen werden? Dann singt der Junge los. Was drückt Kyle beim Singen an Emotionen aus? Was fühlen die Zuschauer in diesem Moment? Fühlen sie während seines Gesangs die Verbindung zur inneren Wunde? Unterstützend sind auch die vielsagenden Blicke unter den Juroren. Das Publikum (im alten Rom) hat Kyle recht schnell auf seiner Seite und diese als antagonistische Kraft überwunden. Das „hässliche Entlein" hat sich in den Schwan mit der schönen Stimme verwandelt. Auch die Juroren scheinen wohlwollend zu sein. Das Pokerface liegt hier bei seinem Wundenerzeuger David Williams. Was empfindet und denkt er?
Am Ende seiner Performance blickt Kyle auf einen euphorischen Zuschauersaal. Sogar die Juroren stehen beim Klatschen auf und Kyle kann seine Gefühle nicht mehr zurückhalten. Seine Seele öffnet nach der Performance ihre Schleusen und der ganze Druck der letzten Jahre, das aufgestaute Leiden, sucht sich jetzt seine Katharsis in einem emotionalen Bad der Tränen.
Die Juroren sind schnell überzeugt und zuletzt kommt David Williams. Was denkt er über ihn? Williams drückt den goldenen Buzzer und sagt „Really good". Am Ende fällt der kleine, verletzte Junge in die Arme des Mentors und damaligen Wundenerzeugers. Mit diesem In-die Arme-schließen und Annehmen endet ein kathartischer Moment für Kyle und die Zuschauer.
Was für ein emotionales Fest. Wie ausschlaggebend ist dafür die Geschichte und wie ausschlaggebend ist die Gesangsqualität? Würde der Gesang ohne diese Backstory dieselbe emotionale Kraft beim Zuschauer entwickeln?
Und welches Ziel war für die Zuschauer das emotional stärkere? Das Erreichen der nächsten Runde und der goldene Buzzer oder das Überwinden dieser inneren Wunde?

Die Zuschauer fiebern mit der Figur bis zum Erreichen des äußeren Ziels mit, aber die emotionale Beziehung zu ihr entsteht durch das innere Ziel oder der Überwindung des Leidens der Figur. Sie sehen, wie wichtig dieses innere Leiden, das innere Ziel ist. Hier stecken die emotionale Kraft und die Verbindung zu den Rezipienten.

Komplexe Figuren mit einer Lebensgeschichte

Will man Figuren mit einer dynamischen Lebensgeschichte erzählen, aus denen sich viel narratives Potential zum Erzählen von Geschichten schöpfen lässt, lohnt sich die Entwicklung einer Lebensgeschichte.

Die folgenden Bausteine, um eine Lebensgeschichte einer Figur aufzubauen, sind nicht wissenschaftlich-entwicklungspsychologisch fundiert. Sie sollen vielmehr vitale Impulse für die Entwicklung von Lebensgeschichten und damit auch reichhaltige Plots geben.

Bausteine für eine Figur: Das Psyche-Modell von C. G. Jung und Joseph Campbell

Eine wertvolle handwerkliche Grundlage für das Entwickeln komplexer Figuren ist das Psyche-und-Symbol-Modell nach Carl Gustav Jung, das auch Joseph Campbell in seinem Vortrag *Psyche und Symbol*[9] und dem Buch *The Power of the Myth*[10] verwendet hat.

Das Psyche und Symbol Modell nach Jung ist eine zentrale Konzeption in der analytischen Psychologie, die Joseph Campbell gerne als Grundlage seiner mythologischen Arbeit nutzte. Sie ist im Kern auch die Basis zum Modell der Heldenreise, dient aber auch als eine Orientierung zur Entwicklung komplexer Figuren.

---

9 Der Talk „Psyche und Symbol" ist Teil der Vortragsreihe „Mythos" von Campbell. Es gibt die Lectures frei im Internet Archive: https://archive.org/details/Mythos1/1_Psyche_and_Symbol_1.AVI

10 Campbell, The Power of Myth, 1988

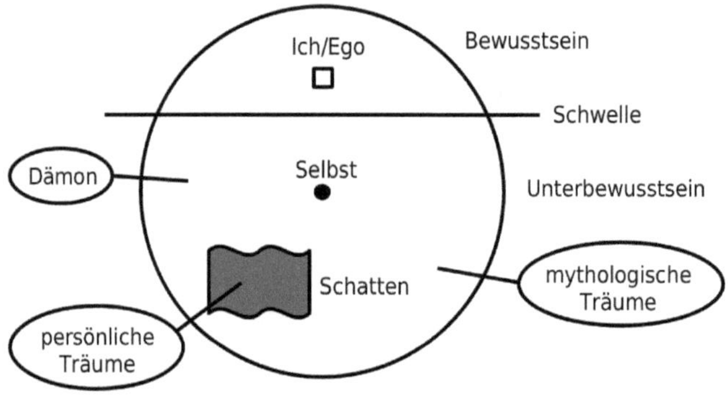

Abbildung 3 | Psyche-und-Symbol-Modell von C. G. Jung (eigene Darstellung nach Joseph Campbell, „Psyche and Symbol"; Carl Jung, „Archetypes"; Adolf Bastian, „Volk-Ideas")

Zur Orientierung für die Entwicklung einer Figur hilft das Modell, weil darin das **Wesen des Menschen** in verschiedene Aspekte unterteilt wird: Das Ego und das Selbst, das Bewusste und das Unterbewusste. Im Unterbewussten wiederum als Wirkkräfte der Schatten und das impersönliche Unterbewusste, aus sich beispielsweise mythologische Träume nähren.

Im Folgenden stelle ich die einzelnen Bausteine vor, die man zum Aufbau eigener Figuren nutzen kann. Das Modell hilft, authentische und differenzierte Figuren zu entwickeln.

Das Selbst

Die Mitte einer Persönlichkeit ist das Selbst. Es ist das grundsätzlich Vorhandene in uns, aus dem das Ich, das Ego, hervorgeht. Es „prä-formiert" das Ich. Bevor also das Ich zu denken beginnt und sagt: ich will, ich habe, meins, mir usw. hat der Mensch bereits spezifische, individuelle Wesensmerkmale, die das Ich prägen. Das kann man bereits bei Kleinkindern sehen, die noch kein denkendes Ich besitzen, aber doch ihren ganz eigenen Charakter haben. Diese frühen Anlagen finden im Selbst ihre Wurzeln, ebenso die Instinkte, einschließlich des Körperbewusstseins und der (archaischen) natürlichen Körperintelligenz.

Das Selbst ist das Zentrum, aus dem all unsere Energie kommt. Unsere Träume, unsere spontanen Eingebungen und auch unsere unverstandenen Gefühle. Das Selbst ist auch die Biologie des Körpers. Der Ego-Verstand eines Babys ist noch nicht entwickelt. Es denkt noch nicht: Ich will jetzt an die Brust meiner Mutter und Milch trinken. Es ist reiner Lebenstrieb und weiß instinktiv, dass es zur Brust der Mutter muss, um dort Milch zu bekommen. Es gibt ein ganzes System solcher angeborenen Verhaltensweisen, die ohne ein entwickeltes Ego auskommen.

Ein nachfühlbares Beispiel ist die Pubertät. Hier werden Menschen plötzlich mit Gefühlen und Bedürfnissen konfrontiert, mit denen das Ego-Bewusstsein, das Vernunftwesen, völlig überfordert ist. Sie werden fleischgewordenes Hormon und haben einen ganzen Komplex neuer Bedürfnisse, die plötzlich den Ton angeben. Sie empfinden das nicht als ihr Ich und wissen anfangs kaum mit diesen neuen Impulsen aus ihrem Körperbewusstsein umzugehen.

Das Ich/Ego

Oben im Kreis (siehe Abbildung 3) sitzt das mentale Ich-Bewusstsein, das denkende Ich. Dieses Ego ist hier eckig dargestellt, weil es nicht im Einklang mit der Natur lebt. Campbell bringt dazu ein schönes Beispiel: Blicken Sie sich einmal um. Sie werden vermutlich in einem rechteckigen Raum sitzen. Er wurde mit dem Ich-Bewusstsein gebaut. Dort, wo das Ich-Bewusstsein erschafft, finden wir viele Rechtecke. Macht man einen Waldspaziergang, wird man dort vermutlich kaum natürlich entstandene Rechtecke finden.

Das Ich ist weitab vom Zentrum des Selbst. Wir meinen, dass das Ich den Ton in uns angibt, aber ist das wirklich so? Gibt nicht das den Ton an, was aus unseren Tiefen nach oben wirkt?

Das Ego ist das „Ich will“, „Ich brauche“, „Ich habe“ etc. Unsere Gesellschaft trainiert uns auf das Verfolgen von Lebenszielen, Wünschen und Statusrollen, die das Ego dann zu erreichen und auszufüllen sucht. Ist das Ego glücklich und zufrieden, wenn es diese Ziele erreicht hat? Wenn eine Million Euro verdient ist? Ist man dann glücklich und hat das Gefühl, es reicht? Oder verfolgt man dann ein neues Ziel? Die zweite Million?

Unser Ego kennt kurze Glückimpulse, wenn wir Ziele erreicht haben, doch diese Glückszustände sind nicht von dauerhaftem Bestand. Es folgen Unzufriedenheit und die Leere der Form und wir benötigen ein neues Ziel.

Das Unterbewusstsein

Im unteren Teil der Grafik liegt das Unterbewusstsein: die Weisheit des Körperbewusstseins oder auch das Naturbewusstsein und das impersönliche Unbewusste. Hier sind wir in der Welt der Archetypen nach C. G. Jung[11], die auch einen Aspekt der Heldenreise bilden. Jung analysierte Traumbilder über sämtliche Kulturen hinweg und stellte dabei fest, dass jede Kultur ähnliche Träume, Traumbilder und Figuren kennt. Er folgerte daraus, dass es ein zweites, psychisches System im Menschen gibt, einen impersönlichen Bereich im Unterbewusstsein jedes Menschen. Er nannte es eine „allgemeine seelische Grundlage überpersönlicher Natur“, die nicht erworben, sondern geerbt wird. Es ist der Teil in uns, der uns alle auf tiefster Ebene verbindet und den wir alle in ähnlicher Form in uns tragen. Es ist unser vereinendes Element. Er nannte es die Archetypen, das Feld der mythologischen Träume und Traumbilder.

11 Jung, 2018

Der Schatten

Der Schatten ist der persönliche Teil des Unbewussten. Es ist der blinde Fleck unseres Egos und unser persönliches Schattenreich. Unser Ego-Bewusstsein hat kaum Wissen darüber, was hier alles vergraben liegt. Dort unten hausen unsere verdrängten Erlebnisse und Gefühle von Ablehnung, Frust, Scham und Angst, z. B. unsere tiefsitzenden Traumata, die wir als Kind erlebt haben. Sie können sich im Schatten in zerstörerische Monster und angstmachende Ungeheuer verwandeln, die wir am liebsten auf ewig vergessen würden und so weit weg wie nur möglich in unsere innersten Tiefen wegsperren und abspalten würden. All die Züge, die wir an uns selbst nicht ausstehen können und all die dunklen Geheimnisse, die wir uns selbst nicht eingestehen möchten oder vor denen wir Angst haben.

Doch der Schatten hat seine eigene Vitalität und Macht. Nichts bleibt in den Weiten unseres Unterbewusstseins vergessen. Und so wirken alte Erlebnisse, Gefühle und verdrängte Situationen in Fragmenten oder in Träumen scheinbar ohne Logik nach oben in unser Bewusstsein und beeinflussen unser tägliches Leben, Fühlen und Denken und besonders unsere Traumwelten.

Unser aufgeklärtes Ich mag seine Komfortzone und Struktur und wir fürchten nichts mehr als emotionale Ohnmacht und Kontrollverlust. Mit dem abgespaltenen Chaos aus dem Schatten haben wir nicht gelernt umzugehen und so versuchen wir, es so gut wie nur möglich zu unterdrücken, zu verdrängen, am besten ganz von uns abzuspalten.

Doch die Kräfte des Schattens funktionieren wie ein Überdruckventil: Versuchen wir von ihm wegzurennen, sucht er sich andere Weg an die Oberfläche. Je länger wir dem Schatten seinen Raum und die Aufmerksamkeit verwehren, desto stärker zeigt er sich in immer heftiger werdenden Gefühlen, körperlichen Reaktionen bis hin zu psychischen und körperlichen Krankheiten. Der Schatten kann uns in tiefe Lebenskrisen stürzen durch Gefühle und verdrängte Erlebnisse, die aus dem Schatten hochwirken und uns sprichwörtlich übermannen.

Wir können versuchen, mit unserem Verstand da runter in unseren Schatten blicken zu wollen, aber der Schatten ist für unseren Verstand verschlossen und zeigt sich nur in all seiner Potenz, wenn er es selbst möchte.

Ein Weg in die unergründlichen Tiefen unseres Schattens zu blicken ist beispielsweise die Tiefenpsychologie. In der Psychoanalyse versucht der Therapeut in Kontakt mit dem persönlichen Unbewussten zu kommen und wieder eine vitale Verbindung zwischen Schatten und Verstandesebene herzustellen und das Es wieder mit dem Ich in Verbindung zu bringen.

In der Heldenreise nach Joseph Campbell wird der Schatten als Archetypus beschrieben. Er ist der Gegenspieler, die antagonistische Kraft des Helden. Ein guter Schatten/Gegenspieler des Helden hat oft verdrängte Aspekte des Helden in sich oder steht für unterdrückte Triebe und Eigenschaften, die der Held erst noch in sich freilegen muss. Der Schatten wird im psychologischen Aspekt als ein Teil des ganzen Helden gesehen, der in seinem Entwicklungsprozess noch entdeckt und angenommen werden muss.

Oft muss der Held in mythologischen Geschichten den Drachen töten oder in tiefe Höhlen hinabsteigen und dort das Monster besiegen. Das sind Symbole und Sinnbilder für den Kampf gegen unsere eigenen Schatten, das Monster in uns, das unkontrollierbar und nicht logisch erfassbar für das Ego nach oben wirkt und das wir am liebsten von uns abschneiden würden, weil es uns Angst macht.

Am Ende besteht der Schatten doch nur aus uns selbst und unseren ureigenen Gefühlen: **Wir sind der Schatten.** Der Schatten ist ein Teil von uns und wenn wir ihm mutig begegnen, seine Monster töten, uns also unseren verdrängten Gefühlen, Erlebnissen und Ängsten stellen, werden wir vermutlich nur unserem verletzten und einsamen Selbst oder Kind begegnen, das sich nach Liebe von uns sehnt. Und allein das ist schon die Hauptaufgabe der Heldenreise nach Campbell und die Reise, die jeder Mensch vor sich hat, um sich selbst zu befreien.

"The deep aim and problem of the maturing psyche today is to recover wholeness."[12]

Bezogen auf die Abbildung heißt das: Wir müssen uns wieder vollständig machen, also den unteren Bereich des Kreises in uns integrieren. Das ist auch das Grundmotiv der Heldenreise nach Joseph Campbell: Einen Zustand verlassen, die Quelle des Lebens zu finden und in einem reiferen Zustand wiedergeboren zu werden.[13]

Da sich dieses Buch auf **Worldbuilding** und nicht auf **Storybuilding** konzentriert, werde ich auf die Heldenreise nicht weiter eingehen. Für Weltenbauer ist der Schatten aber ein zentrales, erzählerisches Instrument beim Erschaffen von Konflikten in Figuren und folglich für die Erzeugung spannender Plots.

Der Dämon

Das Wort stammt vom griechischen Wort *daímōn* ab. Der Daimon stand in der griechischen Mythologie ursprünglich für den Geist der Abgeschiedenen und galt als eine Art Vermittler zwischen den Göttern und den Menschen; er steht für dem göttliche Impuls im Menschen, der die Dynamik des Lebens widerspiegelt und der in Visionen und Träumen zu uns kommt. Der Dämon ist einer, der bisher nicht wahrgenommen wurde, der nicht das bekommen hat, was ihm zusteht, der nicht in das Leben eingreifen durfte und so zu einer gewalttätigen Bedrohung wird.

Sokrates sprach von einer inneren Stimme, die ihm nicht vorschlug, was er tun, denken oder sagen sollte, sondern sich nur einmischte, um ihn davon zu überzeugen, kein moralisches Unrecht zu begehen. Platon sagte, dass wir das sind, was wir uns ausgesucht haben: Nicht der Dämon wählt dich, sondern du den Dämon. In diesem Sinne sind wir alle dazu aufgerufen, den Code unserer Seele zu entschlüsseln und unserer Präsenz in der Welt einen Sinn zu geben. Der Daimon, dieser „geheime Begleiter", der in unserem Leben wirkt und dem wir nicht entkommen können, achtet

12 Campbell, 1990a, S. 154
13 Campbell, 1988

darauf, was für die Seele gut ist und was die Seele braucht, um ihre Bestimmung zu erfüllen.

Erst in der römisch-katholischen Interpretation wurde der Dämon etwas Böses. Hier geht es darum, den Menschen von seinen Dämonen abzuschneiden und somit den Menschen von seinen unbewussten, spontanen Impulsen zu trennen.

Das Psyche-Symbol-Modell bietet viel Potential, Spannungen und ein lebendiges Innenleben in Figuren anzulegen. Spannungen können beispielsweise zwischen dem Ego-Bewusstsein und dem Schatten entstehen, indem die Hauptfigur ihren Schatten zu entkommen versucht oder durch den Plot in ihren Glaubenssätzen getestet wird.

Diese Unterteilung von Bewusstsein und Unterbewusstsein hilft, in Figuren Spannungen anzulegen, die sich in Handlungen und Reaktionen, unverstandenen Bedürfnissen und Ängsten zeigen können.

Für den aufbau von Figuren sind die unterdrückten Gefühle und emotionalen Erlebnisse spannend, die die Figuren in ihrern Handlungen prägen und in Träumen in Erscheinung treten können.

Es sind auch oftmals die emotionalen Ventile, die sich durch Aktionen und Erlebnisse immer mehr Druck aufbauen, bis hin zu Extremreaktionen, sei es beispielsweise bei der Figur des Joker (2019), bei dem die Hauptfigur durch immer stärker werdenden Leidensdruck und dem Gefühl, Opfer zu sein, irgendwann emotional explodiert und zum Täter wird.

Durch die bewusste Unterteilung einer Figur in Ego-Bewusstsein/Ich, Unterbewusstsein und Schatten bietet dieses Modell Potential für den Aufbau von dynamischen und plastischen Figuren mit starken, authentischen Konflikten, die in den Figuren arbeiten. So können im Schatten Gefühle und Situationen in die aktuellen Handlungen der Figuren hochwirken und dadurch Konflikte befeuern oder auslösen. Es entsteht eine spannungsvolle antagonistische Kraft, die in den Figuren selbst wohnt und rationale und irrationale Aktionen Handlungen auslösen kann.

Dieses Modell ist eine gute Orientierung, um komplexe Figuren zu entwickeln. Dazu gibt es zwei weitere Bausteine, nämlich **zwei statische, unveränderliche Teile einer Figur:** das Selbst und die eine besondere Eigenschaft einer Figur.

- **Das Selbst** (die unveränderlichen Wesenseigenschaften ihrer Figur): Bevor eine Figur zur Identität gelangt, hat sie grundlegende Wesenseigenschaften, die aus dem Selbst hervorgehen. Sie sind der innere Kern ihrer Persönlichkeit. Das sind die statischen Elemente einer Figur, die sich durch die Lebensgeschichte nicht verändern. Damit kann man einer Figur grundlegende Eigenschaften verleihen.

Beispiel | Nehmen wir als Beispiel wieder die Figur der Sarah aus der Hades-Welt. Sarah ist ein sehr feinsinniges, ruhiges, beobachtendes und fürsorgliches Wesen. Sie hat ein großes Herz für die Bedürfnisse anderer.

- **Die *eine* Eigenschaft, die eine Figur besonders gut kann und die sie von allen anderen Figuren abhebt:** Diese eine Sache kann vererbt oder im Selbst der Figur angelegt sein, ist also ein statisches Element, das grundlegend in der Figur vorhanden ist, egal ob sie diese Eigenschaft nutzt oder nicht, ob sie ihr bewusst ist oder nicht. Die Figur kann beispielsweise einen Moment des Erwachens mit dieser einen Eigenschaft erleben. Es kann aber auch eine angelernte Eigenschaft sein.

Beispiel | Bei Sarah aus der *Hades-Welt* könnte diese Eigenschaft folgende sein: Sarahs Mutter ist plötzlich durch das staatliche Euthanasieprogramm gestorben. Das Auslesen der Unterlippe war für ihre Eltern ein Tabu und der Tod als Thema in der Familie verdrängt. Der plötzliche Tod ihrer Mutter im noch so emotional abhängigen Alter von zehn Jahren schockierte Sarah zutiefst und sie hat sich geschworen, nie wieder so einen Kontrollverlust erleben zu wollen. Nach dem Tod erhielt Sarah noch einen Abschiedsbrief ihrer Mutter. Sarah erkennt, dass ihre Mutter über das familiäre Tabu log, die Narbe nicht auszulesen. Sie wusste also von ihrem nahestehenden Tod, ließ ihn sich aber nicht anmerken. Sarah hasste ihre Mutter dafür. Sie hat sie wissentlich in diesen unangekündigten Schock fallen lassen. Sarah hat seitdem ihre Sinne geschärft, um zu sehen, was in den Tiefen ihrer Mitmenschen verborgen ist, um nie wieder so überrascht zu werden. Dieser geschulte Feinsinn ist eine Eigenschaft, die sie von anderen Menschen abhebt. Das ist ihr „USP". Diese feinen Sinne und die gute Intuition sind in Sarah zwar angelegt, wurden aber erst durch ihr Trauma trainiert und geschärft.
Die Kehrseite dieser Eigenschaft ist die schnelle Erschöpfung durch die geschärften Sinne. Dann sucht Sarah Ausgleich und Harmonie im Ausdruckstanz. Dabei trägt sie Kopfhörer, die die Außenwelt ausblenden und nur ihre Musik zulassen.

Weitere Figurenaspekte sind dynamische Elemente, die sich durch Gesellschaft und Kultur, Erziehung, Glaubenssätze, Prägungen und Erlebnisse ändern. Man kann diese Aspekte in einer Zeitleiste aufbauen und verändern:

- **Die Prägungen des Ego (das Bewusstsein):** Figuren wachsen in Milieus auf. Dort werden sie mit mythologischen und kulturellen Komplexen, Regelwerken und Glaubenssätzen, sozialen Umgangsformen etc. konfrontiert. Das ist die Muttermilch des Milieus, der Familie, der Gruppierung, des Landes etc. Aus diesen Fragmenten entsteht auch unsere Lebensgeschichte, die unser Handeln und Denken bestimmt.

Beispiel | Sarah glaubt, einen erneuten Tod einer nahestehenden Person nicht verkraften zu können. Deshalb hat sie sich auch von ihrem noch lebenden Vater zurückgezogen. Beziehungen lässt sie nur oberflächlich zu. Sie scheint innerlich ständig auf der Flucht aus dem Moment zu sein.

- **Die Komfortzone:** Die Komfortzone ist der Bereich, in dem sich eine Figur komfortabel in ihrer Welt bewegen kann, ohne in die Konfrontation ihres Schattens gehen zu müssen. Es ist der Lebensbereich, in dem sich das Ego sicher fühlt und den es kontrollieren kann und in dem es am wenigsten Ängste gibt. Die Fragen, die sich hier stellen sind: Was gehört in die Komfortzone einer Figur und mit welchen Mitteln hält sie diese aufrecht?

Beispiel | Komfortzone für Sarah ist ihre Wohnung und die Bibliothek der Universität. Dort kann sie in Anwesenheit von Menschen sein, sich nicht einsam fühlen und muss gleichzeitig keine engen Beziehungen aushalten. Ein Ort der Stille, an dem sie gerne arbeitet, obwohl sie hier gar nicht studiert. Leider hat sie nicht genug Geld, um sich einen Ort zum Tanzen leisten zu können. So tanzt sie manchmal spät am Abend mit ihren Kopfhörern heimlich zwischen Bücherregalen.

- **Der Schatten einer Figur:** Was ist in den Tiefen einer Figur verschlossen? Und was davon wirkt wann ins Bewusstsein? Welche antagonistischen Kräfte liegen in der Figur begraben? Gibt es z. B. einen zentralen, wiederkehrenden Traum?

Beispiel | Unter dem Gefühl der Trauer und der Ohnmacht über den Verlust ihrer Mutter hat Sarah eine übermächtige Wut auf ihre Mutter, die sie aber nicht zulässt und auch nicht wahrnehmen möchte. Sie gibt ihrer Mutter nach wie vor die Schuld an dem leidvollen Leben, das sie seit ihrem Tod führt. Und so ist ihre Mutter weiterhin ein machtvoller Einfluss auf Sarahs Leben, der ihr nicht bewusst ist.

- **Der blinde Fleck der Figur:** Was kann die Figur einfach nicht wahrnehmen? Was sieht sie (emotional) nicht oder blendet sie in der Wahrnehmung aus?

Beispiel | Sarah sieht nicht die Kraft, die in ihr steckt. Durch den traumatischen Tod ihrer Mutter ist ein Teil in ihr immer noch das 12jährige, traumatisierte Mädchen geblieben, das mit dem kindlichen Auge der Hilflosigkeit und Verlassenheit auf die Welt blickt. Doch es gibt auch eine selbständige und kraftvolle Seite, die auch starke Selbstheilungskräfte besitzt, die sie aber nicht wahrnimmt. Durch den Tod ihrer Mutter sieht sie auch die Liebe nicht, die ihr andere Menschen entgegenbringen.

Glaubenssätze und selbsterfüllende Prophezeiungen

Menschen handeln oft im Leben bewusst oder unbewusst nach gelernten Glaubenssätzen. Diese Glaubenssätze können von den Eltern, der Religion oder Kultur eingetrichtert worden sein oder durch die eigene Lebenserfahrung entstanden sein. Es können Lebensweisheiten der Eltern sein oder einfach Dinge, die Menschen, mit denen man in Beziehung ist, gesagt und dadurch das eigene Wesen geprägt haben.

Manchmal sind Glaubenssätze so selbstverständlich in Fleisch und Blut von Menschen übergegangen, dass sie gar nicht als solche erkannt oder wahrgenommen werden. Glaubenssätze können **eine starke unbewusste oder bewusste, treibende Kraft** in Figuren sein und können auf den ersten Blick unlogische oder überraschende Handlungen verursachen, z. B.:

- „Schöne Frauen wollen große Männer, für große Frauen bist Du zu klein."
- „In der Welt geht es nur ums Geld."
- „Schau den Menschen tief in die Augen und in der ersten Sekunde weißt Du, wen Du vor Dir hast."
- „So introvertiert wie Du bist, wirst Du nie einen Lebenspartner finden."
- „Das Leben ist ein Kampf den man jeden Tag aufs Neue kämpfen muss."
- „Wir sind arm geboren und wir werden arm sterben."

Glaubenssätze können auch zu **selbsterfüllenden Prophezeiungen** werden. Menschen können unbewusst auf ihre Glaubenssätze hinarbeiten. Glaubt eine Figur beispielweise, dass sie nie den richtigen Lebenspartner finden wird, dann kann diese Figur auch unbewusst eine funktionierende Beziehung durch diesen Glaubenssatz sabotieren. Diese Glaubenssätze sind dann oftmals mit dem blinden Fleck im Schatten eines Menschen verbunden.

Selbsterfüllende Prophezeiungen können antagonistische Kräfte in den Figuren selbst sein, um ihre bewusst gesetzten Ziele durch unbewusste Sabotage nicht zu erreichen.

Beispiel | Sarahs Glaubensatz aus der Hades-Welt ist: „Ich werde von den Menschen verlassen, die ich liebe und habe es nicht verdient, geliebt zu werden." Durch ihre Glaubenssätze hat sie massive Verlustängste und folglich Angst, sich auf emotionale Beziehungen einzulassen. Sobald Sarah einen Menschen kennenlernt und mit ihm bewusst in Beziehung geht, erzeugt sie unbewusst Konfliktsituationen, die die Menschen wieder von ihr wegtreiben, so dass ihre Glaubenssätze zu einer sich ständig wieder erfüllenden Prophezeiung werden. Sie erzeugt Dramen ohne Grundlage und sucht Mängel und Fehler in diesen Menschen, um sie wieder verlassen zu können, bevor sie von anderen Personen verletzt und verlassen wird. Auf diese Weise verlässt sie selbst aktiv handelnd die Menschen und fühlt sich so nicht als Opfer.

Beispiel | *Don Draper* aus der Serie *Mad Men* wiederum hat folgenden Glaubenssatz, den wir gleich in der ersten Folge der Serie erfahren: „Du wirst allein geboren und du stirbst allein, und diese Welt schmeißt dir einfach einen Haufen Regeln an den Kopf, damit du diese Fakten vergisst. Aber ich werde sie nie vergessen. Ich lebe, als gäbe es kein Morgen, denn es wird kein Morgen geben."

Dieser Glaubenssatz wirkt wie ein Kondensat aus schwierigen Erlebnissen, die Don Draper in seinem Leben erfahren hat und die in diesem Satz kulminieren. In seiner Lebenshaltung kann man diesen Glaubenssatz durchfühlen und er ist unsichtbarer Richtungsgeber in seinen Handlungen und Entscheidungen.

Beispiel | „Dunkelheit ist nichts, wovor man sich fürchten muss. Ich gehe sogar so weit zu sagen, dass es nichts gibt, wovor man sich fürchten muss. Nirgendwo. Der stärkste Mensch ist derjenige, der keine Angst davor hat, allein zu sein. Es sind andere Menschen, um die du dir Sorgen machen musst. Menschen, die dir sagen, was du zu tun und zu fühlen hast. Und bevor du es merkst, verbringst du dein Leben auf der Suche nach etwas, das dir andere Menschen gesagt haben. Eines Tages wirst du ganz allein sein. Also musst du herausfinden, wie du für dich selbst sorgen kannst." Diesen Glaubenssatz vermittelt die Mutter in der Netflix-Serie *Damengambit* in einem Rückblick der noch kindlichen Hauptfigur *Beth Harmon*. Man fühlt in diesem Glaubenssatz die Enttäuschung und den Groll über eigene Lebenserfahrungen mit Menschen und den daraus gezogenen Glaubenssatz, den sie hier ihrer Tochter ins Leben mitgibt. So setzt sich ein Glaubenssatz aus einer persönlichen Wunde der Mutter in der nächsten Generation fort.

Beispiel | „Lebe gemeinsam, stirb allein" ist der Glaubenssatz von *Dr. Jack Shephard*, einer der Hauptfiguren der Serie *LOST* (2004–2010). Dieser Glaubenssatz, die größte Angst der Hauptfigur, spielt in sämtlichen Handlungen der Figur eine bestimmende Rolle. Gleichzeitig ist er im Auftakt und am Ende der Serie bestimmend. Jack öffnet im ersten Bild der Serie seine Augen und liegt nach einem Flugzeugabsturz verletzt in einem Bambusfeld. Dies ist eigentlich sein Todesmoment. Im letzten Bild der letzten Episode der Serie stirbt er allein und verwundet in eben diesem Bambusfeld. Doch dann legt sich unerwartet Vincent, ein Hund und ebenfalls Überlebender des Flugzeugabsturzes, neben ihn. Man sieht in Jacks Ausdruck, wie überglücklich er ist, dass sich sein Glaubenssatz nicht erfüllt hat und er in Begleitung des Hundes nun gehen kann.

Radikalste Wendepunkte

Radikalste Wendepunkte sind Augenblicke im Leben einer Figur, in der sie aus ihrer Komfortzone herausgerissen und ihr Leben auf den Kopf gestellt wird. Es sind Situationen, in denen jegliches Sicherheitsgefühl verloren geht und gelernte Glaubenssätze auf die Probe gestellt, hinterfragt oder neu geboren werden. Das **Wertesystem der Figur** sowie deren Narrative, Wahrheiten und Lebensregeln werden in Frage gestellt oder funktionieren nicht mehr. Durch dieses Erlebnis ändern sich Lebensziele, Ängste entwickeln sich, Stärken und Schwächen werden entdeckt und neue Ziele und Mächte beginnen zu wachsen.

Beispiel | Sarahs erster radikaler Wendepunkt in ihrem Leben war der plötzliche Tod ihrer Mutter. Aus diesem Gefühl der Ohnmacht, dieser unumkehrbaren Situation sind Glaubenssätze und emotionale Verhaltensweisen entstanden, die sie nachhaltig geprägt haben.

Beispiel | Bei Don Draper aus der Serie *Mad Men* besteht sein radikalster Wendepunkt im freiwilligen Einsatz im Koreakrieg. Er geht dorthin, um aus seiner bisherigen, leidvollen Identität als Dick Whitman zu entkommen. Während seines Einsatzes im Krieg werden er und sein Partner unter feindlichen Beschuss genommen. Sie überleben, Dick zündet sich danach zur Beruhigung eine Zigarette an. Doch damit bringt er das Munitionsarsenal zur Explosion. Er wird schwer verletzt und sein Partner stirbt. Kurzerhand nimmt Dick dessen Identität an, indem er die Erkennungsmarken tauscht. Im Krankenhaus erhält er das violette Herz, einen militärischen Orden für seinen Kriegseinsatz, und wird als Don Draper zurück in seine Heimat geschickt. Seine neue Identität ist geboren. Er versucht seine bisherige Identität, seine Lebensgeschichte hinter sich zu lassen und ein neues Leben zu beginnen. Doch das Unterbewusstsein ist wesentlich moralischer, als es das Bewusstsein wahrhaben möchte, um an dieser Stelle Sigmund Freud zu zitieren, und so holt ihn seine Vergangenheit immer wieder ein und erzeugt in ihm starke Spannungen, die zu scheinbar irrationalen Handlungen führen und seinen Glaubenssatz weiter prägen.

Das Gefühl der Einsamkeit und die Suche nach der Gemeinschaft

„Früher dachte ich, das Schlimmste, was im Leben passieren könnte, ist am Ende ganz allein zu sein. Ist es nicht. Das Schlimmste im Leben ist, am Ende mit Menschen zu sein, welche dir das Gefühl von Alleinesein geben."
Robin Williams

Das Leben besteht zu einem Teil aus dem Spannungsfeld, sich jemandem oder etwas zugehörig zu fühlen und dem Gefühl der Einsamkeit. Wer kennt nicht diese großartigen Momente, in denen wir uns mit allem Verbunden und im Zentrum unserer Gemeinschaft angenommen und geliebt fühlen. Und dann gibt es die schwierigen Augenblicke, in denen wir uns als Außenseiter und von der gesamten Welt verlassen fühlen. Wie oft versuchen wir mit unseren Handlungen vor unserer Einsamkeit wegzurennen oder sie zu überwinden?

Viele Figuren und Geschichten erzählen vom Überwinden der Einsamkeit und dem Erhalt von Anerkennung und der Aufnahme in eine Gemeinschaft. Dieses starke Bedürfnis einer Figur sollte man beim Aufbau und Erzählen einer Lebensgeschichte nicht unterschätzen.

Die Lebensphasen einer Figur

Es hilft, die Lebensgeschichten von Figuren in verschiedene Lebensphasen einzuteilen. Denn je nach Lebenserfahrung ändern sich Glaubenssätze, Wertesysteme, Weltanschauungen und Beziehungen zu Eltern, Gemeinschaft, Gesellschaft und Kultur und nahestehenden Menschen. Dabei beziehe ich mich auf „soziale" Figuren. Selbstverständlich kann man für Figuren je nach Welt andere Gesetzmäßigkeiten anlegen. Die folgenden Lebensphasen sind nur Anregung und Orientierung zum Aufbau von Figuren.

Kein Kind bringt sich selbst zur Welt: Wie waren die Umstände der Zeugung einer Figur? Ist es ein gewolltes Kind oder ist es gar entstanden als Resultat eines Missbrauchs? Wie war die Beziehung der Mutter und des Vaters zu dem Ungeborenen? Was ist in der Zeit der Schwangerschaft alles passiert?

Hier kann man Vorzeichen zur Geburt setzen. Kommt ein Kind mit positiven oder negativen Vorzeichen auf die Welt und welches immaterielle, seelische Päckchen wird ihm bei der Geburt von seinen Eltern vererbt?

Geburt: Wie sind die Umstände der Geburt? Wie verläuft diese für Vater und Mutter?

0 bis 12 Jahre: Die Kindheit und die absolute Abhängigkeit
Ein Baby saugt mit allen Sinnen Mutter und Vater in sich auf, und für das Kleinkind sind Vater und Mutter seine Götter. Anfangs gibt es die Dualität mit der Mutter. Mutter und Baby sind eins. Dann folgt die Erkenntnis für das Kind, dass da neben der Mutter nochmal einer ist: Der Vater, mit dem das Kind die Mutter teilen muss. Es ist die Phase der Triangulierung von Vater, Mutter und Kind. Fehlentwicklungen in diesem Stadium werden beispielsweise im Ödipuskomplex für Geschichten genutzt (wie bei *Homo Faber* von *Max Frisch*).

Ein Kind ist von der Zuwendung und Beziehung zu seinen Eltern abhängig. Gleichzeitig entwickelt es seinen eigenen Kopf und will seine eigenen Handlungen durchsetzen. Doch Vater und Mutter sind die Bestimmer, und so muss es mit der Frustration klar kommen, sich den Wünschen und Forderungen der Eltern unterordnen zu müssen.

Ein Kind lernt in dieser Phase die Regeln der Welt seiner Familie, seines Stammes oder seiner Kultur kennen. Die Religion, Glaubenssätze, Wertesysteme, die Weltanschauung/das Weltbild, das Menschenbild und das Beziehungsbild. Es lebt mit den Schwierigkeiten eines Kindes, das in eine Welt voller Disziplin, Gehorsam und Abhängigkeit von anderen aufwächst.

13 bis 21 Jahre: Die Pubertät – Wer bin ich? – und die relative Abhängigkeit

In dieser Phase könnte ein Mensch ohne Zutun der Eltern überleben, aber es bestehen noch emotionale Abhängigkeiten, von denen sich die jungen Erwachsenen ablösen müssen. Der Mensch wird mit einem Komplex von Gefühlen konfrontiert, die ihn meist überfordern. Der Körper entwickelt die Geschlechtsreife, der sexuelle Trieb beginnt. Mit dieser Phase beginnt die Ablösung von den Eltern und die Rebellion gegen die Erziehung. Jugendliche hinterfragen und testen den gelernten, familiären und kulturellen Komplex: Sind die gelernten Werte auch meine Werte? Meine Religion? Meine Weltanschauung? Mein Menschen- und Beziehungsbild?

Was erwarten meine Eltern von mir und was bin ich davon bereit zu übernehmen? Das Spannungsfeld zwischen Abhängigkeit von den Eltern und der sich entwickelnden, eigenen Unabhängigkeit wächst. Es trifft auf die Angst vor Einsamkeit und des Nicht-mehr-geliebt-Werdens, falls man die Eltern in dieser Phase zu sehr enttäuscht, weil man ihnen nicht mehr folgt.

Die Phase der Kindheit und Jugend sind für die Entwicklung von Figuren elementare Jahre. Hier entstehen frühe Prägungen, Verwundungen, Wertesysteme, Traumatisierungen und Glaubensmuster, mit denen sich ein Mensch sein Leben lang konfrontieren muss. Die unangenehmen Erlebnisse werden im Schatten verschlossen und wirken von hier unsichtbar, aber mächtig nach oben.

Ab 21 Jahre: Die eigene Unabhängigkeit leben und die Schatten loswerden

Im gesunden Fall folgt irgendwann in dieser Lebensphase der Schritt von der bisherigen Abhängigkeit von Eltern oder Erziehern in die eigene Unabhängigkeit. Vielleicht bleiben manche Muttersöhnchen oder Vätertöchterchen auf dem Weg stecken oder machen nochmal eine kleine Entwicklungsschleife zur deren Ablösung durch. Gibt es noch einen ungestillten Vater- oder Mutterhunger? Wie zeigt der sich? Werden Beziehungen auf Erwachsenenebene gelebt?

Eine Lebensgeschichte aus den Bausteinen der Figur entwickeln

Die Figurenbeschreibung für eine horizontal erzählte Serie, in der sich Figuren im Laufe der Serie entwickeln, kommt der Figurenentwicklung im Worldbuilding bereits nah. Aber in einem solchen Serienkanon unterscheidet man immer noch zwischen Haupt- und Nebenfiguren.

Bei der Entwicklung von Figuren für eine Geschichtswelt behandelt man alle Figuren gleichgewichtig und unterscheidet nicht zwischen Haupt- und Nebenfiguren, denn die Erzählperspektiven legt man meist erst in der Formatkonzeption fest. Schließlich sollte man aus jeder Figur der Geschichtswelt Erzählformate schöpfen können. Man kann in der Lebensgeschichte bereits Plots durch radikale Wendepunkte anlegen und Querverbindungen zu anderen Figuren über Beziehungsdiagramme herstellen.

Bei der Figurenentwicklung für eine Geschichtswelt ist es sinnvoll, die Figur von Geburt an durch all ihre Lebensphasen bis hin zum Tod oder, falls es im ersten Schritt ökonomisch sein soll, inklusive des Einsatzes in einem Erzählformat, zu entwickeln. Die Lebensgeschichten müssen nicht durchweg ausführlich sein. Es ist aber sinnvoll, an neuralgischen Stellen detailreich zu sein. Beispielsweise bei radikalen Wendepunkten oder bei der Entstehung und Prüfung von Glaubenssätzen und Wertesystemen.

Dabei ist es empfehlenswert, hier die Erlebnisse und Handlungen der Figuren aus deren Subjektiven heraus zu erzählt. Das hilft, ihre emotionalen Empfindungen und Reaktionen nachfühlbar zu machen und die Konsequenzen daraus besser zu verstehen. Betrachtet man beim Entwickeln einer Figur die prägenden Erlebnisse lediglich „von außen", ist es schwierig, die Figur innerlich zum Leben zu erwecken. Die Gefahr ist groß, dass sie klischeehaft wird. Taucht man in eine Figur ein, erlebt man sie aus ihrer emotionalen Sicht. Auf diese Weise schafft man eine Figur, die durch ihren Detailreichtum unverwechselbar wird.

Beispiel | Die Figur flüchtete als Kind aus ihrem Heimatland nach Deutschland. Als erwachsene Frau ermittelt sie nun in der Rolle einer Kommissarin in einem Ehrenmord, der in einer ihr fremden Kultur stattgefunden hat. Sie wird durch diese Aufgabe mit ihrer eigenen Lebensgeschichte konfrontiert. Das Thema dieser Geschichte sind *kulturelle Rollenbilder von Frauen* und deren Betrachtung aus verschiedenen Blickwinkeln.

Durch den Aufbau einer Lebensgeschichte kann man mit der Figur in ihren radikalen Wendepunkten mitfühlen und sieht die innere Wandlung, die diese Lebenssituationen verändern. So versteht man, wie Wertesysteme, Glaubenssätze und Lebenshaltungen entstehen.

Eine Lebensgeschichte lässt sich als Fließtext oder auch in physischen oder digitalen Post-its anlegen. Letzteres hat den Vorteil der Übersichtlichkeit. Man kann dabei grafisch auf die Plot-Historie schauen und diese mit anderen Figuren in Verbindung bringen.

Zeitstrahl für die Plot-Historie

Neben der detaillierten Lebensgeschichte hilft ein Zeitstrahl, der die Plot-Historie der Lebensgeschichte abbildet, für eine Gesamtübersicht über das Leben einer Figur. Dieser kann auch mit Zeitstrahlen anderer Figuren verbunden werden, so dass dadurch bereits eine Genealogie entsteht und man Verbindungen zwischen den Figuren herstellen kann und Konflikte und spannende Plots für Erzählungen sichtbar werden.

Hat man in einer Welt beispielsweise zwei Figuren, die in der Lebensgeschichte eng miteinander verwoben sind, kann man diese Figuren in einem gemeinsamen Zeitstrahl anlegen. So sieht man auf den ersten Blick, wo schicksalshafte Ereignisse liegen, was die Figuren geprägt hat und wo es Erzählpotential für Geschichten gibt.

Das Beziehungsdiagramm

Je nach Welt kann es sinnvoll sein, Figuren in ein Beziehungs- oder Konfliktdiagramm zu setzen. So erhält man eine Übersicht, wie Figuren miteinander in Beziehung stehen und welche Konflikte und Fragen zwischen den Figuren herrschen.

- In einer **einfachen Welt** mit nur einem Samen der Welt kann ein Beziehungsdiagramm ausreichen, wenn sich die Figuren im zeitlichen Kontext nicht entwickeln.
- In einer **Welt mit komplexen Figuren** und einem Zeitstrahl wäre so ein Beziehungsdiagramm eine Momentaufnahme auf die Beziehung der Figuren. Solche Momentaufnahmen bieten sich bei der Entwicklung von Erzählformaten aus der Welt an. So kann man beispielsweise zu Beginn eines Erzählformates eine Momentaufnahme über die Beziehungen eines Figurenkanons werfen.

Anbei als Beispiel ein Beziehungsdiagramm aus dem Projekt *The Inner World*. Die Weltenbibel dazu wurde von Sebastian Hollstein entwickelt. Dieses Beziehungsdiagramm zeigt die Verbindung der Figuren beim Start des Abenteuerspiels und ist somit eine Momentaufnahme, um mögliche Erzählpotentiale und spannenden Fragen für die Spielenden aufzuzeigen.

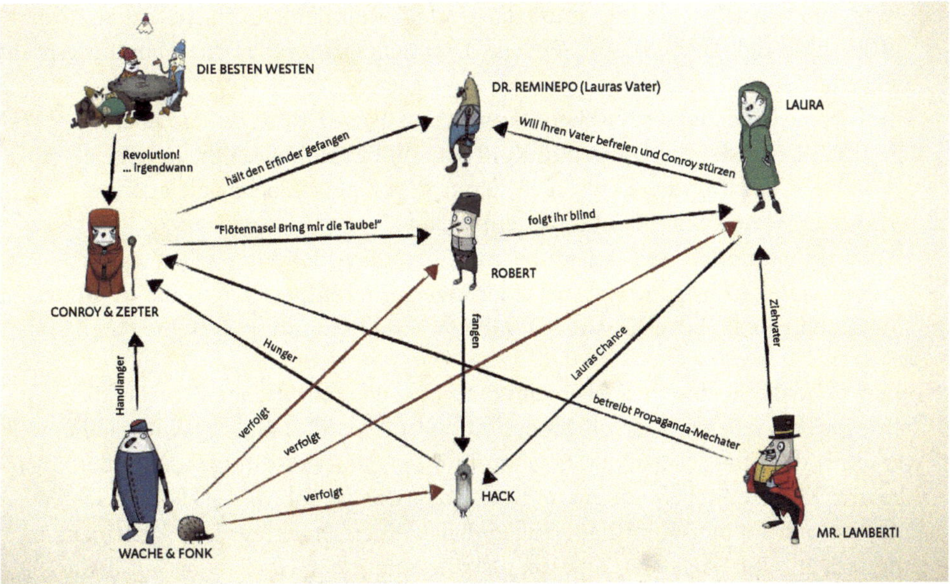

Abbildung 4 | Beziehungsdiagramm von *The Inner World*. Die Weltenbibel von „The Inner World" wurde von Sebastian Hollstein entwickelt. Mehr dazu unter: https://de.wikipedia.org/wiki/The_Inner_World.

3.2.3 Handlungsorte und Lebenswelten mit ihren Regeln/ Gameplay-Elementen

Handlungsorte und Lebenswelten sollte man in enger Verbindung mit dem Fundament der Welt entwickeln (sofern es eines gibt). Spätestens bei der Ausgestaltung der Lebenswelt sollte man sich nochmals mit den grundlegenden Definitionen der Naturgesetze auseinandersetzen und auch mit den (Spiel-)Regeln/Gameplay-Elementen und Gesetzen der Handlungsorte. Wie sind die biologischen, physikalischen und chemischen Grundlagen der Welt?

Dabei gibt es einige hilfreiche Fragen, um sich strategisch der Entwicklung von Umgebungen zu nähern. Denken Sie an das Thema oder die Leitfrage/Prämisse, um Ihr Umfeld zu gestalten:

- Welches Umfeld braucht man, um das Thema oder die Kernfrage in eine maximale Dynamik zu bringen?
- Welche Handlungsorte bieten Spannungspotential, um das Fundament der Welt in den Figuren erlebbar und sichtbar werden zu lassen? Wie müssen Handlungsorte dafür ausgestaltet sein?
- Welche zentralen Handlungsorte benötigen Kulturen und Gruppierungen?
- Wie "tief" und "reichhaltig" muss das Umfeld oder der spezifische Ort sein?
- Wie fühlt sich der Ort an? Welche Dynamik braucht er für Handlungen der Figur(en)?
- Besitzt die Umgebung selbst bereits antagonistische Kräfte, die das Thema der Welt unterstützen oder die Figuren in Konflikte und Handlungen zwingen?
- Wie sieht ein Tag der Figuren in deren jeweiligen Lebenswelt aus und welche Handlungsorte sollte man hierfür entwickeln?
- Sollten für interaktive Formate bereits Gameplay-Elemte angelegt werden? Also beispielsweise Ziele und Herausforderungen, interaktive Objekte im Environment, unterschiedliche Level-Designs, Feedback- und Belohnungssysteme etc.

Beispiel | In der Hades-Welt ist es sinnvoll, einen geographischen Blick auf die Welt zu werfen. Wo leben die verschiedenen Kulturen? Ist die Handlungswelt ein Planet wie die Erde? Die Lebenswelten sehen hier beispielsweise folgendermaßen aus: Alle drei Kulturen leben auf einem Kontinent, der gefühlt die Größe der Schweiz hat. Also ein kleiner Kontinent auf einem kleinen Planeten. Der Kontinent ist unterteilt in eine Tiefebene auf Meereshöhe und einer Hochebene auf etwa 300 Meter Meereshöhe. Getrennt werden Tief- und Hochebene von einem 1000 Meter hohen Berg. Das sind die geographischen Grundgegebenheiten.
Früher lebte die eine Kultur verteilt auf dem gesamten Kontinent. Es gab eine Kultur und eine lebendige Mythologie.
Handlungsorte waren damals beispielsweise das Allerheiligste der Kultur auf dem Gipfel des Berges: der Tempel. Dann kam eine Abspaltung der Kulturen. Der Zu-

gang zum Tempel auf dem Berg war von beiden Seiten des Berges über eine jeweils lange Treppe möglich. Heute ist die Treppe zur Seite des Tieflandes verfallen und unbenutzt, während die Treppe auf Seite des Hochlands hochfrequentiert ist.

Nachdem man die Grundgegebenheiten der Lebenswelt(en) definiert hat, kann man mit der Gestaltung der Handlungsorte von Kulturen und Figuren beginnen. Dabei orientieren sich die Handlungsorte am Fundament der Welt und an den Bedürfnissen der Figuren.

Beispiel | Vorbild für die Stadt im Tiefland der Kultur der Vari könnte beispielsweise eine Stadt wie Frankfurt sein. Eine Stadt, in der die Wissenschaft durch eine Universität und deren Forschungseinrichtungen vertreten ist. Es gibt in Wirtschaftsviertel mit Hochhäusern, Banken und produzierendem Gewerbe. In dieser Gesellschaft lassen sich staatliche Organe finden, die durch Handlungsorte vertreten werden, wie beispielsweise die Regierung dieser Tiefebene. Handlungsorte für die Figuren könnten beispielsweise die Universität sein: ein Ort der Wissenschaft, der im Kontrast zu den Kulturen der Religion steht. Ein wichtiger Ort ist die staatliche Euthanasie-Institution, die heute aus selbstgesteuerter Technologie ohne Einfluss des Menschen besteht. Selbstverständlich dürfen die persönlichen Handlungsorte der Figuren nicht fehlen. Bei Sarah wären das beispielsweise ihre Wohnung und die Bibliothek der Universität.
In der Hochebene könnten Handlungsorte die religiösen Tempel sein, Orte zur Durchführung von Ritualen, Orte der Gemeinschaft, aber auch dortige Bildungseinrichtungen, Farmen auf denen Landwirtschaft stattfindet. Auch hier gibt es hierarchische Handlungsorte wie beispielsweise die Priesterschaft der ideologischen Religion.

Beispiel | Beim Sonnenwind-Projekt könnten Handlungsorte passend zur Prämisse beispielsweise hochmoderne Hochhäuser sein. Wie würden sich diese Hochhäuser verhalten, wenn deren Technologie versagt? Würden es Menschen in der obersten Chefetage mit all deren Sicherheitsvorkehrungen überhaupt aus dem Gebäude schaffen ohne funktionierende Technologie? Wie würde es eine Farmersfamilie bei den Amish treffen, die so gut wie keine Technologie nutzt? Und wie würde sich das Leben in einer durchschnittlichen Wohnung in einer modernen Großstadt wie New York verändern? Da dieses Projekt auch non-fiktiv funktioniert, wäre die Suche nach Handlungsorten ein Teil der Recherche.

Beispiel | Gerade bei Spielen sind Handlungsorte und deren Regeln sowie die Gameplay-Elemente meist dynamisch miteinander verknüpft. In der Welt von Pac-Man ist der Handlungsort das Labyrinth und dieses folgt klaren Regeln. Somit ist der Handlungsort durch seine spezifische Ausgestaltung auch gleichzeitig Rahmengeber für die Spielregeln und die Spielemechanik. Darüberhinaus gibt es noch weitere Gameplay-Elemente, wie die Ziele und Herausforderungen eines jeden Levels, das Ressourcenmanagement, die interaktiven Objekte, sowie Feedback und Belohnungssysteme, um nur einige zu nennen.

3.2.4 Konflikte und Fragen

Nichts ist wichtiger für die Rezipienten als eine spannende Frage zu Beginn eines Plots: Wird es die arme Bauerstochter schaffen, die Prinzessin aus der Höhle des Drachen zu befreien und ihre Liebe zu gewinnen?

Die Welt hat zu diesem Zeitpunkt bereits detaillierte Formen angenommen. Gruppierungen und Kulturen sind geschaffen worden, ebenso Figuren und Handlungsorte. Dies alles im Spannungsfeld des Weltenfundamentes. Viele Elemente dieser Welt, beispielsweise die Figuren im Umfeld mit ihren Gruppierungen und Kulturen oder im Bezug zu den Handlungsorten, werfen Konflikte und daraus resultierend Fragen auf.

Diese Konflikte und Fragen sind zentraler Baustein für die Entwicklung von Plots, aus denen man mediale Formate entwickeln kann. Die Fragen kann man jeweils an den Kulturen, Figuren oder Handlungsorten anpinnen. Dazu kommt noch der Faktor Zeit, also der Zeitstrahl, wann was in der Welt passiert. Auch hier entstehen zu den jeweiligen Situationen spannende Fragen, die Potenzial für Plots haben können.

In Spieleformaten ändert sich meist die **Perspektive** von einer Figur hin zum Spieler und somit ändert sich auch die Fragestellung von „Wird die Hauptfigur es schaffen, die Hindernisse zu überwinden und ihr Ziel zu erreichen?“ hin zu „Wirst du als Spieler es schaffen die Hindernisse zu überwinden und das Spielziel zu erreichen?“ Viele Spiele arbeiten mit dynamischen Fragen an die Spieler. Diese müssen durch ein Gameplay beantworten werden.

Beispiel | Die Spiele Deathloo, Frostpunk und Disco Elysium
Beim Spiel *Deathloop* gilt: Wenn du in einer Zeitschleife kurz vor dem Weltuntergang gefangen bist, wie weit würdest du gehen, um sie zu verlassen? Beim Spiel *Frostpunk* wiederum: Den Tod wie vieler Menschen kannst du rechtfertigen, um das Überleben der letzten Stadt als Ganzes zu sichern? Und bei *Disco Elysium*: Welche Art von Cop wirst du in einer dem Untergang geweihten Welt der politischen Extreme sein?

Mit den Fragen an die Spieler steht und fällt die Attraktivität der Spielewelt und vor allem des Spieleformates selbst. Ist die Frage spannend für den Spieler und stellt sie eine Verbindung zu einem Thema zwischen unserer primären Welt und der Spielewelt her?

Beispiel | Schauen wir uns mögliche Fragen zur Figur Sarah aus der Hades-Welt an. Ihre Fragen könnten, je nach Alter sein: Wird sie das Leiden um den Tod ihrer Mutter überwinden können? Wird sie zu ihrem Vater wieder eine liebevolle Beziehung aufbauen können? Wird Sarah wieder lieben können? Wie wird sich Sarahs Verhältnis zu Tod und Leiden wandeln? Wird Sarah Philipp lieben können? Wie wird Sarah reagieren, wenn sie ihre eigene Lebensnarbe auslesen wird? Wie wird Sarah reagieren, wenn sie ihren Todeszeitpunkt überleben wird? Wie wird Philipp reagieren, wenn Sarah nicht zum Todeszeitpunkt sterben wird? Wie wird die Religion der Takoliten reagieren, wenn Sarah als die Prophezeiung gilt? Wie wird der Staat auf Sarah reagieren, die nicht zum Todestag stirbt? Wird Philipp es schaffen, seinen Todeszeitpunkt herauszufinden, obwohl seine Narbe bei der Geburt verunstaltet wurde?

Man kann all die Fragen, die beim Entwickeln des Samens der Welt entstehen, auf digitalen oder physischen Karten sammeln und diese an die jeweiligen passenden Stellen heften. Für die Entscheidung eines ersten Plots, einer ersten Geschichte oder einem ersten Spiel aus der Welt kann man dann die stärksten und spannendsten Fragen nutzen.

Eine Welt besteht, neben Fundament und Samen der Welt, meist noch aus weiteren Elementen. Darunter: Die **Naturgesetze** der Welt (Physik, Biologie, Chemie), **Karten**, die die Welt und ihre Orte beschreiben und miteinander in Beziehung setzen, ein **Zeitstrahl** und **Chronologien**, die die Geschichte der Welt beschreiben, **Genealogien**, die die Figuren miteinander in Verbindung setzen, eine Beschreibung der Natur, der Kultur, der Sprache(n), der Mythologien, Philosophien etc. Der Ausgestaltung in sämtliche Tiefen ist bei einem Worldbuilding keine Grenze gesetzt. Aber eben auch die Frage der Ökonomie: Wieviel Detailgrad ist wirklich nötig, um die Welt aufzubauen?

3.3 Das kleine Worldbuilding

Neben dem beschriebenen Worldbuilding gibt es auch die Möglichkeit, eine Welt mithilfe eines „kleinen Worldbuilding“ zu schaffen. Denn: Ein Worldbuilding muss nicht zwangsläufig viele Bausteine beinhalten. Man kann das Worlduilding für ein kleines Projekt reduzieren und konzentriert sich dabei auf den Samen der Welt.

Der Unterschied zu einer direkten Plot- und Formatentwicklung ist hier, dass man diese kleine Welt **formatoffen** konzipieren kann. Es reichen Kulturen und Figuren, Handlungsorte sowie Konflikte und Fragen und schon hat man die Grundlagen für einen Plot, ohne dabei ein Format definieren zu müssen. Für diese kleine Welt benötigt man auch kein Weltenfundament. Als Richtungsgeber reicht ein übergeordnetes Thema, das die **treibende Kraft** vorgibt, sowie eine **kraftvolle Fragestellung**, die eine starke Verbindung zu den Rezipienten herstellt. Daraus kann man beispielsweise Mini-Games, Mini-Serien, Kurzgeschichten, Animationsfilme, Comics, Brettspiele u. v. m. entwickeln.

Beispiel | Bei dem Projekt *Vlad und Vivi*[14] entwickelte das Team ein kleines Worldbuilding und parallel dazu ein Spieleformat.

Thema und treibende Kraft		Rettung
Samen der Welt	**Gruppierungen und Kulturen**	Figuren sind in diesem Beispiel zwei klassische Vampire: **Vlad, der Vampirvater:** Ein groß gewachsener, schlanker Vampir, eitel, tollpatschig, aber durchaus ernstzunehmend und furchterregend. Er hat eine große Schwäche für seine geliebte Tochter. **Vivi, die Babyvampirin:** Sehr süß und unschuldig. Erkennt noch nicht die tödlichen Gefahren, denen ein Vampir ausgesetzt ist. Zwischen den beiden Figuren besteht eine sehr liebevolle Vater-Tochter-Beziehung voller Vertrauen, Herzlichkeit und Spieltrieb. Es gibt noch die **Gruppe der Menschen,** die aber nur durch ihre Utensilien am Strand erzählt werden. In der Welt selbst werden keine Menschen dargestellt.
	Handlungsort	Ein Sandstrand, wie man ihn sich als Pauschalurlauber wünscht: feinster, weißer Sand, große Palmen, die weit in den Strand hineinragen, kleine Gebäude (Imbissbuden, ein Handtuch- und Surfbrettverleih). Am Strand liegen Handtücher, Sonnenschirme, aufblasbare Spielsachen und Strandutensilien (Luftmatratzen, Schwimmringe etc.) herum, es stehen Surfbretter im Sand.
	Die Regeln	1. Sonnenlicht = Tod, Schatten = Leben

14 Ein Worldbuilding von Ann-Kristin Buhn, Inga Reichert, Mona Moghimi und Marcel Moosmann

	der Welt	2. Es gelten in dieser Welt die klassischen Vampirregeln: antagonistische Kräfte für Vampire: Sonne, Kruzifixe, Knoblauch, Weihwasser. Helfer der Vampire: Fledermäuse, Krähen 3. Vlad kann sich übermenschlich schnell bewegen. 4. Vivi hat immer Glück, Vlad hat immer Pech. Er ist der sich opfernde, Leidende (außer in Spielen). 5. Vlad kann verletzt werden, Vivi nicht → beide sterben nie in der Handlung (außer in Spielen). 6. Jede Form von Schatten ist effektiv gegen das Sterben: Gegenstände, Gebäude, Menschen, Wolken, auch Wasser. 7. Der Handlungsort ist windig: Gegenstände und Wolken bewegen sich.
	Konflikte und Fragen	Der Plot wirft die zentrale Frage auf: Wird Vlad es schaffen, sein Baby vor der Sonne zu retten? Frage für ein animiertes Serienkonzept: Wie wird Vlad es (diesmal) schaffen, sein Baby vor der Sonne zu retten? Frage für interaktive Formate/Spiele: *Wirst Du es schaffen, Vlads Baby zu retten? Wie wirst Du es (diesmal) schaffen, Vlads Baby zu retten?* Frage für das Brettspiel: *Kannst du als Vampir am Strand einen Tag überleben? Sorge dafür, dass dein Vampir einen Tag am Strand überlebt und versuche deine Gegner zu sabotieren, um den schattigsten Platz ganz für dich selbst zu erobern..*
Logline und Plot für die Formatentwicklung aus der Welt		*Ein verzweifelter Vampirvater versucht während des Urlaubs am Strand seine kleine Tochter vor direktem Sonnenlicht und somit vor dem Tod zu bewahren.* Auch Vampire müssen mal Urlaub machen. Vlad, der Vampirvater, und seine kleine Tochter Vivi (ca. 1 Jahr alt) gehen dann an den Strand, wenn menschliche Touristen schlafen: in der Nacht. Dort schwimmen und spielen sie ausgelassen und genießen die Zweisamkeit am Meer. Müde schlafen sie gemeinsam im Mondlicht auf ihren Handtüchern ein. Als Vlad auf seinem Handtuch am Strand aufwacht, brennt bereits die starke Mittagssonne vom Himmel herab. Glücklicherweise liegt er im Schatten einer Palme. Panisch sucht er seine kleine Tochter, die in einiger Entfernung im Schatten einer anderen Palme spielt. Vlad schreit vor Schreck auf, was Vivi

	mitbekommt. Freudig blickt sie zu ihrem Vater und will durch die brennende Sonne zu ihm krabbeln.

Diese kleine Welt ist auf ein Minimum reduziert: Ein Thema als treibende Kraft, zwei Hauptfiguren, ein Handlungsort sowie dynamische Fragen für die Rezipienten, die sowohl in linearen Erzählungen als auch in interaktiven Formaten funktionieren. Hier besteht ausreichend Potential, diverse Formate aus diesem kleinen Worldbuilding abzuleiten.

Beispiel | Eine andere kleine Welt ist beispielsweise die Welt des Pac-Man, die auch ohne Weltenfundament auskommt und die ich in Kapitel 2.4 Was kann alles eine Welt sein? besprochen habe.

Thema des Projekts		**Sammeln und flüchten**
Samen der Welt	**Gruppierungen und Kulturen**	Es gibt **zwei „Stämme“**: Pac-Man und die Geister. **Pac-Man:** Die knallgelbe, runde Spielfigur. Eine Mischung aus Pizza und Mund. Von Hunger getrieben und auf der Flucht vor den Geistern. **Die vier Geister:** Oikake, Machibuse, Kimagure, Otoboke. Jeder der vier Geister hat eine eigene Strategie, wie er Pac-Man im Labyrinth verfolgt.
	Handlungsort	**Das Labyrinth.** In der Mitte des Labyrinths befindet sich das „Geisterhaus“, aus dem die Geister zu Beginn des Spiels und nach dem Verzehr durch Pac-Man wieder erscheinen. Es ist mit kleinen Punkten übersät, die Pac-Man essen muss, um das Level abzuschließen. Es besitzt einen „Warp-Tunnel“, mit dem sich Pac-Man und die Geister von einer Seite des Labyrinths auf die andere Seite teleportieren können. Die Gestaltung des Labyrinths ist entscheidend für die Strategie, da es spezielle Wege und Ecken gibt, die Pac-Man nutzen kann, um den Geistern zu entkommen oder sie zu fangen.
	Die Regeln der Welt/ Gameplay-Elemente	In dem Labyrinth liegen Punkte, die Pac-Man alle fressen muss, um ins nächste Level zu kommen

		Pac-Man muss den Geistern ausweichen. Die Geister jagen Pac-Man und können ihn fressen. Wird er gefressen, beginnt das Spiel von vorne. In allen vier Ecken des Labyrinths liegen Kraftpillen. Frisst Pac-Man eine dieser Kraftpillen, werden die Geister blau und er kann für kurze Zeit die Geister jagen, die dann vor ihm flüchten. Hat er einen Geist gefangen, muss dieser zurück in sein Startfeld. Unregelmässig tauchen Früchte auf, die Pac-Man zusätzlich sammeln kann und die Extrapunkte bringen. Das Spiel geht endlos weiter, wobei der Schwierigkeitsgrad mit jedem Level ansteigt, bis der Spieler alle Leben verloren hat. Es gibt noch viel mehr Regeln der Welt, vor allem zum Sammeln der Scores. Diese hier nur beispielhaft.
	Konflikte und Fragen	Der Plot wirft die zentrale Frage auf: *Wird Pac-Man es schaffen, alle Punkte zu Sammeln und den Geistern zu entkommen?* Frage für Spieleformate: *Wirst Du es schaffen, alle Punkte zu Sammeln und den Geistern zu entkommen?*
Logline und Spielziel für die Formatentwicklung aus der Welt		**Logline:** Ein hungriger, gelber Pizzamund durchstreift ein gefährliches Labyrinth auf der Flucht vor bösen Geistern, sammelt magische Früchte und Power-Pillen, um die bösen Geister zu besiegen und das nächste Level zu erreichen. **Spielziel**: Steuere Pac-Man durch ein Labyrinth, um alle Punkte zu essen und das Level zu beenden.

Diese kleine Welt ist auf ein Minimum reduziert: Wenige Hauptfiguren, ein Handlungsort, ein einfaches Regelwerk mit einfachen Gameplay-Elementen sowie die zentrale Frage für die Spielenden.

Man könnte auch das Projekt *La Table Suisse* als ein kleines Worldbuilding ansehen, obwohl es in diesem Fall ein Fundament der Welt besitzt. Die Ausgestaltung des Projektes ist jedoch reduziert auf einen Handlungsort und eine Hauptfigur. Ein konzentriertes Projekt, aus dem man diverse Formate ableiten kann.

Eine mögliche Aufbaustrategie für eine kleine Welt wird in Kapitel 5.6 besprochen.

4 Mythologie: Die unsichtbare Zutat einer Welt

4.1 Mythologien für Weltenbauer

Viele Geschichtenerzähler kennen sich vermutlich in großem Umfang im Reich der Mythologie aus. Auch bei den bisher im Buch beschriebenen Beispielen kann man gut erkennen, dass bei der Entwicklung einer Geschichtswelt und deren Gruppierungen und Kulturen früher oder später der Baustein der Religionen und Mythologien bedeutend wird.

Früher hielt ich das Thema Mythologie für zu spezifisch, als dass ich ihm im Rahmen eines Worldbuildingseminars viel Raum gewährt habe. Mittlerweile ist es ein zentraler Baustein bei der Ausgestaltung von Welten, denn es ist diese „mythologische Muttermilch", die als unsichtbarer Mutterboden viele Welten durchdringt. Das folgende Kapitel dreht sich somit um die Entwicklung von Mythologien und deren Rituale mit dem Fokus auf den Aufbau von Geschichtswelten. Ich werde also nicht die Heldenreise nach Joseph Campbell thematisieren, denn sie bezieht sich auf das Storybuilding.

Das Kapitel soll helfen, differenziert und spezifisch eigene Mythologien und Religionen für Geschichtswelten entwickeln und aufbauen zu können. Es wird ein kleiner Rundumschlag unter anderem zu den handwerklichen Mechanismen, den Botschaften und dem Warum von Mythologien. Dabei verfolge ich einen niederschwelligen Ansatz für Einsteiger und keinen wissenschaftlich-analytischen Ansatz. Ich werde somit teils verkürzen, zuspitzen, konzentrieren und teils nicht differenzieren, weil für mich der Fokus auf der Anwendung für Weltenbauer im Vordergrund steht. Aus meiner Sicht verschließt man sich durch eine wissenschaftlich-akademische Betrachtung der Mythologie dem eigentlichen Erlebnis und Sinn mythologischer Geschichten. Um Mythologien selbst zu konzipieren, ist das Erlebnis aber eine wichtige Erfahrungsgrundlage.

> What is a myth? A myth is a metaphor that points beyond the image to the mystery. A metaphor points to two ends: one is a psychological end (the world of dreams) and a metaphysical end, that is pointing past all conceptions.[15]

Was lässt eine Geschichtswelt „besonders" werden und hebt sie aus dem Meer der vielen Geschichtswelten heraus? Was ist der unsichtbare, aber vitale Kern einer Geschichtswelt, die uns in unserem Innersten berührt?

Ist es die Prämisse? Sind es die Figuren? Sind es die reflektiven Fragen? Natürlich sind daran viele Faktoren beteiligt. Aber es gibt **eine bestimmte Zutat,** die einen gewichtigen Unterschied machen kann.

15 Joseph Campbell in: Toms, 1990, S. 21

Beispiel | Blicken wir auf die *Star Wars*-Welt: Was macht Star Wars so besonders? Die Mythologie der Welt basiert auf dem Prinzip der Dualität: Der Kampf von Gut gegen Böse. Dies ist ein Standard in vielen Welten. Aber was unterscheidet die *Star Wars*Welt von den vielen anderen Welten?
Hierzu eine kleine Anekdote aus den Kinovorführungen in den USA zu *Star Wars: A new hope* (1977): Gegen Ende des Films fliegt Luke Skywalker seinen X-Wing über die Kanäle des Todessterns, um eine Bombe ins Zentrum des Todessterns abzuwerfen. Drei Bomben hat er dabei und die ersten zwei Bomben haben ihr Ziel verfehlt. Verfolgt wird er von Darth Vader, der dabei ist, ihn abzuschießen. Luke klammert sich an seinen Autopiloten, der ihm beim dritten und letzten Abwurf der Bombe helfen soll. Plötzlich hört er in sich die Stimme seines Mentors Obi Wan, der ihm sagt: „Use the force, Luke." Luke klammert sich aber lieber an die technologischen Hilfsmittel. Dann hört er nochmal „Use the force." Luke hält inne, schiebt den Autopiloten weg und verlässt sich auf seine Intuition. Nach innen gekehrt drückt er den Abwurfknopf und die Bombe findet ihr Ziel.
In diesem Augenblick sind zahlreiche Zuschauer aufgestanden und haben gejubelt. Aber nicht wegen der Zerstörung des Todessterns, sondern weil Luke diese transzendente Macht, diese spirituelle Dimension der Welt benutzt hatte. „May the Force be with You" ist einer der populärsten Sätze aus der *Star Wars*-Welt und auf sämtlichen Star Wars-Merchandise zu finden.
Will man dem englischen Bevölkerungszensus glauben, steht der *Jediismus*, eine aus der *Star Wars*-Welt hervorgegangene Religion, auf Platz 7 der praktizierten Religionen in England. In der *Star Wars*-Welt gibt es die Macht, eine transzendente Kraft, die alles umgibt; die Jedi-Ritter haben Ähnlichkeiten mit der Mythologie der japanischen Samurai. Eine transzendente Kraft, die man in sich finden und nutzen kann.
Hier blicken wir hinter die Dualität, hinter den Kampf von Gut und Böse, hinein in eine Welt mit einer reichhaltigen Mythologie und der Chance für die Figuren dieser Welt, hinter die Welt der Form zu blicken in die spirituellen Dimensionen dieses Universums.

Die Welt von J. R. R. Tolkiens *Mittelerde* war ebenfalls inspiriert und durchdrungen von diversen Mythologien, darunter die christliche, aber auch nordische, keltische und finnische Mythologien.

Viele Geschichts- und Spielewelten sind von mythologischen Bildern, Ritualen, Symbolen und Ideen durchdrungen oder lehnen sich ebenfalls an bestehenden Mythologien an, wie beispielsweise die Welt von *Harry Potter* oder der Welt von *Avatar – Herr der Elemente.*

Beispiel | Auch in der Welt von *Pandora,* der Welt des Filmes *Avatar – Aufbruch nach Pandora* (2009), finden wir eine reichhaltige Mythologie. Hier ist die Natur durchdrungen von einem heiligen Geist der weiblichen Gottheit *Eywa.* Eine transzendente Energie, die alles umgibt und in allem fließt.
In *Avatar* ist alles an der Natur heilig. Die Bewohner von Pandora leben im Einklang und in Respekt mit der Natur. Es gibt heilige Jagd-, Beerdigungs- und Übergangsrituale, der Baum der Seelen ist das Zentrum der Spiritualität. Dieses Volk erinnert an die Urvölker Lateinamerikas. Seine Mythologie entwickelt auf viele Zuschauer eine starke Attraktivität, in sie eintauchen zu wollen. James Cameron, der Schöpfer der Welt von *Pandora,* ließ sich nach eigenen Angaben beim Aufbau von der Mythologie der *Na'vi* vom Hinduismus inspirieren.

Menschen haben einen mythologischen Schwamm in sich, der nach Transzendenz durstet. Ein Bedürfnis nach Spiritualität, das man in der heutigen Welt kaum mehr ausleben und befriedigen kann. Sie saugen Geschichten auf, die mit mythologischen, archetypischen Figuren und Bildern arbeiten und leben Mythologien und Rituale in Sekundärwelten aus. Vielleicht will man als Spieler, Zuschauer oder Leser einer guten Spiele- oder Geschichtswelt in den eigenen seelischen Tiefen, in seinem spirituellen Zentrum, berührt und genährt werden. Und vielleicht erkennen sich moderne, humanistisch und vernunftorientiert aufgewachsene Menschen ohne spirituelle Wurzeln in ihrem ganzen Wesen in der Mythologie der Na'vi, in der Philosophie der *Jedi* oder anderen Mythologien und Religionen von Geschichts- und Spielewelten eher wieder als in den institutionellen Religionen unserer primären Welt. Es zeigt die zutiefst menschlichen Bedürfnisse nach der Verbindung zum Transzendenten und der Sehnsucht dieses in einer Gemeinschaft erleben zu können.

Die Welten von *Harry Potter, Avatar, Star Wars* und *Bioshock Infinte* haben diese eine besondere Zutat: die Mystik, Transzendenz, Weltenseele. Der sichtbaren Welt liegt eine transzendente, fühlbare, alles durchdringende und prägende mythologische Muttermilch zugrunde. Ein mythologischer Mutterboden, auf dem die sichtbare Welt erwachsen kann. Das Transzendente ist dabei nichts, was man einmal findet und dann gewonnen hat. Es ist ein Prozess. Wie in unserer primären Welt wird einem das Transzendente nicht in den Schoß gelegt, sondern ist etwas, das den Menschen fordert, dorthin zu gelangen an diesen heiligen Ort. Und so weisen Geschichtswelten durch ihre Symboliken, Mythologien und Figuren auf das Transzendente hin. Die Bildsprache und Symbole sind dabei nur ein Hinweis, eine Referenz auf das Transzendente. Keine Religion, kein Symbol und keine Geschichte kann das Transzendente darstellen. Sie können nur ein Wegweiser sein, um den goldenen Schlüssel und die heilige Tür in uns selbst zu finden.

Für Weltenbauer stellt sich hier die Frage, wie man dieses tiefe Bedürfnis nach Transzendenz handwerklich erfüllen kann. Wie entwickeln Weltenbauer einen unsichtbaren, transzendenten Mutterboden?

Mythologien vermitteln Weltbilder, Gottesbilder, Wertesysteme, soziale Regeln und deren Beziehungen. Sie sind sinnstiftend, spenden Trost und Zuversicht in den Übergängen von einem Lebensabschnitt in den nächsten und versuchen Antworten auf tiefgreifende Lebensfragen zu geben. Jede noch so kleine gesellschaftliche Pore wird durch dieses unsichtbare Fundament geprägt.

Weltenbauer sollten diese eine Zutat nutzen. Sei es durch die Orientierung an mythologischen Geschichten und Figuren oder durch die Erschaffung eigener Mythologien, Schöpfungsgeschichten und Rituale für ihre Geschichtswelten.

Die Mythologie einer Gesellschaft, bewusst oder unbewusst durch die gesellschaftliche oder kulturelle Muttermilch aufgenommen, beeinflusst die Bewohner weit mehr in ihrem Denken, ihrem Weltbild und ihren Handlungen, als man es vermuten möchte. Hier liegt das unsichtbare Potential der Gestaltung einer Geschichtswelt: Die Entwicklung einer Beziehung von Bewohnern und ihrer Transzendenz.

Wer kennt in unserer westlichen Kultur nicht die christlichen Feiertage wie Weihnachten, Ostern oder Pfingsten? Trotz Trennung von Staat und Kirche nutzen deutsche Volksparteien den christlichen Namen, und in beinahe jedem Ort werden wir mit sakralen Gebäuden an die kirchlichen Institutionen erinnert. Die moralischen Grundwerte der Bergpredigt oder die zehn Gebote sind vielen Menschen bekannt, und so muss man kein aktiver Christ oder Kirchengänger sein, um eine christlich-gesellschaftliche Muttermilch aufgesaugt zu haben. Selbst Atheisten haben eine Ahnung von den christlichen Werten oder sehen sich in Beziehung zu den institutionellen Ideologien bewusst abgegrenzt.

Welche Mythologien und Rituale passen zum Thema und zur Prämisse Ihrer Welt? Können über eine bestimmte Mythologie spannende Fragen zwischen primärer und sekundärer Welt hergestellt werden? Gibt es in der sekundären Welt eine göttliche Macht? Welche Beziehung haben die Weltenbewohner zu ihr? Wird es eine Mythologie der Dualität, wie beispielsweise das Christentum werden oder eine Mythologie der Transformation wie der Hinduismus oder Shintoismus? Handelt es sich um eine monotheistische Mythologie, in der es nureinen Gott gibt oder geben darf oder um eine polytheistische Mythologie, in der es viele verschiedene Götter gibt oder geben darf? Oder ist der Gott der sekunädren Welt ein Algorithmus, der aus einer künstlichen Intelligenz entstanden ist? Ist es eine Beziehungsreligion, in der Gott durch Aktionen in der Geschichte „geglaubt" wird, oder ist es eine Religion, die auf Erlebnisse mit dieser Gottheit baut? Hat die Welt eine personifizierte Gottheit oder ist es beispielsweise eine Energie, die alles umgibt? Ist der Weltenbewohner selbst Gott und muss ihn in sich entdecken oder wissen die Bewohner, dass sie alle Götter sind? Wie sehen die Schöpfungsmythologien ihrer jeweiligen Gruppierungen aus?

Weltenbauer halten ein unsichtbares, aber mächtiges Fundament für die Gestaltung einer Geschichtswelt in den Händen.

Literaturtipps | Um tiefer in das Thema Mythologie einsteigen zu können, bietet sich die Interviewreihe „The Power of Myth" mit Joseph Campbell und Bill Moyers an. Sie gibt einen niederschwelliger Einstieg in das Thema der vergleichenden Mythologie. Passend dazu das Buch „Eine kurze Geschichte des Mythos" von Karen Armstrong.

Wie entwickeln Weltenbauer einen unsichtbaren, transzendenten Mutterboden? Werfen wir dazu den Blick auf einen westlichen Repräsentanten der Transzendenz: Jesus der Christus.

4.2 Jesus der Christus

Jesus von Nazareth ist eine zentrale biblische Figur. Seine Ankunft wurde prophezeit, beispielsweise von Johannes dem Täufer oder dem Engel Gabriel. Die Prophezeiungen beschrieben, dass Gott seinen Sohn auf die Erde schicken wird, um die Menschheit vor dem Bösen zu retten. Maria empfing Jesus in einer unbefleckten Empfängnis, er wurde am 25. Dezember von der Jungfrau Maria geboren. Sein Vater ist Gott selbst. Somit ist er der Sohn Gottes. König Herodes wollte Jesus als Kleinkind töten lassen.

Jesus konnte Kranke heilen und sogar Menschen wieder zum Leben erwecken. Er vergab Menschen ihre Sünden und seine Botschaft war die Liebe. Jesus konnte übers Wasser gehen und Wasser in Wein wandeln. Er lehrte ab dem zwölften Lebensjahr und es folgten ihm zwölf Jünger. Er predigte Sanftmut, Barmherzigkeit, Vergebung und Aufrichtigkeit. Er ist der Auserwählte, der Messias, das Licht, der Eine, der kommt, um die Menschheit von ihrem Übel zu erlösen.

Er wurde vom Teufel in der Wüste mit drei Verführungen konfrontiert und hat sein Leben einer Überzeugung geopfert, die größer war als er selbst. Er wurde von der Gesellschaft verfolgt und von Judas verraten. Er hielt ein letztes, heiliges Abendmahl, bei dem er Brot teilte und Wein ausschank. Er wurde gekreuzigt, starb, war für drei Tage tot und wurde dann wiedergeboren.

Mit seiner Wiederauferstehung wurde Jesus von Nazareth zum Christus, dem Erlöser. In der christlichen Tradition gibt es hier ein Problem bei der Unterscheidung zwischen den Bedeutungen der Begriffe *Jesus* und *Christus*. Jesus bezieht sich auf eine historische Figur. Christus bezieht sich auf ein ewiges Prinzip, den Sohn Gottes: die zweite Person der gesegneten Dreifaltigkeit, die vor und nach allen Zeiten existiert und daher nicht historisch, sondern mythologisch ist. Nach seiner Wiedergeburt war

Christus mächtiger als zuvor. Zum Ende seiner Zeit auf Erden starb er nicht, sondern fuhr in den Himmel auf.

Schauen wir uns mit diesen einfachen Eckdaten über Christus einige Figuren aus bestehenden Geschichtswelten an.

Beispiel | The Matrix (1999)[16]
Thomas Anderson oder auch Neo genannt ist die Hauptfigur der Matrix-Triologie. Neos Ankunft wurde vom Orakel prophezeit. Er ist der Eine, der kommen wird, um die Menschheit vor den Maschinen zu retten. Neos Geburt verläuft „jungfräulich“ aus einem maschinellen Brutschrank. Sein Name, Thomas Anderson, ist ein Anagramm für „Son of Man“ = der Menschensohn = Christus.
Die weibliche Hauptfigur Trinity hilft ihm mit ihrem Glauben (der Dreieinigkeit) und ihrer Liebe, Neo zum „Einen“ werden zu lassen.
Neo wird von Agent Smith verführt, ihm Morpheus auszuliefern. Roy, eine Nebenfigur, dankt Neo: *Du bist mein Retter, mein ganz persönlicher Jesus Christus.* Neo setzt sich für das Überleben der Menschheit ein im Kampf gegen die Maschinen. Er wird von Cypher verraten, stirbt und ist danach durch die Liebe Trinitys wieder auferstanden (die Liebe der Dreieinigkeit). Nach seiner Auferstehung war er mächtiger als davor. Am Ende des Films fliegt er in den Himmel auf.

Beispiel | Terminator (1984)
Terminator 1 dreht sich um **J**ohn **C**onnor (J. C. = Jesus Christ). Kyle Reese, ein Soldat aus der Zukunft, besucht Sarah Connor, um ihr zu sagen, dass ihr zukünftiger Sohn, John Connor, ein messianischer Anführer sein wird. Er wird die Menschheit aus der Sklaverei der Maschinen befreien. Reese entspricht dabei der biblischen Figur des Engel Gabriel, der das Kommen des Messias ankündigt. Sarah Connor entspricht der biblischen Maria, die eine unbefleckte Empfängnis empfängt, denn Kyle Reese kommt aus der Zukunft und verschwindet danach wieder dorthin. Er bringt die Botschaft der Liebe mit sich: *Ich reiste durch die Zeit für Dich. Ich liebe dich und habe Dich immer geliebt.* Eine Liebe, die jenseits der Zeit, den Gesetzen der Dualität, existiert.

Beispiel | The Green Mile (1999)
Hauptfigur in The Green Mile ist **J**ohn **C**offey (J. C. = Sie wissen schon ...). John Coffey wird zu Unrecht vom Staat für ein Verbrechen verurteilt, das er nicht begangen hat. Er kann Kranke heilen und erweckt eine tote Maus wieder zum Leben. Er fühlt den Schmerz anderer Menschen in sich und kann in die Herzen der

16 Siehe dazu auch: Black, 2006

Menschen blicken. Um eine andere Person zu heilen, muss er ihre Krankheit für eine bestimmte Zeit auf sich nehmen – so wie Jesus, der das Kreuz für alle unsere Sünden trägt. John Coffey ist ein Schwarzer, der während der großen Depression in den USA lebt und deswegen misshandelt wird. Ebenfalls wie Jesus, der als Jude im ersten Jahrhundert misshandelt wurde.

Beispiel | E.T. (1982)
E.T. ist ein Außerirdischer, der vom Himmel auf die Erde kommt. Er schart eine Gruppe Schüler (Jünger) um sich. Er kann mit einer Berührung seines erleuchtenden Fingers Verletzungen heilen und eine spirituelle Verbindung zwischen sich und seinen Mitmenschen herstellen. Seine Botschaft ist das leuchtende Herz, das in seiner Brust schlägt und „Be good" – die Liebe. Er wird von der Gesellschaft verfolgt und von ihr umgebracht. Er erlebt eine Wiederauferstehung und ist danach stärker als zuvor. Er schwebt mit dem Fahrrad durch die Nacht. Seine Botschaft am Ende des Films ist „I will be right here." (Ich werde immer in Dir sein.) Dann ist er in den Himmel aufgefahren.

Beispiel | Harry Potter
Harry ist Sohn einer Menschenfrau und eines Magiers (eines Übermenschen). Harrys Geburt wird von einer Prophezeiung eingeleitet: „Der „Eine" mit der Macht, den dunklen Lord zu besiegen ..." Lord Voldemort will deshalb das Baby Harry töten, doch der Mordplan misslingt (er entspricht König Herodes in der biblischen Geschichte). Bei alldem, was Harry erlebt hat, vertritt er trotzdem die Macht der Liebe und Vergebung. Er kämpft und opfert sich für das Wohl der Menschen, um sie von dem Bösen zu befreien. Er hat Macht über Tiere, Zeit und Materie. Er ging freiwillig in den Tod, wurde betrauert und ist dann wieder auferstanden. Danach besiegte er seinen Feind in einem glorreichen Endkampf.[17]

Beispiel | Aloy aus dem *Horizon*-Franchise (Guerrilla Games) ist, ähnlich wie Christus, nicht von zwei Eltern gezeugt und geboren, sondern wurde von einer KI künstlich als Klon einer verstorbenen Frau produziert. Ihre steinzeitliche Kultur interpretierte dies als „Im Schoße des Berges geboren". Sie hat durch das ihr genetisch vererbte Sicherheitslevel Zugriff zu Technologien, die andere nicht haben, was auf diese wie Wunder wirken muss. Sie rettet mit ihren "auserwählten" Fähigkeiten mehrfach die Welt.

---

17 Mehr über „Jesus Potter" in dem Buch von Derek Murphy, „Jesus Potter Harry Christ". Es beschäftigt sich mit der Christusfigur in Harry Potter und der christlichen Mythologie der Harry-Potter-Welt.

Weitere Christusfiguren finden wir u. a. in *Dune*, *Wonder Woman*, hier verkörpert als Frau, in der Spielewelt von *Deus EX* als *J. C. Denton* sowie in der Spielewelt von *Mass Effect* (die Figur des *Commander Shepard*).

Was liegt hinter dieser metaphorischen Sprache, die Menschen gefunden haben? Was liegt hinter Jesus dem Christus, Harry Potter, Neo, E.T. und J. C. Denton? Folgende Gemeinsamkeiten lassen sich ausmachen:

- sich stark ähnelnde Bilder und Erzählstrukturen in diesen Figuren, die bei uns Menschen etwas auslösen, das scheinbar tief in uns resoniert
- das Leiden für einen Zweck, das Sterben und die Wiederauferstehung, die Verbindung zu einer göttlichen Macht und eine sich in vielen Aspekten ähnelnde Mythologie

Diese Ähnlichkeiten in den Figuren aus unterschiedlichsten Geschichten findet man auch in unterschiedlichen Mythologien unserer Welt wieder. Ob in der christlichen, griechischen, römischen, babylonischen oder ägyptischen Mythologie, um nur einige zu nennen. Es ist die eine Symbolsprache, die die Menschen gefunden haben, um auf das Transzendente hinzuweisen oder sich mit dem Transzendenten zu verbinden.

4.3 Solare Mythologie

Viele uns bekannte Mythologien kann man unter der solaren Mythologie zusammenfassen, die auch eine Basis für die Entwicklung eigener Mythologien sein kann. Als Grundlage für das folgende Kapitel empfehle ich das *Psyche-Modell* nach C. G. Jung und Joseph Campbell (siehe Kapitel Figurenentwicklung).

Der Sonnenzyklus

Reisen wir einige tausend Jahre in unsere Vergangenheit. Die Mehrheit der Menschen lebte auf dem Land und hatte keinen oder nur einen sehr einfachen Bildungsstand. Anstelle der Aufklärung und dem Geist der Wissenschaft herrschte damals Aberglauben und ein Mix unterschiedlichster Religionen. Was wussten oder glaubten die Menschen über die Sonne und welchen Stellenwert hatte sie in ihren Tagesablauf?

Die Sonne brachte mit ihren Strahlen Wärme, Licht und Fruchtbarkeit in den Alltag. Durch ihre Anwesenheit gediehen Früchte und Getreide, und mit ihrem Licht konnten die Menschen sich nähernde Feinde oder gefährliche Wildtiere frühzeitig entdecken.

Gegen Ende des Tages geschah dann das alltägliche Drama: Die Menschen konnten beobachten, wie die Sonne weit hinten im Land in der Erde versank. Wo war dieser Eingang in die Unterwelt? Die Menschen versuchten der Sonne zu diesem Eingang in die Unterwelt der Erde zu folgen, doch egal wie schnell die Pferde ritten oder wie viele Tage die Menschen der Sonne hinterhersegelten, der Eingang war für die Menschen unerreichbar. Und doch war er real, denn sie konnten sehen, wie die Sonne in die

Unterwelt versank. Somit wurde dieser Ort ein mythologischer Ort: Es gab ihn, aber er war für sterbliche Menschen (zu Lebzeiten) nicht zu erreichen.

Jedes Mal, wenn die Sonne in der Erde versank, hinterließ das die Menschen mit einer überlebenswichtigen Frage: Wird eine (neue) Sonne wiederkommen? Denn nachdem die Sonne versinkt, gewinnt die Dunkelheit an Macht. Die Menschen haben für alles Sensoren: Licht, Geschmack, Geruch, Schall, aber keinen Sensor für Dunkelheit. Dort, wo die Augen versagen, vervollständigt die Phantasie das Bild. Sie bekamen Angst vor Monstern, Geistern, wilden Tieren oder ihren eigenen inneren Dämonen. Die Angst der Menschen vor der Dunkelheit und die Sorge, ob eine neue Sonne am nächsten Tag wiederkommt, waren starke Instrumente, um Macht über Menschen auszuüben.

Die Nacht überzog die Welt mit Dunkelheit und es gab nur noch das Licht des Feuers und eventuell des Mondes. Raubtiere gingen jetzt auf Beutezug und die Menschen mussten sich und ihren Besitz vor den Raubtieren und Angriffen vor Feinden schützen.

Mit dem Beginn der Nacht und dem fehlenden Licht der Sonne endeten für viele Menschen auch die Gestaltungsmöglichkeiten des Tages. Die Sonne mit ihrem lebensspendenden Licht und ihrer Wärme war für die Menschen somit zentrale Lebensgestalterin des Alltags. Das alltägliche Leben drehte sich um die Sonne.

Im besten Fall folgte auf den Tag eine sternenklare Nacht. Für die Menschen hatte der Sternenhimmel durch seine Beständigkeit von Fixsternen und wiederkehrenden Sternenhaufen etwas Tröstliches und die Fixsterne konnten beispielsweise zur Orientierung für Reisen und zur Orientierung von Zeit und Raum genutzt werden. Mithilfe der Sterne konnten die Menschen bestimmte Ereignisse vorausahnen, die in langen Zeitabschnitten auftraten, z. B. Vollmonde oder Sonnenfinsternisse, und sie begannen einzelne Sternhaufen in Bildmetaphern zu kategorisieren, personifizieren und als Sternbilder in Beziehung zueinander zu setzen.

Wenn die dargebrachten Opfer und Gebete geholfen haben, die Götter in der Unterwelt die Sonne beschützten, dann konnte am nächsten Morgen die (neue) Sonne aus der Unterwelt (wieder) auferstehen und brachte erneut Licht, Wärme und Sicherheit in das Leben der Menschen. Das war der alltäglich Dramenzyklus von Mensch und Sonne, den man über sämtliche Kulturen hinweg findet und der als Grundlage für die Sonnenverehrung gilt.

Das wird beispielsweise in alten Grabanlagen sichtbar wie in Maeshowe, Schottland, oder Newgrange, England (ca. 4000 v. Chr.) Diese Grabanlagen und mythologischen Plätze wurden nach der Sonne ausgerichtet. In Newgrange fällt zur Mittwinterzeit für einige Tage das Licht der Sonne beim Sonnenaufgang durch den sog. Dachkasten auf die tiefste Wand der Grabkammer. Hier wurde das Gedenken an den „Wiederauferstehungstag“ der Sonne gefeiert. Ähnlich verhält es sich in Stonehenge. Während der Wintersonnenwende verbinden bei Sonnenaufgang die Sonnenstrahlen den Altarstein, Schlachtstein und Fersenstein. Die Wintersonnenwende entspricht dabei jedes Jahr dem 21. Dezember.

Im Rhythmus der Jahreszeiten gewinnt die Sonne im Frühjahr an Kraft. Je höher sie über den Himmel wandert, desto länger werden die Tage. Mit ihrer neu gewonnenen Strahlkraft gewinnt auch die Natur an Vitalität und Fruchtbarkeit. Zur Sommersonnenwende am 21. Juni wechselt der Aufstieg der Sonne in deren Abstieg. Die Tage werden wieder kürzer und kälter und mit ihr verliert die Natur an Kraft. Die Nacht wird mächtiger und je tiefer die Sonne um die Mittagszeit steht, desto mehr scheint die Natur mit ihr zu sterben. Bis die Sonne im Winter nur noch für wenige Stunden am Tag müde am Himmel steht. Die Tage verkürzen sich von bis zu 16 Stunden im Sommer auf nur noch etwa 8 Stunden im Winter. Was für ein Unterschied im Lebensalltag und dessen Gestaltung für die Menschen, wenn man über kein künstliches Licht verfügt.

Die Frage der Menschen war damals: Wie weit wird die Sonne noch hinabsinken oder fällt sie weiter und stirbt diesmal ganz? Ohne das Wissen über die astronomischen Grundlagen der Jahreszeiten konnte man auch nicht davon ausgehen, dass sich das Absinken der Sonne wieder umkehrt. Man wusste zwar aus Erfahrung, dass auf jeden Winter ein neuer Frühling folgt, aber absolut *sicher* war man sich nicht. Wenn die Götter was dagegen hätten, dann wären sie ja problemlos in der Lage gewesen, den Winter einfach ewig dauern zu lassen oder die Welt in ewiger Dunkelheit versinken zu lassen.

Wenn man den Sonnenverlauf aus einem nördlichen Blickwinkel, beispielsweise aus Europa, verfolgt, dann bewegt sich die Sonne im Herbst bei Sonnenaufgang immer weiter nach Süden bis sie scheinbar um die Zeit der Wintersonnenwende am 22., 23. und 24. Dezember dort für drei Tage stillsteht. Das ist der Tod der Sonne und gleichzeitig der Stillstand ihres Sterbens, denn sie sinkt nicht weiter hinab. Die Menschen fieberten, ob die Sonne die Kraft besitzen wird, den sterbenden Zyklus umzukehren und bei Sonnenaufgang wieder höher aufzusteigen. Und genau das tut sie am 25. Dezember. Mit ihr brachte diese Umkehr wieder längere Tage und ein Wiedererstarken der Sonne.

Mythologisch übersetzt hieß das: Die Sonne starb, war für drei Tage Tod und wurde dann wiedergeboren.

Die Sonne in der ägyptischen Mythologie

Schauen wir uns die solare Mythologie der ägyptischen Kultur in ihren Grundzügen an:[18] Re (auch: Ra) ist der altägyptische Sonnengott. In dieser Mythologie ist die Sonne selbst Gott und wurde nicht von göttlichen Wesen erschaffen. Re selbst war Schöpfer aller Existenz und somit auch der Menschen. Er kann bis in die späten Perioden als wahrscheinlich wichtigster altägyptischer Gott bezeichnet werden, da er durch das Wirken seiner Kraft (die Sonne) das Leben auf der Erde ermöglichte und es fortbestehen ließ. Sein Name bedeutet schlicht „Sonne". Ra wurde unter anderem als Falke personifiziert dargestellt und teilte Eigenschaften mit dem Himmelsgott Horus.

18 Campbell, 1993

Schauen wir uns den solaren Zyklus in der ägyptischen Mythologie an: *Nut* ist die Göttin des Himmels. Ihr gegenüber finden wir ihren Ehemann *Geb*, die Erde. Tagsüber sind *Nut* und *Geb* voneinander getrennt, aber jeden Abend kommt *Nut* herunter, um sich mit *Geb* zu vereinigen und das verursacht die Dunkelheit. Wenn tagsüber Stürme auftraten, vermuteten die Menschen, dass Nut etwas näher and die Erde gerutscht war. Am Abend drang die Sonne in Nuts Mund ein und wanderte während der Nacht durch ihren Körper, um morgens aus ihrer Vulva mit Blut wiedergeboren zu werden. Deshalb ist der Sonnenaufgang rot. Hier handelt es sich um einen täglichen Wiedergeburtszyklus.

Die Reise der Sonne durch die Unterwelt ist eine gefährliche Angelegenheit. Dort unten herrscht unter anderem Apep, der Gott des Chaos, und so muss die Sonne auf ihrem gefährlichen Weg durch die Unterwelt beschützt werden. Das wiederum war die Aufgabe des Pharaos, dem Vertreter der Sonne auf Erden und der Hüter und Beschützer der Sonnenbarke, auf der die Sonne durch die Unterwelt reiste. Jede Nacht musste der Pharao den Weg der Sonne durch die Unterwelt gegen Apep (meist als Schlange abgebildet) freikämpfen und sie auf ihrem Weg durch die Unterwelt beschützen. Die Macht des Pharaos bestand somit aus dem Mythos und der großen Furcht der Menschen, dass die Sonne nach ihrem Eintauchen in die Unterwelt nicht mehr wiederkommen könnte.

Auf der Sonnenbarke durften auch Nebengötter mitfahren. Deren Zusammensetzung und Anzahl änderte sich im Lauf der Zeit und ihre Benennung war ein Politikum. Denn wenn Nebengötter eine wichtige Bedeutung beim Schutz der Sonnenbarke im Kampf gegen Apep hatten, konnten deren Priester Spenden von der Bevölkerung einfordern. Und die Priester wiederum waren auf die Spenden der Bevölkerung angewiesen. Man kann sich vorstellen, welch vitale Politik um den Pharao und dessen Entscheidungen entstand.

Die Geburt des ersten Pharaos: Der Osiris-Horus-Mythos

Eine der wichtigsten ägyptischen Primärmythologien ist der Osiris-Horus-Mythos,[19] da hier die Frage beantwortet wird, wie der erste Pharao geboren wurde.

Nut und Geb, Göttin des Himmels und Gott der Erde, haben vier Kinder: Nephthys, Osiris, Isis und Set. Nephthys und Set sowie Isis und Osiris sind miteinander verheiratet. Eines Nachts schläft Osiris mit Nephthys, die er für Isis hält. Diese Unachtsamkeit hat schreckliche Folgen: Nephthys gebiert Anubis, der den Kopf eines Schakals hat. Sinnbild für eine Verbindung, die es nicht hätte geben dürfen.

Seth will Rache an Osiris nehmen. Er nimmt dessen Maße und fertigt einen Sarkophag an, in den Osiris exakt passt. Während einer Party kommt Seth mit diesem wunderschönen Sarkophag herein und verkündet, wem dieser Sarkophag passt, der darf ihn behalten. Wie bei Aschenputtel und dem gläsernen Schuh probieren jetzt

19 Campbell, 1993, S. 83ff.

alle Partygäste den Sarkophag aus. Als Osiris sich hineinlegt, stürzen 72 Diener Seths herein, verschließen den Deckel und werfen den Sarkophag in den Nil. Dieser treibt mit Osiris hinab an die syrische Küste, wo ein riesiger Baum aus dem Sarkophag wächst. Der Baum wird gefällt und zu einem Pfeiler in einem Königspalast. Die arme Isis wiederum vermisst ihren Ehemann und macht sich auf die Suche nach ihm. Anubis kommt ihr dabei zu Hilfe, weil er mit seiner Schakalnase Osiris erschnuppern kann. Sie finden Osiris in einem Baumstamm in dem Königspalast. Isis bittet den König, ihr den Baumstamm mit dem toten Osiris zu überlassen. Der König erlaubt es ihr, und der Pfeiler wird in ein Boot geladen.

Auf dem Weg in die Papyrussümpfe des Nils nimmt Isis den Deckel des Sarkophags ab, wandelt sich in einen Rotmilan und schwebt über dem toten Osiris. Dabei empfängt sie Horus.[20] Übrigens ist diese «Empfängnis» eine unbefleckte, da Osiris bereits tot ist und Isis, in der Gestalt eines Rotmilans, über Osiris schwebt. Isis begibt sich in die Papyrussümpfe und bringt dort *Horus* zur Welt. Osiris hat nun zwei Söhne: *Anubis* und *Horus.*

Horus der Christus

Horus (ca. 3000 v. Chr.) wurde im Laufe der Zeit mit seinem Vater und Sonnengott Osiris gleichgesetzt und durch diverse Verschmelzungsprozesse entstanden einige Varianten der Horus-Gottheit. Laut dem Bibelwissenschaftler Tom Harpur ist die Figur des Horus die altägyptische Personifizierung der Sonne und hat in ihrer Lebensgeschichte über 180 Übereinstimmungen mit der Figur des Christus.[21]

Wie jeder Sonnenmessias wurde auch Horus als Sonne oder Licht bezeichnet. Horus wurde am 25. Dezember von der Jungfrau Isis geboren. Seine Geburt wurde von einem Stern im Osten begleitet. Mit zwölf Jahren wurde Horus Lehrer. Mit 30 Jahren wurde er von Anubis getauft und begann sein geistliches Amt. Horus hatte zwölf Jünger, mit denen er umherreiste und Wunder vollbrachte (z. B. Kranke heilen oder über das Wasser gehen). Er hielt eine „Bergpredigt" und wurde die Wahrheit, das Licht, Gottes gesandter Sohn, der gute Hirte, das Lamm Gottes genannt. Typhon hat Horus verraten, und so wurde Horus zwischen zwei Schächern gekreuzigt. Dort starb er, wurde für drei Tage begraben und ist anschließend auferstanden. Er war der Gott, dessen Name geschrieben wurde als der "Weg zur Erlösung"; er war also "der Weg, die Wahrheit und das Leben"[22].

Diese Attribute, ob sie nun bei Horus den Ursprung haben oder sogar aus einer noch früheren Zeit kommen, haben viele Kulturen der Welt durchdrungen. In der solaren Mythologie lassen sich mindestens 14 weitere Sonnengötter finden, die ähnliche Eigenschaften und Lebensgeschichten wie Jesus der Christus besitzen. Darunter so prominente Götter wie Krishna, Odin, Indra, Baal, Attis und Dionysos.

---

20 Campbell, 1993
21 Harpur, 2004
22 Harpur, 2004, S. 81

Der römische Sonnengott Sol und Christus' Geburtstag

Der römische Sonnengott Sol (lat. Sonne) war der Schutzgott der Kaiser in der frühen Kaiserzeit. „Die Sonne bringt mit ihrem Licht alles an den Tag und so bleibt dem Sonnengott nichts verborgen. Helios ist ‚allschauend', daher allwissend und Zeuge von Freveltaten."[23] Für die damaligen Herrscher war Helios ein wichtiger Schutzgott. Denn dort, wo der Sonnengott seine Strahlen hinfallen ließ, konnte man Feinde sehen, was in Kriegszeiten durchaus von großer Bedeutung war. So entwickelte sich Sol zum Schutzgott der Herrscher. Kaiser Aurelian betrachtete den Sonnengott als seinen persönlichen Schutzherrn und erhob ihn zum Herrn des römischen Reiches. Er gründete einen Staatskult und baute ihm zu Ehren einen Tempel, der am 25. Dezember 274 eingeweiht wurde. Dieser staatliche Festtag galt als der Geburtstag des Sonnengottes.

Und so feierten die Römer am 25. Dezember den Geburtstag der Sonne und entzündeten Lichter zu ihren Ehren. Zu diesen Riten luden sie auch Christen ein, was der damaligen katholischen Kirche nicht gefiel. Der Geburtstag von Jesus war bis dahin unbekannt und so setzte die katholische Kirche dem heidnischen Sonnengott Sol die „wahre Sonne", das „wahre Licht der Welt" entgegen, um die Christen gegen dieses heidnische Fest zu immunisieren. So wurde fortan am 25.12. der Geburtstag von Jesus Christus gefeiert.[24]

Der Mithras-Kult und die Zahl 12

Mithras[25] (ca. 1200 v. Chr.) ist einer der spannendsten Sonnengötter des römischen Reiches. Geboren am 25. Dezember von einer Jungfrau, vollbrachte Wunder, hatte zwölf Jünger und ist nach seinem Tod in den Himmel aufgefahren. Er hatte Namen wie „Der Weg", „Die Wahrheit", „Das Licht".

Wie der katholisch-christliche Kult kannte der Mithras-Kult sieben Sakramente und die Taufe. Es gab ein mystisches Mahl (Abendmahl), die Firmung und Kommunion mit Brot und Wasser. Die Anhänger des Mithras-Kults rechneten mit einem Jüngsten Gericht und glaubten an eine Auferstehung nicht nur des Geistes, sondern auch des Körpers. Die Hostien trugen ein Kreuzzeichen, auf den Altären brannte ein Ewiges Licht und man wusch mit Blut die Sünden ab.

Auffällig bei den Sonnengöttern ist die wiederkehrende Zahl 12: Es gibt meist die zwölf Jünger und die Lehre ab dem zwölften Lebensjahr.

Schauen wir uns dazu eine klassische Mithras-Darstellung an[26]: Mithras beim Töten des Astraltieres. Er wird dabei von den fackeltragenden, himmlischen Zwillingen, Licht und Finsternis, begleitet (links und rechts unten im Kreis zu sehen). Sie befinden

23 https://de.wikipedia.org/wiki/Sol_(r%C3%B6mische_Mythologie)
24 Fischer, 2014
25 Harpur, 2004
26 siehe auch https://en.wikipedia.org/wiki/London_Mithraeum

sich im kosmischen Jahresrad des Tierkreises, der die Sternbilder personifiziert. Diese Darstellung des Sonnengottes in Begleitung des Tierkreises ist eines der ältesten, konzeptionellen Bilder unterschiedlichster Kulturen.

Abbildung 5 | Klassische Mithras-Darstellung

Der solare Tierkreis und das Symbol des Kreuzes

Der weit über 2000 Jahre alte Tierkreis gibt den Lauf der Sonne wieder, den sie innerhalb eines Jahres durch die verschiedenen Tierkreiszeichen/Sternenbilder absolviert. Sowie die vier Jahreszeiten, die Tag- und Nachtgleichen und die Sonnenwenden. Reduziert man dieses konzeptionelle Bild auf seinen symbolischen Kern, erhält man die Darstellung des Kreuzes. – Das Symbol für den Zyklus der Sonne.

In vielen Kulturen war der Sonnenzyklus durch das Symbol des Kreuzes repräsentiert. In der altägyptischen Mythologie ist das Ankh das Symbol der Sonne. Ein tränenförmiger Ring mit einem direkt darunter angebrachten Kreuz. Der horizontale Balken des Kreuzes stellt den Horizont und der vertikale Balken des Kreuzes den Weg der Sonne dar, die über dem Horizont aufgeht. Das Ankh wurde im alten Ägypten regelmäßig in Hieroglyphen, Kunst und Artefakten verwendet, um die Bedeutung des Lebens darzustellen. Das Ankh wird auch als *Schlüssel des Lebens* bezeichnet.

Abbildung 6 | Tierkreis

Dabei hat sich das Kreuz als Sonnensymbol in völlig unterschiedlichen Kulturen in ähnlicher Form entwickelt. In der Kultur der Mayas gab es den *Tempel des Kreuzes* und den *Tempel der Sonne* in Form von Steppenpyramiden. Außerdem war das Kreuz in der Mayakultur ein Gegenstand der Andacht und Anbetung und wurde mythologisch mit der Erlösergestalt der Maya verbunden.[27]

Abbildung 7 | Christliches Kreuz, keltisches Kreuz, Ankh und Maya-Kreuz (Maya-Kreuz erstellt mit AdobeFirefly)

Egal, welches Kreuz aus welcher Kultur wir betrachten – das ägyptische Ankh, das keltische Kreuz oder das Kreuz der Azteken, um nur einige zu nennen: sie alle deuten auf die eine Sonne hin, mit der jede Kultur ihre eigenen Projektionen und Geschichten verbindet. Diese Beobachtung des Gleichen in unterschiedlichen Formen nannte Adolf Bastian die „Elementargedanken". Die Sonne ist auch heute noch fester Bestandteil der katholischen Symbolik, schaut man sich die Reliquien katholischer Riten an. Und der Tag des Herrn ist und bleibt der *Sonn*tag.

27 Campbell, 2002, S. 133

Abbildung 8 | Links: Eine katholische Reliquie, die symbolisch für die Sonne steht. Rechts: Die Symbolik der Sonne findet sich in sakralen Darstellungen häufig als Strahlenkranz oder goldene Sonnenscheibe auf/über dem Kopf von Christus-Darstellungen als Symbol für den solaren Gott. Wie hier in einer Kirche in Lucca, Italien.

Mythos - Elementargedanken vs. Völkergedanken

Egal in welchem Land oder in welcher Kultur Menschen leben: Alle werden von derselben Sonne genährt und jede Kultur hat ihre eigenen Projektionen und Personifikationen in Mythen und Symbolen rund um diesen Stern erschaffen. Adolf Bastian, ein Anthropologe und Weltreisender, erkannte, dass bestimmte Themen, Ideen, Symbole und Geschichten in den Mythologien jeder Kultur vorkommen, die er Elementargedanken nannte: Das Gleiche. Diese Elementargedanken erschienen in verschiedenen Kulturen aber in verschiedenen Ausformungen, in verschiedenen Anwendungen (Ritualen) und in verschiedenen sozialen Situationen, die er Völkergedanken nannte: Das Gleiche im unterschiedlichen Gewand.[28]

Hier sehen wir wieder den Hinweis auf das Eine: die Sprache der Mythologie, die Menschen unterschiedlichster Kulturen gefunden haben, um auf das Transzendente hinzuweisen, für das wiederum die Sonne ein Projektionsobjekt ist. Für Weltenbauer ist dieser Aspekt von Elementar- vs. Völkergedanken besonders beim Aufbau verschiede-

28 Siehe dazu auch den Talk „Psyche und Symbol“ mit Joseph Campbell. Der Talk ist Teil der Vortragsreihe „Mythos“ von Campbell. Es gibt die Lectures frei im Internet Archive: https://archive.org/details/Mythos1/1_Psyche_and_Symbol_1.AVI

ner Kulturen interessant. Hier kann man sich überlegen, wo man „das Gleiche“ in Form, Symbolik oder Ritual ausdrücken möchte und wo man die Unterschiede sichtbar und erlebbar macht.

4.4 Die vier Funktionen von Mythologien

Wir haben gesehen, dass Mythologien tief im Menschen verwurzelte Bedürfnisse ansprechen und ein unsichtbares Fundament für das Entwickeln von Kulturen und Gesellschaften sein können. Joseph Campbell hat die Funktionen der Mythologien in vier Aspekte unterteilt.[29] Drei davon sind für das Entwickeln von Geschichtswelten, Schöpfungs-, Gründungs- und Untergangsmythologien interessant. Eine Funktion ist die Grundlage für die Heldenreise und damit für den Aufbau von Geschichten selbst.

Die religiöse (metaphysische/mystische) Funktion

> "What is a myth? A myth is a metaphor that points beyond the image to the mystery. A metaphor points to two ends: one is a psychological end (the world of dreams) and a metaphysical end, that is pointing past all conceptions."[30]

Wer oder was ist Gott? – Gott ist eine Idee, ein Gedanke, ein Symbol. Aber am Ende kann er/es mit Gedanken erfasst werden? Die Gotteserfahrung liegt jenseits der gedanklichen Erfassung. Wir könnnen uns mit Metaphern, Geschichten und Gedanken Gott nähern, aber letzendlich lässt sich Gott nicht gedanklich greifen. Oder wie es Buddha formuliert hat: „I am a finger pointing to the moon. Don't look at me; look at the moon.“

Sie erinnern sich vielleicht an das Erlebnis, einmal in einen hell erleuchteten Sternenhimmel geblickt zu haben. Am besten noch fernab der Zivilisation. Auf diesen unendlichen Himmel zu blicken, der fast das gesamte Blickfeld einnimmt und der einem mit seiner gewaltigen Größe und Weite zeigt, wie klein man doch selbst ist. Gleichzeitig fragt man sich unweigerlich, wie das alles entstehen konnte. Woher kommt diese Schöpfungskraft? Wer steckt dahinter? Und wer bin ich in alldem?

Hier ist man schon mittendrin in der ersten Funktion des Mythos: Die mystische Dimension, die einem die Erkenntnis erfahren lässt, dass hinter der Erscheinung des Universums und der Welt eine transzendente Quelle existiert. Und diese Quelle ist auch die Quelle in einem selbst. Eine Ebene, die mit Denken und Sprache nicht erreichbar ist und die man nicht in ein gedankliches Konzept packen kann, sondern nur hinter den Gedanken, hinter der Dualität von Raum und Zeit erleben kann.

---

29 Campbell, 1999

30 Dieses Zitat stammt aus der Radiosendung „The Wisdom of Joseph Campbell with Michael Toms“ von Joseph Campbell mit Michael Toms. Das Buch dazu ist "An Open Life: Joseph Campbell in Conversation With Michael Toms".

Die religiöse Funktion dient dazu, unser Bewusstsein für eine Realität zu öffnen, die jenseits des Schleiers der normalen Wahrnehmung liegt. Diese Funktion des Mythos versucht uns zu der grundlegenden Überzeugung zu bringen, dass es im Universum eine Einheit gibt. Das Universum als die Einheit von allem, was existiert. Es gibt keine Trennung, Aufteilung oder Abspaltung. Jedes Ding ist die Gesamtheit der Welt. Durch diese vitalisierende, mystische Funktion wird das Universum zu einem heiligen Bild.

Die kosmologische Funktion: Die Schöpfungsgeschichte der Welt

Schöpfungsmythen sind elementarer Bestandteil des mythologischen Baukastens. Die Schöpfungsgeschichte erklärt, neben den Rahmenbedingungen des Universums, auch die Macht des Gottesbildes und meist eine Beziehung zwischen diesem Gottesbild und den Bewohnern der Welt.

Die zweite Funktion der Mythologie vermittelt ein Bild des Universums, das dessen mystische Faszination aufrechterhält und alles erklärt, was in Beziehung zwischen Mensch und umgebenden Universum steht.

Diese kosmologische Funktion liefert die Rahmenbedingungen des Universums und erklärt Ursprung, Form, Größe, Lage, Geburts- und Sterbedatum von Dingen wie Zeit, Raum, Materie, Energie, biologische Organismen und das Universum als Ganzes.

Die Mythologie und Philosophie der Menschheit ist in dieser Beziehung unglaublich anspruchsvoll. Jede Kultur hat ihre eigene Schöpfungsgeschichte. Die Mehrheit der Religionen versucht, einen Orientierungsrahmen zu bieten, in dem sich dieses Universum befindet und viele andere Existenzbereiche einschließt. In der biblischen Tradition findet man die Schöpfungsgeschichte in der Genesis:

> *„Gott sprach: Es werde Licht. Und es wurde Licht. Gott sah, dass das Licht gut war. Und Gott schied das Licht von der Finsternis.* Und Gott nannte das Licht Tag und die Finsternis nannte er Nacht. Es wurde Abend und es wurde Morgen: erster Tag." (1. Buch Mose, 3-5)

Hier deutet sich bereits das Prinzip der Dualität durch die Trennung von Licht und Finsternis an.

Ein weiteres Beispiel einer kosmologischen Mythologie ist der Schöpfungsmythos aus den hinduistischen Upanischaden (ca. 800 v. Chr.):

> *„AmAnfang gab es nur das große Selbst, das sich in der Form einer Person widerspiegelte. Als es sich spiegelte, fand es nichts als sich selbst. Dann war sein erstes Wort: 'Das bin ich'. Dann erkannte es: Ich bin in wahrhaftiger Weise die Schöpfung, denn ich habe sie aus mir selbst hervorgebracht. Auf diese Weise wurde es selbst zu dieser Schöpfung. Wahrlich, wer dies weiß, wird in dieser Schöpfung ein Schöpfer."*[31]

---

31 Campbell, 1988, S. 55

In diesem Ausschnitt aus der Schöpfungsgeschichte des Hinduismus ist der Mensch selbst Gott. Der Hinduismus sieht das Universum in immerwährenden Zyklen des Werdens und des Vergehens. In diesen Zyklen (Kalpa) gibt es weder einen Schöpfungsanfang noch eine endgültige Vernichtung. Das Prinzip der Schöpfung im Zyklus stellt der Hauptgott Brahma dar. Die beiden anderen Hauptgötter Vishnu und Shiva stehen jeweils für das bewahrende und zerstörerische Element.

Ein Schöpfungszyklus umfasst nach hinduistischer Auffassung mehrere Trillionen Menschenjahre. Danach versinkt der Schöpfergott Brahma zusammen mit all den von ihm erschaffenen Welten im höchsten kosmischen Geist, dem Brahman. Dieses unerschöpfliche, allwissende, allmächtige, allgegenwärtige Wesen ist die anfangslose und ewige Seele des Universums, die kein Davor und kein Danach kennt. Sie war immer da und wird immer da sein. Die Frage nach Anfang und Ende stellt sich nicht.

Diese Schöpfungsgeschichte hat bereits etwas Transformatives. Sie eröffnet eine weitende Perspektive und gibt einen relativen Blick auf unsere Existenz. Es geht nicht um das Ankommen in ethischen Bewertungen von Gut und Böse, sondern um einen Blick, der in die Transzendenz führt und zeigt, dass alles mit allem in Verbindung steht. Diese Mythologie hat etwas vom Blick in den Sternenhimmel.

Im chinesischen Schöpfungsmythos entsteht die Erde aus dem Welteneis und dem kosmischen Prinzip des Yin und Yang, aus dem später Himmel und Erde wurden. In der Schöpfungsgeschichte der Germanen kam der Urzeitriese Ymir aus dem Nichts und aus dessen Achselschweiß wurden ein Mann und eine Frau erschaffen. Aus seinem Blut entstand das Meer, aus seinem Fleisch die Erde, aus seinen Knochen die Berge und aus seiner Haut der Himmel.

In der westlichen Welt wird heutzutage das kosmologische Bild vollständig von der Wissenschaft vertreten. Wir haben es also in der westlichen Gesellschaft mit zwei unterschiedlichen kosmologischen Bildern zu tun: Einem mythologischen Bild mit einer metaphorischen Lesart, in der Gott in der biblischen Genesis die Welt in sieben Tagen erschaffen hat, und ein wissenschaftliches Bild mit einer literarischen Lesart.

Zwei Bilder derselben Welt, die nichts miteinander zu tun haben und die man nicht in einen Vergleich ziehen sollte. Würde mal beispielsweise das mythologische Bild der Kosmologie wörtlich nehmen, dann würde dessen Deutungsprinzip in sich zusammenfallen.

Es gibt unzählige spannende Schöpfungsgeschichten, die das Wie der Weltenentstehung erklären und gleichzeitig Fundament für gesellschaftliche Werte und Haltungen bilden.

Wie ist Ihre Welt entstanden? Gibt es eine oder mehrere Schöpfungsgeschichten? Und welche Kultur vertritt welche davon? Gibt es eine wissenschaftliche und eine mythologische Betrachtung der Weltenschöpfung? Wie stehen diese gegeneinander? Gibt es darüber Glaubenskämpfe oder werden diese Schöpfungsgeschichten im Zeitstrahl Ihrer Welt irgendwann wiederlegt oder geändert? Was macht das mit den Kulturen in Ihrer Welt? Ist Ihre Schöpfungsgeschichte dualistisch-ethisch oder basiert sie auf anderen Gesetzmäßigkeiten? Es macht Sinn, die Schöpfungsmythologien einer Welt in engem Zusammenhang mit den Weltuntergangsmythologien zu entwickeln.

Die soziologische Funktion

„Mythology is what organizes and holds a society or culture together."
Joseph Campbell

Die biblische Geschichte von Moses, der auf den Berg Sinai steigt und dort die zehn Gebote empfängt, ist eine typische Geschichte, die der sozilogischen Funktion des Mythos entspricht. Nämlich eine bestimmte soziale Ordnung einer Gesellschaft zu rechtfertigen, zu verteidigen und aufrechtzuerhalten. Ein gemeinsames Regelwerk von Gesetzen, Rechten, Pflichten und Irrtümern, von denen die jeweilige soziale Einheit und Existenz abhängt.

Die soziologische Funktion schafft soziale Ordnung und bekräftigt sie für die Menschen, die darin leben. Sie ermöglicht eine übereinstimmende Vereinbarung darüber, was erlaubt ist und was nicht.

Interessant ist: Die soziologischen Regeln stehen meist in Verbindung mit den kosmologischen Regeln. In der biblischen Tradition wäre das derselbe Gott, der die Welt und das Universum erschaffen hat. Er hat auch Moses die zehn Gebote überliefert. Somit haben die sozialen Regeln dieser heiligen Gemeinschaft dieselbe Autorität wie die Gesetze des Universums. Für Menschen, die solch einen Mythos leben, wird es schwierig, diese Regeln in Frage zu stellen. Sie würden damit diesen übermächtigen Gott in Frage stellen und einem Gott kann man eben schlecht widersprechen.

Mit der soziologischen Funktion kann man Gesellschaften und Kulturen Ordnungssysteme- und soziale Handlungsrahmen auferlegen. Darunter Gesetze und Regeln für das Zusammenleben, die Einführung von Wertesystemen und den Aufbau von sozialen Gruppierungen (wie beispielsweise das Kastensystem in der indischen Kultur) und deren Befugnisse. Diese soziologische Funktion kann auch in die politische Ebene einer Kultur hineinreichen, da sie Machtverhältnisse rechtfertigen und verteidigen kann.

Man kann die Ursprünge gewisser kultureller oder gesellschaftlicher Regeln und die Bedeutung deren Einhaltung erklären, sowie beispielsweise Bestrafungsprinzipien bei Nichteinhaltung festlegen. Die soziologischen Regeln können von einem oder mehreren Göttern kommen.

Die psychologische (pädagogische) Funktion

Der Mensch hat sich in seinem Wesenskern seit Jahrtausenden nicht verändert und dabei ist er ein seltsames Lebewesen: Von allen Lebewesen auf diesem Planeten benötigt er am längsten in seiner körperlichen und geistigen Entwicklung, bis er unabhängig von seinen Eltern wird. Das bedeutet: Im ersten Lebensabschnitt ist man über viele Jahre abhängig von seinen Beziehungspersonen. Man lernt deren Regelwerk, Gebote und Verbote – das Regelwerk der Kultur, der Familie oder des Stammes. Dann folgt die Adoleszenz mit der Frage: Wer bin ich? Dazu erfolgen die Überprüfung der Werte der Familie und Gesellschaft, die Frage nach dem eigenen Platz in der Gesellschaft und ein wichtiger Schritt voller Problempotential: Der Schritt in die eigene Unabhängigkeit und dem Erwachsensein. Dann das Erschaffen von Leben durch das Eltern-Werden, schließlich diesen Platz wieder aufzugeben und sich auf das Lebensende vorzubereiten.

Die vierte Funktion des Mythos besteht darin, Orientierung und Sinn in den Wandlungszeiten und Krisen eines jedes Menschenlebens zu vermitteln. Dieser Mythos muss das Individuum durch die Stadien seines Lebens begleiten, von der Geburt über die Maturität bis hin zum Tod.

Diese Funktion der Mythologie wurde in unserer modernen Gesellschaft durch die Psychologie ersetzt. Wo Übergangsrituale und Gemeinschaft verloren gegangen sind, liegen wir auf den Couchen der Therapierenden.

Aus der psychologischen Funktion des Mythos entstehen die Geschichten der Heldenreise. Die Heldenreise ist im Kern ein Wandlungsprozess einer Figur von einem Bewusstseinszustand in den nächsten. Der psychologische Aspekt ist auch für die Figurenentwicklung beim Aufbau von Geschichtswelten und persönlichen Geschichten ein wichtiges dramaturgisches Element.

4.5 Die Beziehung eines Volkes zu seiner Mythologie oder: warum wir Pyramiden bauen

Gesellschaften, die eine vitale Beziehung zu ihrer Mythologie mit allen vier Funktionen leben, fußen auf einem festen, mythologischen Fundament. Die Schöpfungsgeschichte, die Regeln der Welt, Gottesbilder etc. werden von einem Großteil der Gemeinschaft akzeptiert und durchgängig angewandt. Meist findet das in geschlossenen sozialen und kulturellen Systemen statt.

Auf diese Weise kann man mit Kulturen Pyramiden und Kathedralen bauen. Alle ziehen an einem mythologischen Strang, derselben Vision, einem Wertesystem oder derselben Angst.

Beispiel | Die Amish alter Ordnung in den USA leben in Abgeschiedenheit von der modernen Außenwelt einen lebendigen Mythos, der alle vier Funktionen beinhaltet.:

1. Die mystische Funktion wäre im Beispiel der Amish alter Ordnung die tiefe spirituelle Verbindung mit Gott und die Erfurcht vor der göttlichen Schöpfung. Andachten und Gottesdienste fördern das Bewusstsein der Amish für die Gegenwart Gottes und das Göttliche in ihrem Alltag. Die Mystik liegt in

der Einfachheit und im Glauben an eine göttliche Ordnung, die das Leben und die Natur durchdringt. Rituale und Symbole wie das Abendmahl und die Taufe sind tiefe spirituelle Erlebnisse, die das Göttliche im Leben der Amish allgegenwärtig machen.

2. Die kosmologische Funktion erklärt die Welt als eine Schöpfung Gottes, die nach biblischen Prinzipien geordnet ist. Die Amish glauben an eine wörtliche Interpretation der Bibel, die die Geschichte der Schöpfung und die Rolle der Menschheit darin erklärt. Die Ordnung des Universums wird durch Gottes Willen bestimmt.
3. Die soziologische Funktion stärkt die Gemeinschaft und die Aufrechterhaltung von Traditionen und Werten. Die Gemeinschaftsregeln und die biblischen Lehren dienen dazu, die gesellschaftliche Struktur und die moralischen Grundsätze der Gemeinschaft zu bewahren. Die Amish-Kultur legt großen Wert auf Gemeinschaft, Familienstrukturen, Demut und den Widerstand gegen Individualismus und Materialismus. Diese Werte werden durch Geschichten, gemeinsame Arbeit, Gemeinschaftsveranstaltungen und religiöse Rituale aufrechterhalten. Die soziologische Funktion sorgt dafür, dass die Mitglieder in ihrem Glauben und ihrer Lebensweise vereint sind.
4. Die psychologische Funktion hilft den Einzelnen, die Herausforderungen und Übergänge des Lebens zu meistern. Die Lebensereignisse wie Taufe, Hochzeit und Beerdigungen werden durch religiöse Rituale und gemeinschaftliche Unterstützung begleitet. Diese Rituale helfen den Einzelnen, ihre Identität innerhalb der Gemeinschaft zu verstehen und ihre Rolle im Leben zu akzeptieren. Die Traditionen und Glaubenspraktiken der Amish bieten eine klare Struktur und Orientierung besonders in schwierigen Lebensübergängen.

Durch die Anwendung von Campbells vier Funktionen der Mythologie auf die Amish der Alten Ordnung wird deutlich, wie tief ihre religiösen Erzählungen und Traditionen mit ihrem täglichen Leben und ihrer Gemeinschaftsstruktur verwoben sind.

Oder die streng orthodoxen Juden in Israel, die den Regeln und Gesetzen des Talmund folgen. Vergessen wir nicht die vor Jahrtausenden gelebte Mythologie der Ägypter. Hier brachte die Mythologie die Menschen dazu, monumentale Pyramiden für ihre Pharaonen zu bauen, als Grabstätte und Beginn der Reise des Pharaos auf den Weg ins Reich der Toten.

Der Wandel von Gesellschaftsformen durch Änderungen im Mythos

Spannend wird es, wenn einige der mythologischen Funktionen in einer Gesellschaft „ausfallen“. Seit Kopernikus ist unser westliches Weltbild und somit unsere Schöpfungsgeschichte durch ständig neue wissenschaftliche Erkenntnisse in einem sich dauerhaft veränderten Anpassungsprozess. Der überwiegende Teil der Bevölkerung glaubt heute nicht mehr an das biblisch-mythologische Weltbild der Genesis, sondern hat das mythologische Weltbild durch das wissenschaftliche Weltbild ersetzt. Somit ist die Kosmologie fest in der Hand der Wissenschaft.

Noch vor 300 Jahren war Gott mit seinen kirchlichen Vertretern auf Erden der Entscheidungsträger. Hatte man eine Lebensfrage, ging man zu seinem Pfarrer oder Priester, der nach Antworten in der Bibel suchte oder eine Antwort im Namen Gottes gab. Kirche und Staat waren in einer Hand.

Dann folgte das Zeitalter der Aufklärung mit der Berufung auf die Vernunft und der Hinwendung zu den Naturwissenschaften. Es folgte eine Säkularisierung der Gesellschaft, in der die dritte Funktion des Mythos, die Soziologie, durch säkulare Gesetzgebung auf Basis des Humanismus und der Demokratie erkämpft wurde. Nicht mehr die biblischen Gottesgesetze sind Grundlage für unsere gesellschaftlichen Regeln, die als nicht hinterfragbar und unumstößlich hierarchisch durchgesetzt werden, sondern das Grundgesetz, das auf humanistischen Werten und dem Menschenrecht ruht. Die Gestaltung der soziologischen Gesetze wurde durch demokratische Prozesse gestaltet. Gesetze sind nicht mehr von Gott gegeben, sondern von Menschen gestaltet und somit hinterfragbar.

Durch den Wegfall der zweiten und dritten Funktion des biblischen Mythos ist eine völlig andere Gesellschaftsform entstanden. Weg von einer kirchlich-aristokratischen Herrschaft hin zu einer bürgerlich-liberalen Gesellschaft.
Die Beziehung zu unserer christlichen Mythologie hat sich tiefgreifend gewandelt. Nach Friedrich Nietzsches Worten verhält sich der Christ heute wie jeder beliebig andere Mensch.

> *„Sein Glaubensbekenntnis hat keinen merklichen Einfluss mehr, weder auf sein öffentliches Verhalten noch auf seine persönlichen Hoffnungen. Die Sakramente bewirken nur bei den wenigsten eine geistige Verwandlung; wir sind verwaist und wissen nicht, wohin wir uns wenden sollen. Indessen vermitteln die verweltlichten Philosophiesysteme unserer Akademien eher Kenntnisse als die erlösenden Wandlungserlebnisse, nach denen unsere Seele verlangt."*[32]

Man sieht an diesem Beispiel, wie fundamental wichtig eine Mythologie mit ihren vier Funktionen für die vitale Ausübung ist und wie schnell eine solche Mythologie zerfallen kann, sollten die Funktionen nicht mehr gemeinsam durchwirken können.

Wissenschaft vs. Mythologie

In unserer Kultur gibt es nach wie vor viele Menschen mit westlich-aufgeklärtem Wissen, die an eine Religion mit einem Weltbild glauben, das wissenschaftlich vor Kopernikus fußt. Die Wissenschaft und die literarisch ausgelegte Mythologie stehen

32 Nietzsche zitiert nach Zimmer, 1961, S. 27

an vielen Stellen im Gegensatz zueinander. Trotzdem scheint es in der Religion etwas zu geben, das selbst aufgeklärte Menschen anzieht. Hier sind wir in der Lebendigkeit der Mythologie, die in der metaphorischen Kraft ihrer Symbole (Konnotation) liegt, angekommen sowie in den vier Funktionen der Mythen, die ein tiefliegendes Bedürfnis in uns Menschen stillt.

In der Wissenschaft kann eine Erkenntnis, die heute noch gilt, morgen schon widerlegt sein. Ein wissenschaftliches Papier ist nach einigen Jahren veraltet. Das passiert ständig, da die Wissenschaft sich selbst hinterfragt und in die Fragen hineinforscht, um Antworten zu finden. In der Religion dagegen gilt: Schriften oder Gesetze gelten als umso wahrer und bedeutungsvoller, je älter sie sind.

Würde man als Weltenbauende mit Distanz auf unsere Welt als sekundäre Welt blicken, dann wäre diese unterschiedliche Einordnung zwischen Wissenschaft und Kultur vielleicht eine zumindest schwer erklärbare Diskrepanz. Gleichzeitig zeigt dies Weltenbauenden, wie bewusst gestaltete Brüche und irrationale Beziehungen, Haltungen, Handlungen und Wahrnehmungen zu einer lebendigen Welt gehören.

Die vier Funktionen von Mythologien im Weltenbau

Für den Aufbau von Geschichtswelten ist es sinnvoll, alle vier Funktionen eines Mythos bewusst differenziert zu betrachten. Selbstverständlich muss man nicht jede der hier vorgestellten Funktionen in eigene Mythologien übernehmen. Es geht vielmehr um die Beziehung, die eine Gruppierung mit ihrer Mythologie lebt. Wie hoch ist die gesellschaftliche und kulturelle Akzeptanz, die Glaubwürdigkeit und Lebendigkeit der Mythologie? Was passiert, wenn durch bestimmte Vorkommnisse Bewohner der Welt eine der mythologischen Funktionen oder die gesamte Mythologie in Frage stellen?

Eine Geschichtswelt kann einen Zeitstrahl beinhalten, der die Vorgänge in der Welt in einer zeitlichen Abfolge beschreibt. Hier kann man die Beziehung der Weltenbewohner zu ihren Mythologien beschreiben. Gibt es Brüche in der Beziehung zur Mythologie und wenn ja, bei welchen der vier Funktionen finden diese Brüche statt und zu was führt das in der dortigen Kultur und Gesellschaft?

Man kann in Mythologien bewusst Brüche und Wandlungen einbauen, die beispielsweise Mythologien und deren Gesetze in Frage stellen. Dadurch können gesellschaftliche Wertekonflikte und Spaltungen entstehen oder sich Gesellschaften grundlegend wandeln. Dies alles bietet viel Potential für die Erzählung spannender Geschichten.

4.6 Metaphorische und literarische Lesung mythologischer Geschichten

> "Myth is metaphor. You see, myths do not come from a concept system; they come from a life system; they come out of a deeper center. We must not confuse mythology with ideology. Myth come from where the heart is, and where the experience is, even as the mind may wonder why people believe these things. The myth does not point to a fact; the myth points beyond facts to something that informs the fact."[33]

In der westlichen Gesellschaft lernt man vorwiegend, wie man sich die Welt über den Verstand zugänglich macht. Bereits im Kindesalter wird man auf den Verstand trainiert und zerlegt beispielsweise im Deutschunterricht Poesie und Gedichte in Versmaß, Metrum, Rhythmus und Struktur. Es wird nicht gefragt, wie ein Gedicht emotional auf die Rezipienten wirkt. Wie transformiert es den Menschen beim Lesen und wie resoniert dessen Bauchgefühl?

Und so versucht man ebenfalls die Botschaften mythologischer Geschichten mit dem Verstand zu begreifen. Doch mit einem akademischen Zugang verschließt man sich des wahren Erlebnisses der Mythologie. Denn Mythologien sind dazu da, als Metaphern gelesen zu werden. Auf diese Weise vermitteln sie mehr als bloß gedankliche Vorstellungen, nämlich ein Gefühl von tatsächlicher Teilhabe an einem Durchbruch zur Transzendenz. Denn die Lebendigkeit der Mythologie liegt in der metaphorischen Kraft ihrer Symbole. [34]

Liest man dagegen mythologische Geschichten wie einen journalistischen Beitrag eines Reporters, dann fällt dieses Deutungsprinzip in sich zusammen und Mythen verlieren dadurch ihre Ausdruckskraft.[35] Dann wäre beispielsweise bei Jesus' Zeugung Maria eine unberührte Jungfrau gewesen, die ein fleischliches Kind gebiert und Gott hätte die Welt sprichwörtlich in sieben Tagen erschaffen.

Für Buddhisten ist es beispielsweise nicht bedeutend, ob es Buddha wirklich als reale Person gegeben hat. Buddha muss nicht als reale Figur da gewesen sein, um die Buddha-Erfahrung in sich selbst zu finden. Er bleibt als mythologische Figur erhalten und Buddha-Bilder sind dazu da, den Geist in Richtung des Buddha-Bewusstseins zu lenken.

Ein eindrucksvolles Beispiel für die literarische (denotative) Auslegung der biblischen Mythologie sind die Kreationisten[36] in den USA, eine ideologische Strömung der evangelikalen Christen. Sie legen die Bibel wörtlich aus und halten Darwins Evolutionstheorie daher für Gotteslästerung. Beispielsweise sind sie davon überzeugt, dass Gott die Welt in sechs Tagen erschaffen hat – wider aller wissenschaftlichen

---

33 Campbell, zitiert nach Toms, 1990, S. 21
34 Campbell, 2002
35 Campbell, 2002
36 https://de.wikipedia.org/wiki/Kreationismus

Erkenntnisse. Aus Sicht der Kreationisten ist eines völlig eindeutig: Die Bibel liefert die Grundlage jeder Wissenschaft. Sie vertreten somit die Ansicht, dass der biblische Schöpfungsbericht wörtlich zu nehmen ist.

Entstanden ist die Kreationistenbewegung als Teil des protestantischen Fundamentalismus Anfang des 20. Jahrhunderts in den USA – als Gegenbewegung zur neuzeitlichen Naturforscherbewegung. Sie lehnt insbesondere die Theorie von Charles Darwin ab, wonach Arten durch natürliche Selektion entstehen und nicht durch Gott erschaffen wurden.

Im Jahr 1921 wurde in Kentucky zum ersten Mal eine Gesetzesvorlage eingebracht, nach der es verboten sein sollte, die Abstammung des Menschen von Tieren an staatlichen Schulen zu lehren. Zwischen 1921 und 1929 gab es ähnliche Vorlagen in 31 Staaten. Um zu erreichen, dass der Kreationismus an den Schulen als gleichberechtigte Alternative zur Evolutionstheorie unterrichtet wird, betreiben evangelikale Gruppen seit langem politische Lobbyarbeit.

Auch wenn der Kreationismus in Deutschland kaum in der Öffentlichkeit präsent ist und seine Ideen belächelt werden: In einem Teil der evangelikalen Bewegung und in vielen Freikirchen in Deutschland gehört der Kreationismus inzwischen zur Weltdeutung. Hier hält man es für selbstverständlich, dass die Bibel recht hat und die Naturwissenschaft unrecht. Wo endet hier die primäre- und wo beginnt die sekundäre Welt?

Mythologie = Die Religion der anderen

> „Half the people in the world think that the metaphors of their religious traditions, for example, are facts. And the other half contends that they are not facts at all. As a result we have people who consider themselves believers because they accept metaphors as facts, and we have others who classify themselves as atheists because they think religious metaphors are lies.“[37]

„Myth is what we call other people's religion.“[38] – So Joseph Campbell. Und in einem Talk mit Michael Toms ergänzte er beiläufig einen Satz, der den Kern der Sache trifft: „Wir sind blind für unsere eigenen Glaubenssysteme.“

Man spricht von der griechischen Mythologie, nicht von der griechischen Religion. Die Griechen würden vielleicht von der christlichen Mythologie des Westens sprechen und nicht von einer Religion. Doch was unterscheidet Religion von Mythologie? Mythologien hält man für die grundlegenden und prägenden Geschichten einer Kultur. Man liest sie metaphorisch und nicht als historische Fakten. Doch in der christlich-westlichen Tradition hat sich die Lesart der institutionellen Kirchen durch-

37 Campbell, 2001, S. 48
38 Campbell, 2004, S. 21

gesetzt: die literarische Lesung; und somit wurden aus metaphorischen Geschichten und mythologischen Symbolen historische Fakten.

Daher ist die Definition von Religion vergleichbar einfach: Es handelt sich um missverstandene Mythologie.[39]

Die jungfräuliche Geburt

Egal ob *Horus* mit seiner Mutter *Isis* oder *Jesus* mit seiner Mutter *Maria*: Diesem mythologischen Bild der unbefleckten Empfängnis oder jungfräulichen Geburt begegnet man in diversen Mythologien. Liest man das Symbol bildhaft und im Sinne der mythologischen Leseart aus, zeigt die Jungfrauengeburt, dass es sich nicht um eine Geburt des Fleisches, sondern um eine (Wieder-)Geburt des Geistes handelt.

Abbildung 9 | „Ich bin die unbefleckte Empfängnis", Lourdes-Höhle, St.Iddaburg, Schweiz

Der Mensch unterscheidet sich vom Tier im Wissen, dass er sterben wird. Menschen tragen in sich eine tierische Triebnatur, aber und auch ein höheres Bewusstsein, das den Menschen vom Tier unterscheidet.

Die erste Geburt ist somit die Geburt des Fleisches inklusive der tierischen Triebnatur. Doch der Mensch hat die Möglichkeit einer zweiten Geburt. Der Geburt seines höheren, spirituellen Bewusstseins. Und diese Geburt wird von einer **spirituellen Mutter** gezeugt. Daher auch die Namen der Kathedralen: *Notre Dame de Paris,Notre Dame des Chartres* (*Unsere Mutter von Paris, Unsere Mutter von Chartres*). Man wird im Geiste wiedergeboren, indem man in die Kirche eintritt.[40]

Hier findet man wieder den Sinn mythologischer Geschichten: Sie sollen den Menschen zu einem heiligen Ort in ihm selbst führen und ihm dabei helfen, die tierische Triebnatur sterben zu lassen, um in seiner spirituellen Natur (wieder-)geboren zu werden.

---

39 Campbell, 2004
40 Campbell, 2002; Campbell, 1988

Wie werden in Ihrer Welt deren Mythologien gelesen und welche Spannungen könnte das in den Kulturen erzeugen? Welchen Einfluss hat die Sprache auf die Mythologie oder die Mythologie auf die Sprache?

4.7 Weltuntergangsmythologien

> „Unsere Jugend ist heruntergekommen und zuchtlos. Die jungen Leute hören nicht mehr auf ihre Eltern. Das Ende der Welt ist nahe."
> Keilschrifttext, Chaldäa, um 2000 v. Chr.

Neben Schöpfungsmythologien findet man in vielen Kulturen auch Weltuntergangsmythologien. Der Begriff *Apokalypse* kommt aus dem Griechischen und bedeutet Enthüllung, Entschleierung, Offenbarung. In der biblischen Tradition wäre das in der Offenbarung des Johannes die Apokalypse. Darin wird das Ende der Welt prophezeit. Die letzte Schlacht des Guten gegen das Böse. Das letzte Gericht Gottes über die Welt. Und am Ende dieser Vision steht ein neuer Himmel und eine neue Erde. Die gegenwärtige Welt muss vergehen, so dass eine neue Welt an ihre Stelle treten kann. Die meisten Apokalypsen basieren auf dualistischen Mythologien, in denen das Gute gegen das Böse kämpft.

Weltuntergangsprophezeiungen gab es schon in der Antike. Man fürchtet den Weltuntergang und ist gleichzeitig von ihm fasziniert wie vom Tod selbst. Wie oft wurde die Welt schon für Tod erklärt und wie viele Termine für den Weltuntergang haben wir bisher überlebt? Allein während meines Lebens gab es mehrere Termine für einen Weltuntergang, besonders prominent dabei das Ende des Maya-Kalenders am 21.12.2012.

„Dein Reich komme" beten die aktiven Christen im Vater Unser und im apostolischen Glaubensbekenntnis steht: „Von dort wird er kommen, zu richten die Lebenden und die Toten". Die Offenbarung des Johannes hat die westliche Kultur und besonders die Kunst sehr geprägt. Denkt man an die oft gemalten Motive von Jesus als Lamm oder die apokalyptischen Reiter. Die Apokalypse findet sich heute in Malerei, Musik, Literatur, Film und Computerspielen wieder. Die Zeugen Jehovas warteten bereits vier Mal auf den Weltuntergang: 1914, 1918, 1925 und 1975.

Während der Herrschaft der Kirchen war die Weltuntergangsfantasie bestimmt von Göttern im Himmel, heute hat sich diese Phantasie hin zur Mutter Erde gewandelt. Unser heutiger Zeitgeist wird bestimmt von Weltuntergangsfantasien durch globale Krisen und Naturkatastrophen. In naher Vergangenheit der kalte Krieg, heute der Klimawandel, das Artensterben, Kriege oder aus dem Ruder gelaufener Kapitalismus. Viele Menschen leben heute mit einem apokalyptischen Grundgefühl, das beispielsweise durch Gruppen wie „Die letzte Generation" artikuliert wird.

Vielleicht liegt darin ja eine tiefe Sehnsucht nach einer reinigenden Apokalypse, die uns aus diesem Ohnmachtsgefühl durch einen umfangreichen Reset befreit. Einen Wiederanfang in einer neuen, einfacheren Welt ohne die aktuellen Konflikte und Krisen. Eine tröstende Geschichte, die zeigt, was alles Schönes folgen kann, wenn wir standhaft ausharren. Denn die Apokalypse beschreibt ja nicht nur das Ende der alten Welt, sondern auch eine neue Welt im Anschluss. Nach dem Untergang folgt ein tiefgreifender Neuanfang.

Beispiele für Weltuntergangsszenarien in Literatur, Film und Spiel | Dante Alighieris Beschreibungen der Hölle in *La divina commedia* werden gerne in Endzeitgeschichten zitiert. Suchen Sie mal seine Beschreibung des Himmels. Eine epische Geschichte braucht eben den maximalen Konflikt und was ist ein größerer Konflikt für eine Hauptfigur als die Rettung der Welt?

Besonders gerne werden Weltvergehungsgeschichten im Endzeitkino erzählt. In *Don't Look Up!* (2021) wird die Erde von einem Kometen zerstört, während alle auf ihre Smartphone-Displays starren. Roland Emmerich lässt in *Moonfall* (2022) den Mond auf die Erde stürzen oder verwandelt die Welt in eine apokalyptische Eiswüste in *The Day after Tomorrow* (2004). James Bond rettet die Erde seit einem halben Jahrhundert regelmäßig und sämtliche Geschichten der letzten Jahre aus dem *Marvel* Universum haben mit Superhelden zu tun, die die Welt vor dem Untergang retten. Wir finden den Begriff der Apokalypse bei *Apocalypse Now* (1979) von Francis Ford Copolla, wo todbringende Hubschrauber als moderne apokalyptische Reiter ein vietnamesisches Dorf angreifen.

Ebenso die Weltuntergangsuhr, die *Doomsday Clock.* Übersetzt bedeutet sie *Tag des jüngsten Gerichts.* Die biblische Anspielung und die Apokalypse. Hier sieht man den Einfluss unserer biblischen Muttermilch in unseren Lebensalltag.

In dem Spiel *Dark Souls* von FromSoftware endet das Zeitalter des Feuers in dem Götter herrschen mit dem Zeitalter der Dunkelheit in der die Erste Flamme erloschen ist. Der Spieler greift mit seinen Taten im Spiel in das Einläuten dieses dunklen Zeitalters ein. In *Inscryption,* einem Horror/Thriller-Karten Spiel von *Daniel Mullins Games,* trifft man auf eine Gruppe gottähnlicher Figuren (Scribes) die sich darüber bewusst sind in einem Videospiel gefangen zu sein und Angst vor der völligen Auslöschung ihres Codes durch die mystische *Old Data* haben. Diese Apokalypse trifft ein und die Spielwelt löscht sich selbst.

In *Disco Elysium* des Entwicklerteams ZA/UM kann man in Dialogen und Büchern über die Bleichheit erfahren, eine Art Nebel, der zwischen den Inseln und Kontinenten der Welt liegt und jegliche Sinneswahrnehmung neutralisiert. Da die Bleichheit langsam wächst, wird sie irgendwann einmal alles verschlingen. Im Spiel kann man sogar einen kleinen Punkt Bleichheit finden, um den eine Kirche errichtet wurde.

Eine Weltuntergangsmythologie wirkt in einer Geschichtswelt auf die Gegenwart durch. Sie beeinflusst die Haltung, Handlung und vor allem Ziele von Gesellschaften und Figuren. Sie kann die antagonistische Kraft einer Kultur sein. Und sie ist gemeinsam mit der Schöpfungsmythologie eine wichtige Säule im Aufbau einer Mythologie.

Eine Geschichtswelt sollte den Aspekt der Zeit beinhalten. Sie hat irgendwo ihren Anfang und meistens auch ein Ende. Die Weltuntergangsmythologie gehört ebenso zum prägenden Fundament von Kulturen und Gesellschaften wie eine Schöpfungsmythologie. Eine Kultur lebt bewusst oder unbewusst auf diese Untergangsmythologie hin und prägt damit das Jetzt und Hier und die kulturelle Muttermilch. Sie kann Menschen motivieren oder ihnen auch das Fürchten lernen.

4.8 Gründungsmythologien und Ursprungserzählungen

Gründungsmythologien oder auch Ursprungserzählungen sind die Eckpfeiler von Stämmen, Nationen, Gesellschaften, Kulturen, Religionen oder auch Unternehmen. Sie sind kulturell tief verwurzelt und von solch einem Selbstverständnis, dass man ihre Durchwirkung auf eine Kultur kaum hinterfragt. Sie sind Grundlage für Wertesysteme und erklären dessen Ursprung und sein „Warum". Sie vermitteln eine Haltung und beantworten die Sinnfrage, nach der Menschen suchen.

Diese Geschichten können von göttlicher Offenbarung handeln, vom Auserwählt sein, von Vorhersehungen oder einfach nur eine emotionale Gründungsgeschichte und deren daraus entstandenen Schlussfolgerungen. Meist vermitteln oder fußen diese Geschichten auf Glaubenshaltungen, ohne die ihr Wirkungspotential verblassen würde. Die Funktionen von Gründungsmythen liegen in der Schaffung konsensfähiger, sinnstiftender Werte, der Erzeugung von kollektivenIdentitätsvorstellungen sowie der Legitimation von Macht und Privilegien. Auch bei stark wertorientierten politischen Parteien sowie bei länger zurückliegenden oder „legendären" Unternehmensgründun gen können sie eine Rolle spielen.

In der biblischen Tradition ist die Gründungsmythologie untrennbar mit der Geschichte von Adam und Eva und dem Sündenfall verbunden. Eine Mythologie basierend auf der Schuld der Menschen: Adam und Eva brachen eine göttliche Regel und wurden dadurch schuldig. Als Konsequenz wurden sie von Gott mit der Vertreibung aus dem Paradies bestraft.

Diese Geschichte erklärt vereinfacht den Zustand des Menschen in der heutigen Welt: Die Verführung des Teufels herrscht auf der Erde. Wir Menschen sind aufgefordert, ein gottgefälliges Leben zu führen und gleichzeitig zu beweisen, dass wir der Versuchung des Teufels widerstehen können, um letztendlich zu Gott zurückkehren zu dürfen. Diese Mythologie wirkt in das Leben aktiver Christen bis in den Alltag hinein.

Beispiel | Der Gründungsgeschichte der Modemarke *Hollister*
Wir finden (erfundene) Gründungsgeschichten auch in Unternehmen und ihren Marken.

Beispiel | Der Gründungsmythos von Hollister
„Unstillbar ist sein Durst nach ‚Abenteuer, Reisen und Schönheit', grenzenlos seine Abscheu vor dem spießigen Elternhaus in Maine an der Ostküste der USA. Und so fährt der Yale-Absolvent John M. Hollister 1917 im Alter von 21 Jahren per Dampfschiff nach Indonesien, verliebt sich in die schöne Plantagenbesitzerstochter Meta Van Gilder, kauft ein Segelschiff und segelt mit Meta zwei Jahre lang nach Los Angeles. In Laguna Beach gründet er 1922 das Unternehmen Hollister Co., das mit Stoffen und Kunsthandwerk handelt. Sein Sohn John M. Hollister Jr., geboren 1920, macht daraus einen Weltkonzern für Surfausrüstung und Sportbekleidung."[41]

Schöne Geschichte. Ein perfekter Gründungsmythos. Alles drin für einen Lifestyle-Konzern: „Leidenschaft, Jugend und Liebe zur See, Romantik, Schönheit und Abenteuer." Aber: John M. Hollister hat es nie gegeben.
Doch diese Ursprungsgeschichte ist Kompassnadel für die Entwicklung sämtlicher Produkte und Formate aus der *Hollister*-Welt. Man spürt sie in den Bekleidungsprodukten, im Einrichtungskonzept der Shops, die mit Surfbrettern, Wohnzimmerteppichböden und Esszimmertischen ausgestattet sind, sowie den medialen Werbeformaten, in denen die Welt von M. Hollister fühlbar und erlebbar wird.

Beispiel | Der Gründungsmythos von Scientology
Kennen Sie den Gründungsmythos von Scientology?[42] *Vor 75 Millionen Jahren regierte ein Herrscher namens Xemu über die Galaxis, auch über die Erde, die damals noch Teegeeack hieß. Xemu hatte ein Problem: die Überbevölkerung auf 76 seiner Planeten. Milliarden seiner Untertanen lockte er in eine Falle und lähmte sie mit Glykol und Alkohol, um sie in seinen Raumschiffen zur Erde zu verfrachten, wo er die Gefangenen in Vulkane werfen ließ. Zur Sicherheit warf er noch Wasserstoffbomben hinterher. Alle starben – bis auf ihre Seelen bzw. „Thetanen". Xemu fing all die Seelen ein und setzte sie mit 3-D-Brillen ins Kino, wo er allen den gleichen Film vorspielte, der ihr Leben zeigen sollte. Nach diesem „Implanting" hielten sich die Seelen logischerweise alle für eine Person und verklumpten zu „clustern". Als die Menschen aufkamen, schlüpften diese „body thetans" in deren Körper. Noch heute wohnen die*

41 Grimm, 2011
42 https://de.wikipedia.org/wiki/Xenu

Seelenklumpen in unserer Brust. Sie müssen wir loswerden, wenn wir wirklich frei sein wollen.
In diesem Gründungsmythos wird auch das grundlegende Problem der Menschen angesprochen und die Lösung und Befreiung durch die Kirche Scientology angeboten. Das Spiel im Scientology-Universum kann beginnen.

Beispiel | Gründungsgeschichte von *Endless Universe*
Ein Beispiel aus einer Spielewelt ist beispielsweise die Hintergrundgeschichte des *Endless Universe* der *Amplitude Studios.* In der Gründungsmythologie hatten ausgestorbene Zivilisationen ihre Hände bei der Geburt der spielbaren Fraktionen im Spiel und werden von vielen Gesellschaften immer noch verehrt oder gehasst.

Gründungsmythologien schaffen auch politische Bedeutung. Sie strukturieren die Vergangenheit und haben Einfluss auf die Gegenwart. Der amerikanische Politikwissenschaftler Benedict Anderson hat beispielsweise die Nation der USA als eine *imagined community* bezeichnet, eine imaginäre Gemeinschaft. Damit wollte Anderson zum Ausdruck bringen, dass es sich bei der Nation nicht um eine real erfahrene Gemeinschaft handelt, wie etwa die Familie oder den Freundeskreis, sondern dass sie als Gemeinschaft nur in unserer Vorstellungswelt existiert und hier ist das Erzählen verbindender Geschichten von elementarer Bedeutung und ein wichtiger Eckpfeiler einer Nation.

Blickt man auf die Gründungsmythen der USA, findet man die Geschichte der puritanischen Pilgerväter, die bei der Überfahrt von Europa in die USA bereits den *Mayflower Compact* aufgesetzt haben, der als erstes Dokument amerikanischer Selbstregierung gilt. Die *Pilgrims* einigten sich mit den nicht-puritanischen Mitreisenden darauf, in der neuen Kolonie eine selbstverwaltete Gemeinschaft aufzubauen und vereinbarten ein gemeinsames Regelwerk.

Die puritanische Lebens- und Denkweise hat die USA nachhaltig geprägt. Bis heute sprechen US-Präsidenten in ihren Reden von den Vereinigten Staaten als einer von Gott auserwählten Nation. Der Glaube ist ein wichtiger Bestandteil der kulturellen Identität der USA. Er diente Einwanderern aus aller Welt als verbindendes Element.

In der Gründungsmythologie der *Declaration of Independence* findet man den Gleichheitsgedanken der USA wieder. Der langwierige Prozess der Nationsgründung und die mühsam erlangte Unabhängigkeit erklären, weshalb der Freiheits- und Gleichheitsgedanke in den USA bis heute so bedeutend sind. Der in der Unabhängigkeitserklärung formulierte Grundsatz, „All men are created equal", bildet das Wertefundament der Vereinigten Staaten, auch wenn er zunächst im Widerspruch zur bis 1865 fortdauernden Sklaverei stand. Die Vereinigten Staaten von Amerika gelten als individualistisch geprägte Gesellschaft. Die Freiheit zur Selbstbestimmung hat oberste Priorität. In den USA herrscht allgemein die Ansicht, dass jeder Einzelne seines eigenen Glückes Schmied und verantwortlich für seine Erfolge ist.

Der Krieg um die Gründungsgeschichte der USA: Das Projekt 1619[43]

Welche Macht Gründungsgeschichten für eine Nation haben, kann man aktuell in den USA beobachten. Die New York Times veröffentlichte genau 400 Jahre nach Ankunft der ersten verschleppten Afrikaner und somit ersten Sklaven in den USA 2019 ein Sondermagazin: das „Project 1619". Darin interpretiert Woody Holton, Professor an der Universität von South Carolina, das Jahr 1776 völlig anders und stellt damit das bisherige Narrativ der amerikanischen Gründungsgeschichte in Frage. Wir sollten vom Unabhängigkeitskrieg sprechen, weil die amerikanischen Eliten wie Thomas Jefferson und George Washington unabhängig wurden von Großbritannien. Aber das ist etwas ganz anderes als eine Revolution. Bei Holton wird aus einer erhebenden Heldengeschichte mit großen Idealen eine überaus problematische Geschichte, an der viele beteiligt waren; mit eigenen Interessen und Zielen, mit Handlungsfähigkeit und Handlungsmacht. Das konservative Amerika hat diese neue Geschichtsinterpretation mit rasender Wut aufgenommen. Thomas Zimmer, Historiker und Professor an der Universität von Georgetown, meint dazu:

> *„Was da so stark abgelehnt wird, ist vor allem, dass zu den Heldenfiguren in der amerikanischen Geschichte in dieser eben nichtweiße Figuren werden. Es sind eben nicht Abraham Lincoln oder die weißen Abolitionisten, die dieses Land stetig verbessern, sondern es sind die schwarzen Sklaven selber. Oder es sind nach dem Bürgerkrieg die Schwarzen im Jim-Crow-South, die sich nicht unterkriegen lassen, es ist die schwarze Bürgerrechtsbewegung."*[44]

In den Augen der Konservativen belegt dieses neue Narrativ des *Projektes 1619* die linken, zersetzenden, unamerikanischen Kräfte in den USA. Die Republikaner haben daraufhin seit Anfang 2021 über 100 Gesetze in über 40 Bundesstaaten eingebracht, die eine enge Zensur des geschichtlichen Narratives fordern. In etwa der Hälfte der Bundesstaaten wurden diese Gesetze bereits verabschiedet. In Florida sollen Eltern das Recht erhalten, Lehrer zu verklagen, die gegen das Verbot des Projects 1619 verstoßen. Kentucky will u. a. „negative Behauptungen über die amerikanische Geschichte" verbieten, in Missouri wurden seit Beginn des Jahres gleich 16 Gesetze dieser Art eingebracht. Diese Reaktionen zeigen die Angst vor einer Reflexion der politischen und kulturellen Ordnung und den daraus resultierenden Folgen, die durch ein verändertes Narrativ legitimiert und gestützt oder eben hinterfragt und problematisiert werden. In diesem Beispiel wird die Relevanz und vor allem die noch heute starke Vitalität einer Gründungsgeschichte für eine Nation im modernen Zeitgeist sichtbar.

---

43 Villarosa, 2019, Hufen, 2022
44 Zimmer zitiert nach Hufen, 2022

4.9 Rituale - Lebendige Mythologie

Wie kann man als Weltenbauer eine lange bestehende Mythologie in das Hier und Jetzt der Handlung holen? Wie kann man sie in den Geschichten oder Spielen lebendig werden lassen? Hier kommt ein wichtiger Bestandteil der Mythologien ins Spiel: Rituale.

Rituale sind für den Aufbau von Geschichtswelten und Figuren ein wertvolles Werkzeug und lassen Mythen und deren Regelwerke bei der rituellen Ausübung erlebbar werden. Mit einem Ritual hebt man einen lange bestehenden Mythos aus dem Staub der Vergangenheit in die lebendige Gegenwart.

Rituale sind ein praktisches Erzählinstrument, um mehr über Mythologien, Religionen oder Kulturen und deren Gesellschaften zu erzählen. Denn durch Rituale werden Beziehungs- und Wertesysteme, Regeln der Welt und der Religionen sichtbar und erlebbar. Ein Ritual erzählt viel über das immaterielle kulturelle Erbe einer Gesellschaft. Gleichzeitig hebt man die Mythologie aus dem Staub der Geschichte in die Handlungsgegenwart.

Außerdem kann man Rituale im Aufbau und der Entwicklung von Figuren nutzen. Rituale können das Individuum in Beziehung zu den Religionen und den gesellschaftlichen Wertesystemen zeigen. Hier können spannende Entwicklungen in den verschiedenen Lebensphasen von Figuren angelegt werden. Übergangsrituale beispielsweise eignen sich als Werkzeug im Storybuilding, aber auch im Worldbuilding, um Charaktereigenschaften und Wertesysteme von Figuren und deren Kulturen sichtbar und erlebbar werden zu lassen. In Ritualen können die sinnstiftenden Eigenschaften für Figuren aufgezeigt werden oder Figuren können sich dabei beispielsweise an einem vorhandenen, ideologischen Wertesystem reiben.

Es gibt vier Arten von Ritualen:

- zyklische Rituale, die sich in bestimmten Zeitabständen wiederholen (Weihnachten, Ostern und Geburtstage)
- Liturgien: religiöse Rituale, wie beispielsweise die Taufe, Konfirmation oder Bar Mitzwa
- Zeremonien: säkulare oder staatliche Rituale, wie beispielsweise die Krönung eines Königs oder die Vereidigung von Amtsträgern.
- Übergangsrituale oder Rebellionsrituale: Sie sollen Menschen in den Übergängen verschiedener Lebensphasen helfen (einen alten Status oder eine alte Lebensphase aufgeben, eine neue Lebensphase). Übergangsrituale kennt man beispielsweise durch den Zyklus der Heldenreise.
- Bei Ritualen geht es um das Erzeugen von Gemeinschaft.[45] Rituale erschaffen damit kulturelle Identität. Sie gehören zu den wichtigsten Praktiken im Bereich

45 Wulf, 2018

immateriellen, kulturellen Erbes. Die zwei folgenden Beispiele veranschaulichen dies.

Beispiel | Verabschiedung eines Lehrers mit einem Haka-Ritual
Es gibt ein wunderbares Video zu gelebter Mythologie der Palmerton North Boys High School in Neuseeland. In der Aula der Schule verabschieden die Schüler ihren Lehrer mit einem Haka-Ritual in den Ruhestand. Für Außenstehende wirkt das Ritual agressiv und kriegerisch: www.s.narr.digital/eq1dg.
Lassen Sie das Ritual mit all Ihren Sinnen auf sich wirken. Wie fühlt sich das Ritual an? Was passiert mit Ihnen, wenn Sie den Schülern beim Ausüben des Rituals zuschauen?
Vermutlich werden Sie das starke Einheitsgefühl empfinden. Die vielen Schüler, die durch das Ritual zu „Einem“ werden. Viele Zuschauer erzählen von Gänsehaut beim Anschauen des Rituals, von Angst vor den vielen „aggressiv“ wirkenden Schülern und gleichzeitig von der Anziehung und Faszination durch diese starke Einheit.
Das Haka-Ritual ist bis heute ein tief in der Kultur verankertes und gelebtes Ritual der Maori, der indigenen Bevölkerung Neuseelands. Dieses Ritual diente unter anderem der Einschüchterung von Gegnern vor einer kriegerischen Auseinandersetzung.

Beispiel | Ritual bei der Fußballeuropameisterschaft 2016
Ein zeitgenössisches Ritual entstand bei der Fußballeuropameisterschaft 2016. Die isländische Fußballmannschaft hat sich ein eigenes Ritual für sich und seine isländischen Fans erschaffen: www.s.narr.digital/o38m4. Dieses Ritual entfaltet seine rituelle Kraft durch die erlebte Einheit von Spielern und Fans beim Klatschen im gemeinsamen Rhythmus.
Eine ähnliche Form der Einheit erleben wir beispielsweise bei Livekonzerten, wenn das gesamte Publikum mit den Künstlern mitsingt und durch das intensive Wir-Gefühl alle zu „Einem“ werden.

Rituale für das Erlebnis der Transzendenz

> „Ein Ritual ist die lebendige Umsetzung eines Mythos. Durch die Teilnahme an einem Ritual, nimmt man an dem Mythos Teil.“[46]

Jetzt kommt nochmals das *Psyche-Modell* von C. G. Jung und dessen Bereich des impersönlichen Unbewussten ins Spiel. Durch die Teilnahme an einem Ritual, an einem Mythos, wird das Bewusstsein des Menschen in Einklang mit der Weisheit seines

46 Campbell, 1988

eigenen Lebens gebracht. Es entsteht eine vitale Verbindung von *Ego* und *Selbst* und bestenfalls das Erlebnis der spirituellen Transzendenz.

Beispiel | Ein Beispiel für ein gelebtes religiöses Ritual ist der Dhikr-Zirkel der Religion des Sufismus. Rumi, der Lehrer der Sufis, erklärt dazu: Vergangenheit und Zukunft verbergen Gott vor unserer Sicht, verbrenne beide mit Feuer. Ziel der Sufis ist die lebendige Erfahrung im Hier und Jetzt anzukommen. Raus aus dem Gedankenstrom und in den transzendenten Zustand der Einheit mit Gott. Dafür haben die Sufis unter anderem die Dhikr-Zirkel-Rituale. Es gibt den leisen Dhikr-Zirkel, den man als Derwisch-Tanz kennt, und den lauten Dhikr-Zirkel, der weitgehend unbekannt in unserer westlichen Welt ist. Bei der Ausübung des Dhikr-Zirkels geht es darum, sich ganz auf Gott zu konzentrieren bis hin zur vollkommenen Entwerdung, dem Ein-Sein mit Gott http://s.narr.digital/jelqd.
Der laute Dhikr-Zirkel ist eine gemeinschaftliche Andachtsübung im Gedenken Gottes oder Hadra, der Präsenz der Gegenwart. Der Namen Gottes wird dabei laut verkündet und meditiert http://s.narr.digital/p9fsk. Beim Betrachten des Videos kann man die meditative Kraft und Transzendenz dieses Erlebnisses erahnen. Dieses Ritual holt die Menschen aus ihrem Alltag heraus, raus aus ihrem gewohnten Gedankenstrom (den To-Do-Listen), und schafft ein transformatives Erlebnis. Körper und Geist werden in Einklang gebracht. In diesem intensiven, gemeinschaftlichen Ritual werden die Menschen zu „Einem“.

Die Bedeutung von Übergangs- und Initiationsriten

> „Ein Übergangsritus ist eine öffentliche Zeremonie, die den Übergang von einer [Alters-; Hinzufügung des Autors]Kategorie in die nächste und den damit einhergehenden Statuswandel markiert.“[47]

Blicken wir nochmal auf die vierte Funktion des Mythos, die den psychologischen Aspekten des Menschen dient. Diese Ebene ist eng verbunden mit Übergangsritualen. Menschen tun sich meist schwer mit Veränderungen. Besonders wenn es um das Loslassen und einen Neubeginn geht, der beispielsweise mit Statusänderungen und neuen Verantwortlichkeiten in Verbindung steht.

Hier können Übergangsriten in den entscheidenden Lebensübergangsphasen helfen, wie beispielsweise von der kindlichen Abhängigkeit der Eltern über die Pubertät zur persönlichen Unabhängigkeit und Reife. Oder aus der beruflichen Rolle und deren Status hinaus in die Lebensphase des Rentners bis hin zur letzten Lebensphase und dem eigenen Tod. Mythologien liefern hier Wegweiser und Hinweise als Erinnerung daran, dass es einen Lebenssinn gibt und dass man diese Übergangserfahrung und

47 Gennep, 1999 (Original 1909), S. 21

den Lebensweg mit vielen Menschen teilt. Auf diese Weise soll ein Gefühl des Wohlbefindens für den gesamten Prozess entstehen. Der Einzelne erinnert sich durch die Mythen daran, dass er nicht der erste und mit Sicherheit nicht der letzte ist, der sich auf diese Reise einlässt, unabhängig davon, wie weit er kommt. Dieses Abenteuer der Selbsterfahrung ist mythologisch mit dem Fundament allen Seins verbunden, der metaphysischen Einheit. Es ist nicht nur alles in Ordnung in diesem Lebensprozess, sondern es gibt auch einen gut ausgetretenen und beleuchteten Weg, dem man folgen kann, wenn man aufmerksam ist und Warnhinweise beachtet. Das konzentriert den Menschen auf seinem Übergang und bringt ihn in Einklang mit der Art und Weise, wie die Dinge sind und waren. Die psychologische Funktion präsentiert den Mythos als Lehrer, einen Lebensplan und ein Nachschlagewerk für die eigene Existenz.[48]

Übergangsriten werden meist in drei Phasen eingeteilt: trennungsphase, Umwandlungsphase und Angliederungsphase.[49]

1. Phase: Trennungsphase
Die bisherige Rolle/der alte Zustand/Status wird verlassen.Wenn beispielsweise in einem indigenen Volk ein Junge gegen seine Mutter zu rebellieren beginnt, kommen maskierte Männer (die Masken Gottes) und „entführen“ den Jungen. Seine Mutter wird so tun, als würde sie ihn beschützen, aber ab jetzt ist er nicht mehr der Sohn seiner Mutter. Er wird aus seiner Mutterwelt und gewohnten Umgebung gerissen und an einen neuen Ort gebracht.

2. Phase: Umwandlungsphase (Zwischenphase): Die Transformation
In der Umwandlungsphase, die mehrere Wochen andauern kann, nimmt man dem Initianten seine bisherigen individuellen Merkmale und seinen bisherigen Status. In vielen Kulturen wird das Gesicht der Jungen beispielsweise weiß bemalt. Ein Symbol für den Verlust der alten Individualität, des alten Ich, aber auch das Symbol für den Tod. Denn das alte Ich muss jetzt sterben.

Es ist die Phase der körperlichen und psychischen Transformation. Die Jungen werden über ihre bisherigen Grenzen gefordert und müssen wirklich was durchmachen. Beispielsweise wird den Jungen der Körper tätowiert (Maori, Neuseeland) oder auf ihrem Körper werden Symbole und Zeichen eingeritzt (Latmul, Papua-Neuginea) und Holzspiesse durch die Brustmuskeln gestoßen. So wird aus ihrem individuellen Körper ein kultureller Körper, der durch Tatoos und symbolischen Narben die mythologischen Geschichten des Stammes trägt. Der Körper wird dadurch in einen lebendigen Teil der Kultur und Mythologie transformiert. Durch die Schnittwunden sterben die Kinder im spirituellen Sinne und werden anschließend als Männer in der neuen Identität wiedergeboren.

48 Campbell, 1999
49 Gennep, 1999 (Original 1909)

Manche brasilianischen Stämme sprechen bei diesen Riten von der Menstruation der Männer. Sie werden durch diese Riten zu Trägern einer größeren Kraft. Und so werden sie bereit zum Dienst an der Gemeinschaft.

Während der Regeneration der Wunden beginnt die zweite Phase des Initiationsrituals mit der Schulung und Lehre des kulturellen Komplexes des Stammes. Die Initianten werden auf die Pflichten und Aufgaben des kommenden Status vorbereitet. Den Kindern und Jugendlichen werden handwerkliche Fähigkeiten beigebracht und es werden die spirituellen und mythologischen Glaubensvorstellungen gelehrt.[50]

Vergleichen wir den Sinn und Zweck von Tatoos und Piercings mit unserer westlichen Kultur, dienen diese meist dazu, unseren Körper zu individualisieren und unseren persönlichen Haltungen und Vorstellungen symbolischen Ausdruck zu geben. Wir grenzen uns damit von anderen ab und betonen unsere Einzigartigkeit. In indigenen Kulturen wird der individuelle Körper durch die Skarifizierungen und Tätowierungen zu einem kulturellen Körper und somit zum lebendigen Teil gelebter Mythologie.

Als Weltenbauer kann man seine Figuren hier bereits mythologisch oder auch gesellschaftlich nicht nur charakterlich, sondern auch symbolisch gestalten. Warum trägt eine Figur ein Tattoo? Wurde das in einem kulturellen Ritual gemacht und wenn ja, welche Symbolik beinhaltet es?

3. Phase: Angliederungsphase/Reintegration

Nach der Transformation durch die Umwandlungsphase folgt die Wiedereingliederungsphase. Der Initiant wird mit seinem neuen Status in seine bisherige Gemeinschaft wiederaufgenommen. Die Kinder und Jugendlichen sind durch diese tiefgreifenden körperlichen und psychischen Veränderungsprozesse ihrer alten Identität entwachsen. Alle frühkindlichen Bilder von Vater und Mutter wurden auf die Ahnenbilder des Stammes selbst übertragen. Meist im Zuge eines Rituals nehmen die „neuen Männer" und vor allem deren soziales Umfeld diese neue Identität an und die Gemeinschaft gliedert sie wieder mit der neuen Identität ein.[51]

Bei den Latmul (Papua-Neuginea) begehen die Novizen ihre Wiedergeburt mit einer Waschung im Fluss. Außerdem werden ihre Haare abgeschnitten. Dann präsentieren sich die „neugeborenen" Männer der gesamten Dorfgemeinschaft. Wichtig ist hierbei, dass das gesamte Dorf die „neuen" Männer auch in ihrer durchgemachten Entwicklung wahrnehmen und diese annehmen. Das bedeutet auch für eine Mutter, dass der Sohn nicht mehr ihr kleines Kind ist, sondern jetzt ein Mann des Stammes und auch so von ihr wahrgenommen wird. Das Kind ist gestorben und sie muss in dieser Phase sein altes Ich betrauern und loslassen, so dass der neugeborene Mann in ihr lebendigen Raum bekommt.

Die bisherige, individuelle Identität wurde durch das Ritual zu einer neuen Identität, ein lebendiger Teil der Gemeinschaft. Der individuelle Körper wurde in einen kultu-

50 Campbell, 1988
51 Campbell, 1988; Gennep, 1999 (Original 1909)

rellen Körper transformiert. Es ist bemerkenswert, wie solche Rituale die Bindung zwischen Menschen stärken, wenn sie gemeinsam extreme Situationen durchleben. Die Menschen werden zu einem lebendigen Teil ihrer eigenen Mythologie.

Schaut man die Kreisgrafik der Übergangsriten mit ihren drei Phasen an, fällt die Ähnlichkeit mit der Kreisgrafik aus dem *Psyche-Modell* auf, die man bereits im Kapitel 3.2.2 Die kleinste Einheit der Welt: Die Figur kennengelernt hat. Gleichzeitig ist dieses Modell auch die Grundlage des Zyklus der Heldenreise nach Joseph Campbell. Denn im Kern repräsentiert die Heldenreise den Zyklus des Ausziehens und Zurückkehrens. Das kann ein einfaches Übergangsritual sein, bei dem ein jugendliches Kind seine kindliche Persönlichkeit aufgeben und sterben lassen muss, um als eigenverantwortlicher Erwachsener zurückzukehren oder aber auch die Reise eines Helden, der Ausziehen muss, um seinen Stamm, sein Land oder die Welt zu retten.

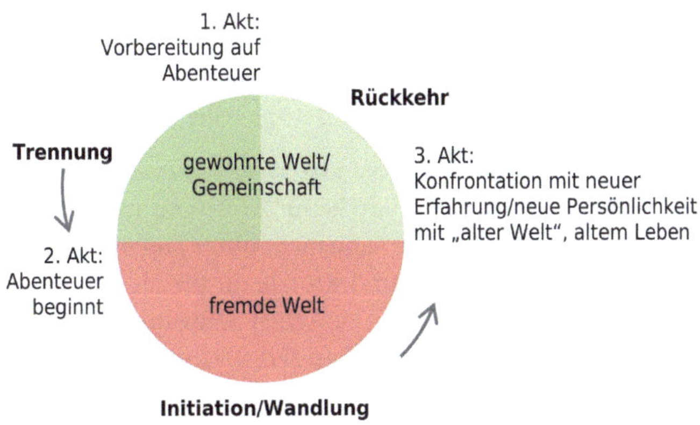

Abbildung 10 | Übergangsritus in drei Phasen

Sehnsucht nach Ritualen

> „Die meisten Schilderungen unseres modernen Lebens sind voll von Klagen über den Verlust von Gemeinschaft. Mit der zunehmenden Größe der Städte, dem Vordringen der Technologie und der Lösung aus religiösen Bindungen haben wir unseren Standort im Kosmos, verloren."[52]

So beschreibt Sam Keen in seinem Buch *Feuer im Bauch* die moderne, westliche Gesellschaft.

> „Uns fehlen heute die gemeinschaftlichen Zeremonien, Rituale und Feiern, die die Stationen auf unserem Lebensweg und die Kontinuität zwischen den Generationen markieren und für unsere geistige Ausrichtung sorgen.

52 Keen, 1993, S. 53

Es gibt in der modernen Stadt keine Initiationsriten, weil es das selbstbewusste Gemeinwesen nicht mehr gibt, das sie ausüben könnte. Die Grundloyalität der Männer hat sich von Familie und Gemeinschaft hin zu Firma und Arbeit verschoben. Die Väter werden durch ihre Arbeit von den Söhnen getrennt und die Großväter leben weitab im Altersexil."[53]

Es muss ja nicht gleich das Einritzen von Symbolen in die Haut oder das Ausschlagen von Zähnen sein, aber wenn man in unsere westlich-aufgeklärte Gesellschaft blickt, werden dort kaum noch Übergangsrituale praktiziert. Wir haben keine lebendigen Mythologien mehr, mit oder nach denen wir leben und somit auch keine zu praktizierenden Rituale mehr, die uns beispielsweise in unseren Lebensübergängen unterstützen.

Um heute ein erwachsenes Mitglied unserer Gesellschaft zu sein, muss man einfach nur 18 Jahre alt werden. Doch wer hilft jungen Menschen bei der Frage, was es bedeutet, Erwachsenenverantwortung zu übernehmen oder einen Platz in der Gesellschaft zu finden? Was bedeutet es, erwachsen zu sein? Ist man erwachsen, wenn man das erste Mal Wählen geht? Ein Auto fahren darf?

„Wir leben in einem Zeitalter der uninitiierten Männer, und unsere Hinterlassenschaft ist ein Gefühl des Verlusts. Gerade das, was an den Synapsen der Generationen nicht weitergegeben wurde, hat uns geprägt."[54]

Dort wo unsere moderne Gesellschaft keine Angebote mehr für Mythologien und Rituale macht, stillen Menschen ihre Sehnsucht unter anderem in sekundären Welten. Sie erleben lebendige Mythologien und Rituale, in die sie als Leser, Zuschauer oder Spieler eintauchen und so ihren mythologischen Schwamm nähren können.

Außerdem schaffen sich junge Menschen selbst Rituale. Sie lassen sich Bärte wachsen und hoffen, dass sie uns die Weisheit eines Gandalfs verleihen. Sie bauen Muskeln in Fitnessstudios auf und tätowieren sich als Zeichen potenter Selbstentwicklung. Sie praktizieren Saufgelage, um sich aus dem gewohnten Alltag heraus zu pitchen (aus den täglichen To-Do-Listen) und praktizieren Extremsportarten (die selbstauferlegten Prüfungen). Sie verwechseln gesellschaftlichen Status und Konsumsymbole bei der Suche nach Identität und Anerkennung.

Sie planen Weltreisen nach Schule, Lehre, Ausbildung oder dem Studium, um auf ihre ganz eigene Heldenreise zu gehen und um auf der Reise nach Außen unbewusst eine Reise zu sich selbst zu machen. Sich abseits der eigenen Kultur und Gemeinschaft kennen zu lernen und auf der Reise die eigenen, innersten Drachen zu besiegen und den kindlichen Teil abzulegen, um als erwachsene Persönlichkeit zurückzukehren.

Beispiel | Im Computerspiel *The Witcher* gibt es ein zentrales Übergangritual von Mensch zum Witcher: In einem Initiationsritus müssen die ausgebildeten Menschen einen speziellen Trank trinken, um zum mutierten und trainierten

53 Bill Layman, zitiert nach Keen, 1993, S. 53
54 Bill Layman, zitiert nach Keen, 1993, S. 54

Witcher zu werden. Dieser Hexertrank ist eine gefährliche Mischung aus Kräutern und toxischen Substanzen. Dieses Trinkritual ist ein einschneidender Moment, der den Beginn einer neuen Identität und eines neuen Lebenswegs kennzeichnet. Nicht alle überleben den Trank, und seine Verwendung ist keine Garantie für den Erfolg als Witcher.

Beispiel | In *Avatar* wird die Geschichte von dem versozialisierten Amerikaner Jake Sully erzählt, der beim Volk der Na'vi gelebte Werte, Rituale, Gemeinschaft und nicht kapitalisierte Liebe erlebt.
Die Na'vi sind ein wunderbares Beispiel für ein Volk mit einer gelebten Mythologie und somit auch einer Vielfalt an erzählten Ritualen. Um ein Teil des Stammes der Na'vi werden zu können, muss Jake Sully an diversen Ritualen teilnehmen. Die Vorbereitung und Initiation umfassen die Vermittlung vieler Kenntnisse und Fähigkeiten sowie die Einführung in den kulturellen Komplex des indigenen Stammes, so etwa den Gebrauch von Waffen für die Jagd, das Teilnehmen an einem Bestattungsritual, das Durchführen eines Jagdrituals, bei dem dem Tier für seinen Tod gedankt wird. All dies ist bereits Teil der Schwellen/Umwandlungsphase des Übergangsrituals. Am Ende folgt die finale Prüfung des Initianten: Der Avatar von Jack Sully muss seinen eigenen Flugdrachen wählen. Bei diesem Übergangsritual geht es um Leben und Tod; hier muss er all das Gelernte umsetzen. Hat der Initiant die finale Prüfung bestanden, steht der gemeinsame Flug mit dem neuen Flugdrachen an, der die Aufnahme in den Kreis der Gemeinschaft besiegelt.
Bei all diesen Ritualen erfährt der Zuschauer viel über den kulturellen Komplex des Stammes und dessen Wertesystem. Das Finale des Films gipfelt in einem Ritual, in dem Jake Sullys menschlicher Körper stirbt, um in seinem Avatar-Körper wiedergeboren zu werden. Dieses Ritual findet unter dem Baum der Seelen statt, dem heiligsten Ort der Na'vi. Die gesamte Gemeinschaft kommt zusammen und stimmt in Gesängen und Rhythmen für Jake ein. Hier haben wir wieder die Erfahrung der Einswerdung. Gestorben im Fleische, wiedergeboren im Geiste. Man könnte das auch seine zweite Geburt, die jungfräuliche Geburt nennen. Die Geburt des Geistes.
Es gibt formal ein ähnliches Ritual, das *Kecak*, ein balinesisches Tanzdrama, das seine Wurzeln im alten, balinesischen Trancetanz *Sanghyang* hat. Vergleicht man diese beiden Rituale, kann man sehen, aus welchem reichhaltigen mythologischen Schatz der Autor und Regisseur von Avatar, James Cameron, schöpft.

Beispiel | Rituale kann man auch in kurzen Erzählformaten erzählerisch nutzen. In dem Werbefilm *Heimkommen* der Marke Edeka aus dem Jahr 2015 geht es im Kern um das Erzeugen von Gemeinschaft oder besser gesagt: Eine Gesellschaft, in

der das Ritual durch die Hektik des Alltags und andere Interessenschwerpunkte in den Hintergrund gerät. Doch das Happy End ist hier wieder die Rückkehr zum Ritual und damit zur Gemeinschaft (http://s.narr.digital/4t36e).
Im Werbefilm *Dear Brother* erlebt der Zuschauer die Wanderung zweier Brüder, die sich am Ende als ein Abschieds- und Beerdigungsritual offenbart. Eine gelungene erzählerische Gratwanderung, die Trauer ohne überzogenen, komödiantischen Emotionszynismus erzählt. (http://s.narr.digital/k6a1o)

Bedeutung und Form von Ritualen

Ein Ritual wird von zwei Aspekten geprägt, die man bewusst unterscheiden sollte: **Bedeutung** und **Form.** Für den Aufbau von Ritualen sollte man diese beiden Aspekte bewusst getrennt voneinander betrachten.

In der Serie *Lost* (2004–2010) findet man in der letzten Episode der letzten Staffel ein Ritual, das dreimal durchgeführt wird. Vergleicht man diese drei Versionen miteinander, versteht man eindrücklich den Unterschied zwischen Bedeutung und Form eines Rituals. Um den Unterschied von Bedeutung und Form zu begreifen ist es nicht wichtig, den Inhalt der drei Beispiele vollständig zu verstehen. (http://s.narr.digital/18aba)

Das erste Ritual: Jakobs Mutter bringt Jakob an einen mythischen Ort auf der Insel: Der Platz, an dem das Licht der Insel zu finden ist. Ihre Aufforderung an Jakob: „Ab sofort musst du das Licht beschützen." Jacob fragt seine Mutter, was dort unten bei dem Licht zu finden ist? „Leben, Tod und Wiedergeburt. Das Herz der Insel." Ein Hinweis darauf, dass die Insel kein real existierender, sondern ein mythologischer Ort ist. Dann folgt das Verbot: „Versprich mir, niemals dort hinunterzugehen." Dieses Verbot ist klassisch in mythologischen Geschichten, wie beispielsweise beim Sündenfall von Adam und Eva und dem Verbot vom Baum der Erkenntnis zu essen.

Nun gießt Jakobs Mutter aus einer Glaskaraffe im Schein des mystischen Lichts roten Wein in einen Metallbecher und murmelt dazu magische Worte. Bedeutungsvoll reicht sie ihrem Sohn den Gral und fordert ihn auf, daraus zu trinken. Er fragt, was passiert, wenn er es tut? „Du akzeptierst die Verantwortung, diesen Ort so lange wie möglich zu beschützen." Jacob hinterfragt seine Rolle als Auserwählter, doch die Mutter erklärt ihm, dass er der Auserwählte ist. Daraufhin nimmt Jacob den Becher und trinkt den Wein. Danach nimmt seine Mutter seine Hand und sagt: „Jetzt sind du und ich gleich."

Dieses Ritual enthält sämtliche klassischen Elemente eines sakralen Übergangrituals: Der mythisch aufgeladene Ort, der das Zentrum der hier gelebten Mythologie repräsentiert. Wir haben Licht und Finsternis bildhaft dargestellt und eine dualistische Mythologie von Leben und Tod, wie Jakobs Mutter erklärt. Dazu die Weinflasche und den heiligen Gral, aus dem getrunken wird. Inhaltlich geht es um die Übernahme von Verantwortung, das Glauben und Vertrauen an den Auserwählten. Es gibt das klassische Verbot und am Ende die die Einswerdung.

Das zweite Ritual: Das zweite Ritual findet Jahrhunderte später statt. Jakob, der als Hüter der Insel nun einen Nachfolger bestimmen muss, geht mit Jack, eine der Hauptfiguren, zum Herz der Insel. Er sagt zu Jack, dass hinter dem Bambusfeld das Herz der Insel liegt und dort das Licht zu finden ist, das Jack ab jetzt beschützen muss. Jack meint, dass hinter dem Bambusfeld nichts ist. Jakob erklärt ihm, dass er erst jetzt diesen Ort finden kann. Hier haben wir den Hinweis auf einen mythologischen Ort. Ein Ort, der in der materiellen Welt nicht existiert. Wie der Ort, an dem unsere Sonne täglich in die Unterwelt der Erde abtaucht. Es muss ihn geben, weil es täglich geschieht und doch ist der Ort für Menschen nicht zu erreichen. Doch jetzt erreicht Jack mit Jakob diesen heiligen Ort. Jakob fragt Jack, ob er ein Trinkgefäss zur Hand hat. Jack zieht eine Blechtasse aus seinem Rucksack und reicht sie Jakob. Der taucht seine Hände in den Bach, lässt Wasser durch seine Hände rinnen und murmelt einige magische Worte. Dann füllt er die Blechtasse mit Wasser und reicht sie Jack mit der Aufforderung, daraus zu trinken. Jack fragt, wie lange er diesen Job machen muss. Nachdem Jack trinkt, legt Jakob seine Hand auf Jacks Schulter und sagt: „Jetzt bist du wie ich." In dieser Version hat das Ritual bereits an sakralem Glanz verloren. Es gibt kein Licht mehr, keine Rotweinkaraffe und keinen Gral. Die Bedeutung ist noch vorhanden, aber die Form hat sich gewandelt.

Das dritte Ritual: Nur einige Stunden nach dem zweiten Ritual folgt das dritte Ritual. Jack reicht die Verantwortung, die Insel zu beschützen, an Hugo weiter. Die Insel ist aus ihren Fugen geraten. Es ist Tag und das Licht der Insel ist erloschen. Jack fragt nach einem Trinkgefäß und Ben findet eine verschmutzte Plastikflasche, die er Jack reicht. Jack füllt die Flasche mit trübem Wasser aus einer Pfütze, die von dem Bach übriggeblieben ist, und reicht sie Hugo. Hugo trinkt andächtig das Wasser aus und fragt, ob's das jetzt war. Jack legt seine Hand auf Hugos Schulter und sagt: „Jetzt bist du wie ich."

Diese dritte Version des Rituals hat nichts mehr von der mythischen, sakralen Kraft des ersten Rituals. Aus dem Gral wurde eine zerknitterte, schmutzige Plastikflasche. Die Form wurde auf einen profanen Prozess reduziert, aber die Bedeutung darin ist noch lebendig. Die Kernaussage bleibt bestehen: *„Wenn Du aus meinem Mund trinkst, wirst du werden wie ich."*

Das wiederum erinnert an das biblische Abendmahl und an die Aussage von Jesus dem Christus im Evangelium des Thomas: *„Wer aus meinem Munde trinkt, wird werden wie ich. Ich selbst werde er werden, und das Verborgene wird ihm enthüllt werden."*[55]

Die Botschaft des Rituals wurde in drei verschiedenen, formalen Ausgestaltungen vermittelt. Dieses Beispiel verdeutlicht den Gestaltungsraum von innerer Bedeutung und äußerer Form, den man bei der Gestaltung eines Rituals bewusst unterscheiden und nutzen kann.

---

55 Greiner, 1998, Vers 108

4.10 Ausdruck der Beziehung von Gruppierungen zu Mythologien: Gebete, Schwüre, Gelübte und Verse

Für Weltenbauer stellt sich die Frage, wie man die Beziehung zwischen Individuum, Gruppierung und der Gottesidee in einer Mythologie zum Ausdruck bringen kann. Hier helfen Rituale, die Mythologien ins praktizierende Jetzt holen. Eine einfache und gängige Form sind dabei Gebete, Schwüre, Gelübte oder zentrale Verse und die dabei eingenommenen Gebetshaltungen.

Für spätere Plots in Geschichten oder Spielen sind solche Rituale ein kraftvoller Moment, den man emotional und formal aufwändig und visuell inszenieren kann und der innere Glaubenshaltungen von Figuren, deren Entwicklungen und Überzeugungen sichtbar und erlebbar machen kann.

Im Islam beispielsweise gibt es das zentrale Glaubensbekenntnis *Shahada*, das die Loyalität der Muslime gegenüber Allah und die Hingabe an den Islam bekräftigt.

Das *Gayatri Mantra* ist ein Gebet, das im Hinduismus eine sehr wichtige Rolle spielt. Es ist ein heiliges Mantra, das aus Versen aus dem Rigveda, einem der ältesten heiligen Texte des Hinduismus, zusammengesetzt ist. Es wird von Anhängern des Hinduismus in der Regel morgens und abends rezitiert und soll dabei helfen, den Geist zu beruhigen, das Bewusstsein zu klären und den Zugang zur göttlichen Energie zu öffnen. Das Mantra ist auch ein wichtiger Teil von hinduistischen Zeremonien und Ritualen und wird von vielen Menschen als ein heiliges und kraftvolles Gebet angesehen.

A Elbereth Gilthoniel ist ein Gebet, das von den Elben in J. R. R. Tolkiens *DerHerr der Ringe-Geschichtswelt* verwendet wird. Es wird oft als eine Art Schutzgebet verwendet, um die Bitten um göttlichen Beistand oder Schutz auszudrücken. Und wer kennt nicht das zentrale Gedicht das auch als das *Eine Ring*-Gedicht bekannt ist und dessen Ende im Ring eingraviert ist:

> „Drei Ringe den Elbenkönigen hoch im Licht, Sieben den Zwergenherrschern in ihren Hallen aus Stein, Den Sterblichen, ewig dem Tode verfallen, neun, Einer Ring, sie zu knechten, sie alle zu finden, Ins Dunkel zu treiben und ewig zu binden Im Lande Mordor, wo die Schatten drohn."[56]

Dieses Gedicht beschreibt die Machtverteilung der Ringe in Mittelerde und die Macht des Einen Rings, der von Sauron geschaffen wurde, um alle anderen Ringe zu kontrollieren. Das Gedicht wird im Laufe der Geschichte oft wiederholt und dient als wichtiger Handlungsstrang in der Geschichte, da der Ring letztendlich zerstört werden muss, um Saurons Macht zu besiegen. Das Beispiel zeigt, wie einflussreich ein Gedicht als Triebkraft eines Plots funktionieren kann.

Auch in Spielewelten gibt es Gedichte, Gebete, Gelübte oder Verse, die eine wichtige Rolle in der Handlung oder im Gameplay spielen. Beispielsweise in *The Elder Scrolls*. In

56 Tolkien, 1980, S. 69f

dieser Fantasy-Spielreihe gibt es verschiedene Schwüre oder Gelübde, die der Spieler eingehen kann, um bestimmte Kräfte oder Vorteile zu erhalten. Zum Beispiel der Schwur der Diebesgilde oder der Schwur der Kriegergilde.

Aufbaumöglichkeiten eines Gebetes

Es gibt unzählige Beispiele von Gebeten, Schwüren und Versen aus Geschichtswelten, aber wie kann man beispielsweise ein Gebet oder Schwur selbst aufbauen?

Um zu zeigen, wie sich ein Gebet oder ein Schwur aufbauen lässt, greife ich auf das zentrale Gebet des Christentums zurück: das *Vater-Unser* aus dem Matthäus Evangelium des Neuen Testaments. Es ist Teil (fast) jeden Gottesdienstes und drückt die Beziehung zwischen Mensch und Gott aus sowie Teile der zentralen Ursprungsmythologie, wie den Fall aus dem Paradies durch die Ursünde.

Gebetstext	Bedeutung
Vater unser im Himmel,	Wir haben es mit einem personifizierten Gott als Mann zu tun. Hier ist schon der Fall des Menschen aus dem Paradies sichtbar, denn Gott ist im Himmel und der Mensch hier unten im (Straf-)Exil auf der Erde, weil er sich versündigt hat.
geheiligt werde dein Name.	Hier wird die Beziehung von Mensch und Gott sichtbar: Der Mensch blickt demütig auf Gott, denn die Beziehung ist eine Hierarchische. Gott braucht Anbetung und der Mensch will ihm gefallen und seine Liebe (wieder-)gewinnen.
Dein Reich komme.	Das Ziel der Mythologie ist es, dorthin zurückzukommen, wo der Mensch einmal war. Die Rückkehr zu Gott ins Paradies. Das Reich Gottes. Das kann der Mensch allerdings nicht zu Lebzeiten schaffen, sondern erst nach seinem Tod.
Dein Wille geschehe, wie im Himmel so auf Erden.	Hierarchische Beziehung: Der Mensch ordnet sich Gott unter und legt sein Schicksal in seine Hände. Gottes Wille steht über dem Willen des Menschen und dessen Wünschen - im Paradies, wo der Mensch wieder hin möchte, aber auch hier im (Straf-)Exil.
Unser tägliches Brot gib uns heute.	Erinnert den Menschen daran, dass er nicht in Eigenkraft existieren, sondern auf Gottes Güte und Fürsorge angewiesen ist. Indem er um sein tägliches Brot bittet, erkennt er seine Abhängigkeit von Gott an und seine Bereitschaft, sich auf dessen Vorsehung zu verlassen.
Und vergib uns unsere Schuld, wie auch wir vergeben unsern Schuldigern.	Hier wird nochmals die Beziehung der Schuld zwischen Mensch und Gott durch die Ursünde und den Falls aus dem Paradies sichtbar.
Und führe uns nicht in Versuchung, sondern erlöse uns von dem Bösen.	Der Mensch darf seinen natürlichen Trieben nicht erliegen, denn sie sind sündig. Im Menschen und

	um ihn herum ist das Böse, denn die Welt ist der gefallene Ort und ein Spielfeld um den Kampf der menschlichen Seelen zwischen Teufel und Gott. Die menschliche (Trieb-)Natur ist in dieser Mythologie etwas Schlechtes. Etwas, dem man nicht erliegen darf und das korrigiert werden muss.
Denn dein ist das Reich und die Kraft und die Herrlichkeit in Ewigkeit. Amen.	Die Macht und alles Gute liegen bei Gott.

Formaler Ausdruck der Beziehung zur Transzendenz: Die Gebetshaltung

Egal ob Vers, Gebet oder Schwur: Über die Körperhaltung kann man bereits die Beziehung zwischen Individuum und Gottheit nonverbal kommunizieren. Gerade für visuelle Erzählformate bietet sich hier ein genauer Blick an.

Eine typische Gebetshaltung der alttestamentarischen Religionen, beispielweise im Christentum, ist die Haltung nach außen und oben in Richtung Himmel. Denn die Beziehung führen Christen zu einem Gott, der nicht in deren Welt lebt, sondern getrennt von ihnen im Himmel, im Paradies. Dazu kommt die geduckte Haltung der Schuld und Demut meist in Form einer knienden Haltung, denn der Mensch muss sich die Liebe Gottes nach dem Sündenfall wieder verdienen.

Im Orient ist die typische Gebetshaltung die nach innen gerichtete Meditationshaltung. Die Haltung für das Versinken in die mystische Reise der eigenen Tiefen, um sich mit der Transzendenz zu verbinden. In diesem Religionsbild ist der Mensch, die Erde und das Universum heilig und das Transzendente ist in jedem Selbst zu finden.[57]

> Für Weltenbauer ist es spannend, die beiden Perspektiven, Mythologieerschaffer und Mythologiepraktizierende, bewusst voneinander zu trennen. Denn hier hat man ein mögliches Spannungsfeld in den verschiedenen Lesarten und folglich Interpretationen von Mythologien. Entwickelt man Mythologien, die wörtlich oder metaphorisch zu lesen sind? Wer hat in der Welt die Mythologien erschaffen und zu welchem Zweck? Welche Lesart nutzt welche Gruppierung? Zu welchen Spannungen kann das zwischen den Gruppierungen führen? Welche Ausdrucksformen hat die Mythologie in Ritualen, Gebetshaltungen und Örtlichkeiten?

4.11 Die Rolle von Verboten in mythologischen Geschichten

Spätestens seit Adam und Eva kennt man die Macht des Verbotes und viele mythologische Geschichten spielen mit diesem Instrument. Götter mahnen den Menschen zum

57 Campbell, 1997

Gehorsam und sprechen Verbote aus, nur um im nächsten Moment zu erleben, wie diese Gebote gebrochen werden. Der Mensch liebt das Verbotene. Apostel Paulus beschreibt in einem biblischen Römerbrief, dass ihm Untersagungen überhaupt erst den Anstoß für jene verbotenen Verlangen lieferten.

Verbote sind in vielen mythologischen Geschichten ein klassisches Erzählelement. Sie fordern die Figuren in den Geschichten heraus und selbstverständlich wird das Verbot früher oder später gebrochen. Ein Verbot zu übertreten ist erfrischend. Man tritt damit in Opposition zu den Regeln der Religion, Familie, Gesellschaft oder Kultur. Ein Protest und insgeheim die Suche nach Selbstbestimmung und Freiheit.

4.12 Die Muttersprache der Mythologie: Die Idee der Transzendenz

Die Botschaften von Mythologien sind ein wichtiger Aspekt, wenn man selbst Mythologien aufbauen möchte. Was motiviert ein Volk, eine Mythologie zu entwickeln und dauerhaft lebendig zu halten?

Eine zentrale Botschaft solarer Mythologie ist das Realisieren zweier Lebenszustände: Das Leben unter und mit den Gesetzen der Dualität in Abhängigkeit von Raum und Zeit und die Erfahrung der Einswerdung mit der Transzendenz. Nimmt man Mythologien metaphorisch wahr und lässt sie auf sich wirken, dann erhalten diese Geschichten einen breiteren Zugang in uns. So wie viele Wege nach Rom führen, haben Mythologien ihre Symbole, Geschichten und Praktiken gefunden, Menschen auf das Transzendente hinzuweisen und ihnen Wege zu eröffnen, selbst die Erfahrung der Transzendenz erleben zu können.

Wie kann man als Weltenbauer die Transzendenz durch Symbole oder Geschichten in Mythologien einbauen? Schauen wir uns dazu einige Beispiele aus bestehenden Mythologien an.

Beispiel | In der biblischen Tradition beginnt die Geschichte der Menschheit mit dem Sündenfall. Adam und Eva befinden sich im Garten Eden. Der paradiesische Ort der Einheit von Mann und Frau, Mensch und Gott, in dem keine Zeit existiert. Dann essen Adam und Eva vom Baum der Erkenntnis, dem Baum vom Wissen um die Gegensätze. Plötzlich schämen sie sich in ihrer Nacktheit voreinander: Sie sehen ihre Unterschiede. Der Mensch sieht sich getrennt von Gott und fürchtet sich vor ihm.

Der Sündenfall ist der Fall aus der Einheit, der Transzendenz in die Welt der Dualität in das denkende Bewusstsein, das Feld der Zeit und der Gegensätze.

Doch in der biblischen Tradition bleibt es glücklicherweise nicht bei dem einen Baum. Die Rückkehr zur Transzendenz und Einheit folgt mit dem zweiten Baum. Dem Baum des ewigen Lebens. Seit dem 5. Jahrhundert und das ganze Mittelalter hindurch ist die Deutung des Kreuzes Jesu als Lebensbaum ikonographisch belegt. Dem todbringenden Baum der Erkenntnis („Baum des Todes") wird das Leben spendende Kreuz („Baum des Lebens") gegenübergestellt.[58] Die Botschaft von Jesus am Kreuz ist die Einheit von Gott und Mensch: „Ich und der Vater sind eins" (Joh.10, 30).

Jesus am Kreuz entspricht dem Baum der Ewigkeit im Buddhismus: Buddha, der unter dem Baum der Ewigkeit sitzt. Das Kreuz und der Baum weisen uns den Weg hin zum Buddha-Bewusstsein. Auch in der sumerischen Mythologie findet man den Baum des Lebens, der zwei Früchte trägt. Die erste Frucht führt zur Unsterblichkeit, die zweite Frucht zum vergänglichen Scheinleben, das Wissen und Erkenntnis bringt. Die Geschichte findet sich im Gilgamesch-Epos lange vor der christlichen Mythologie und weist viele Parallelen zur Geschichte des Sündenfalls auf. Es ist die Entscheidung zwischen Unsterblichkeit und Wissen. Hier haben wir wieder beide Zustände beschrieben: Eine Frucht steht für das Leben in der Dualität und eine Frucht für die Rückkehr zur Transzendenz.[59]

Die Transzendenz im Hinduismus

In der Schöpfungsmythologie der Upanischaden verleiht sich das Transzendente selbst Gestalt und erkennt, was es ist. Es sagt: Ich, aha! Doch kaum wird es seiner selbst bewusst, da fürchtet es sich. Wovor fürchte ich mich denn? Ich bin doch das Einzige hier. Es denkt: Ach wäre ich doch nicht allein. Es schwillt an und teilt sich in der Mitte und wird das Männliche und das Weibliche – das ist die Entstehung der Dualität in der hinduistischen Mythologie.[60] Campbell meint dazu:

> *„Der Unterschied zwischen diesem und dem biblischen Bericht liegt darin, dass Gott zur Erschaffung Evas nicht sich, sondern Adam teilt. Das sind zwei Lesarten des gleichen Symbols."*[61]

In den hinduistischen Upanischaden ist eine Quintessenz der Lehre, dass *jiva atma,* die Individual-Seele, und *para atma,* die Universal-Seele, identisch sind. Der Mensch darf erkennen, dass er nichts anderes als ein Teil der Universal-Seele ist.

Interessant ist in diesem Schöpfungsmythos auch, dass er die beiden emotionalen Zustände des Menschen beim Fall aus der Transzendenz in das denkende Individualwesen zeigt: Der erste Gedanke nach dem „Ich"-Ego Gedanken ist der Angstgedanke. Und nach dem Angstgedanken folgt das Verlangen. Das sind die beiden emotionalen Zustände, die der Fall aus der Transzendenz in das Feld der Zeit und damit in den denkenden Geist hat.

---

58 https://de.wikipedia.org/wiki/Baum_des_Lebens_(Bibel)
59 Campbell, 1972
60 Campbell, 1988
61 Campbell, 2002, S. 96

Der praktische Weg zur Transzendenz mit Yoga

Yoga entstammt der hinduistischen Mythologie und ist ein Weg, um die Einswerdung und Transzendenz zu erfahren:[62]

Das Wort Yoga (Englisch „to yoke") hat seine Wurzeln im Wort „yuj". Es bedeutet Etwas mit etwas Anderem zu vereinen oder verbinden. Im Yoga geht es darum das „Aham"-Bewusstsein, das Ego-Bewusstsein mit der Quelle des Bewusstseins zu verbinden. Die Quelle des Bewusstseins ist dabei jenseits all unserer gedanklichen Vorstellungen.

In unserer westlichen Vorstellung ist das Gehirn Quelle unseres Bewusstseins. In der traditionell-indischen Vorstellung ist das Gehirn nur eine Funktion des Bewusstseins. Es wird als Denkorgan gesehen, welches das Bewusstsein einkapselt und es in die Richtung des Wissens über Zeit und Raum lenkt, das als sekundäres Wissen verstanden wird. Das Bewusstsein selbst steht an erster Stelle.

Der Eingangs-Aphorismus des Yoga Sutra, das dem indischen Gelehrten *Patanjali* zugeschrieben wird, ist die klassische Definition von Yoga:

> *„Yoga ist das bewusste Unterbrechen der unkontrollierten Aktivität des Geistes.... Durch das Stillhalten der Gedanken entfernt die Meditation alle Objekte des Verstandes. Das Bewusstsein kann sich dadurch nur noch seiner selbst bewusst sein... Dies ist Selbsterkenntnis, der ultimative Zustand des Bewusstseins, der Zustand des Bewusstseins, in dem nichts außer dem reinen Selbst, asamprajnata-samadhi, wahrgenommen werden kann. Dies ist das letzte Ziel des Yoga und damit der menschlichen Existenz".*[63]

Die Vorstellung, dass wir alle Manifestationen dieses transzendenten Bewusstseins sind, das über all unsere Fähigkeiten zu denken und zu benennen hinausgeht, ist in der indischen Philosophie Grundgedanke des Lebens.

Die Transzendenz im Buddhismus

Der Buddhismus ist eine Erfahrungsreligion und basiert auf den Erlebnissen des Menschen *Siddhārtha Gautama*, der zum Buddha (=der Erleuchtete) wurde. Der erste Gedanke, den er als Erleuchteter hatte, war: Dies kann nicht gelehrt werden.[64] Man kann nur den Weg zum Buddhismus lehren, nicht aber die Erfahrung der Erleuchtung. Die Bilder der Gottheiten im Buddhismus, wie beispielsweise der Buddha, der unter dem Baum der Erleuchtung sitzt, sind Bildmetaphern, die uns auf etwas in uns hinweisen sollen: Der Baum ist der Baum des unveränderlichen Zentrums. Das Zentrum des Universums, um das sich alles dreht und das ist ein Ort in unserem Bewusstsein, an dem wir weder Verlangen noch Angst empfinden. Wo diese bewegenden Prinzipien der Dualität ausgelöscht wurden, geht man über das Ich zurück in jenes sphärische Wesen

---

62 FROM ID TO EGO IN THE ORIENT: KUNDALINI YOGA, Joseph Campbell, 1990b
63 Bryant, 2009
64 Campbell, 1993, S. 119

jenseits des Ich-Gedankens. Man erreicht das *Nirvāṇa.* Nirvāṇa bedeutet wörtlich "ausgelöscht". Sobald man die Einheit mit dem sogenannten Buddha-Bewusstsein verwirklicht hat – das ist die buddhistische Vorstellung von *Brahman* -, wird das individuelle Ego wie eine Kerzenflamme ausgelöscht und man wird eins mit dem großen Solaren Licht.[65]

Die Transzendenz in der griechischen Mythologie

In Platons *Symposion* findet man das Pendant in der Geschichte der Kugelmenschen[66]. Dem Mythos zufolge war die menschliche Natur ursprünglich ganz anders als die uns heute vertraute. Die Menschen hatten kugelförmige Rümpfe sowie vier Hände und Füße und zwei Gesichter mit je zwei Ohren auf einem Kopf, den ein kreisrunder Hals trug.

Die Gesichter blickten in entgegengesetzte Richtungen. Mit ihren acht Gliedmaßen konnten sich die Kugelmenschen schnell fortbewegen, nicht nur aufrecht, sondern auch so wie ein Turner, der ein Rad schlägt. Es gab nicht nur zwei Geschlechter, sondern drei: Manche Kugelmenschen waren rein männlich, andere rein weiblich, wiederum andere – die *andrógynoi* – hatten eine männliche und eine weibliche Hälfte. Die rein männlichen stammten ursprünglich von der Sonne ab, die rein weiblichen von der Erde, die Androgynen (zweigeschlechtlichen) vom Mond.

Zeus und Apollon entschieden sich, die Kugelmenschen zu schwächen, indem sie sie in zwei Hälften auftrennten und ihnen die Köpfe andersherum aufsetzten. Diese Hälften sind die heutigen zweibeinigen Menschen. Die nunmehr zweibeinigen Menschen litten schwer unter der Trennung und wollten nichts anderes tun, als sich in der Sehnsucht nach Wiedervereinigung zu umarmen. Sie umschlangen einander in der Hoffnung, zusammenwachsen und so ihre Einheit wiedergewinnen zu können. Durch die sexuelle Begegnung konnten sie ihr Einheitsbedürfnis vorübergehend befriedigen und so die Sehnsucht nach Einheit zeitweilig stillen. Zugleich gewannen sie dadurch die Fähigkeit, sich auf die heute praktizierte Weise fortzupflanzen. So wurden sie wieder lebenstauglich. Sie leiden aber weiterhin unter ihrer Unvollständigkeit; jeder sucht die verlorene andere Hälfte.

Die Sehnsucht nach der verlorenen Ganzheit zeigt sich in Gestalt des erotischen Begehrens, das auf Vereinigung abzielt.

Die Philosophin Simone Weil befasst sich in ihrer 1951 erschienenen Schrift *Intuitions pré-chrétiennes* mit dem Kugelmenschenmythos. Sie meint, das Unglück der Menschheit liege „im Zustand der Dualität", der Trennung von Subjekt und Objekt, und deutet die Teilung der Kugelmenschen als „sichtbares Bild für diesen Dualitätszustand, der unser wesentlicher Mangel ist". Anzustreben sei Einheit als „der Zustand, in dem

65 Kudler, 2003
66 https://de.wikipedia.org/wiki/Kugelmenschen

Subjekt und Objekt ein und dasselbe sind, der Zustand dessen, der sich selbst erkennt und sich selbst liebt". Durch „Angleichung an Gott" sei dieses Ziel erreichbar.

Dualität im Feld der Zeit

Campbell hat in einem seiner letzten Bücher, *Pathways to bliss*, auf die grundlegende Aufgabe von Mythologien hingewiesen. *Mythos ist das Transzendente in Beziehung zur Gegenwart.* Mythologien sollen uns helfen zu verstehen, dass die Ewigkeit nicht in der Vergangenheit oder Zukunft stattfindet. Die Ewigkeit hat auch nichts mit *Zeit* zu tun. Die Ewigkeit ist eine Dimension des Jetzt. Die Zeit ist das, was uns von der Ewigkeit ausschließt. Es ist die transzendente Dimension des Jetzt, auf die sich Mythologien beziehen. Eine Dimension unseres menschlichen Geistes – der Ewig ist.

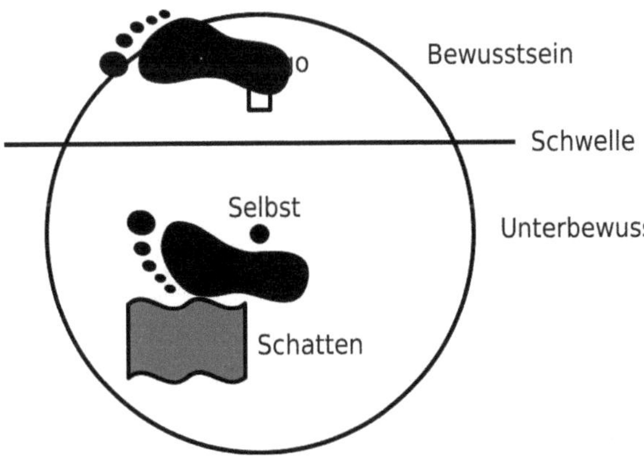

Abbildung 11 | Die grundlegende Aufgabe der Mythologie: Mit einem Fuß sollte man im Feld der Zeit, der Dualität, stehen. Mit dem anderen Fuß sollte man in der Ewigkeit verankert sein.

Die mythologischen Archetypen, die ewigen Symbole, die in allen Mythologien der Welt zu finden sind, helfen uns, zu dieser menschlichen Dimension hinter Raum und Zeit zu kommen. Unser Fleisch existiert in Bezug zu Raum und Zeit. Aber schon die Geschichte von Adam und Eva weisst uns darauf hin, dass der Fall in die Dualität, in die Dimension von Raum und Zeit, nur eine begrenzte Ebene des Bewusstseins ist.

Religion = Re-Ligio

Das Wort *Religion* stammt von *re-ligio = rück-verbinden* ab: Den Menschen wieder mit an seine innere Quelle anschließen. Es hat eine ähnliche Bedeutung wie das Wort „yuj", der Idee des Yoga, eine Rückverbindung im Menschen herzustellen.

Nach C. G. Jung geht es bei der *re-ligio* darum, das Ego-Bewusstsein des Menschen wieder an sein Selbst, sein Unbewusstes, anzuschließen und so eine ausgewogene Verbindung zwischen dem Selbst und dem Ego-Bewusstsein zu schaffen. Das Ego-Bewusstsein, das in der Trennung von „Ich" und „den Anderen" denkt, wieder in

Harmonie und Einklang mit unserer inneren Quelle zu bringen, die auch die „göttliche" Quelle allen Lebens ist und uns zur Erfahrung mit der Einswerdung führt. *Re-Ligio* in seiner puren Bedeutung ist somit das Verbindende, Vereinende des Menschen mit seiner Ganzheit, aber auch der Erfahrung der Einswerdung. Das ist auch primäres Ziel mythologischer Geschichten.

Mythologie ist dazu da, eine ausgewogene Verbindung zwischen dem Ego und dem Selbst herzustellen.

Die Transzendenz für Weltenbauer

Man sieht beim Thema Transzendenz die Fülle der Symbolsprache und der Narrative unterschiedlichster Kulturen und Mythologien, um auf das Gleiche hinzuweisen. Das Eine, die Elementargedanken, im unterschiedlichen Gewandt, in den verschiedenen Völkergedanken.

Im Kern haben viele solare Religionen und Mythologien mit dem Spannungsfeld von Dualität und Einswerdung zu tun, denkt man an die Gänsehautgefühle, die man beim Zuschauen oder Praktizieren von Ritualen bekommt, wie beispielsweise beim Haka-Ritual oder dem lauten Sikr-Zirkel der Sufisten, die stundenlang ihr Ritual im Kreis aufführen.

Es gibt Geschichten, die uns an einen heiligen Ort in uns selbst führen und unseren transzendenten Wesenskern berühren. Das kann sich in Gänsehautmomenten zeigen oder man kann für einen Augenblick fühlen, dass man mehr ist als dieser Mensch, gefangen im domestizierten Alltagsleben im Feld von Raum und Zeit. Geschichten, die uns an unserem Fuß berühren, der in der Ewigkeit verhaftet ist und der in diesen Augenblicken fühlbar wird.

Vielleicht ist es das, was den letzten Schliff einer perfekten Geschichtswelt ausmacht: Sie berührt uns in unserem tiefsten Heiligen und lässt uns dadurch erleben, dass wir mehr sind, als wir von uns glauben.

Campbell hat es in einer einfachen Frage zusammengefasst: *„Sind wir die Glühbirne, der Träger des Lichts oder sind wir das Licht, das Bewusstsein, das die Glühbirne zum Leuchten bringt?"*[67] Das ist eine zentrale Frage, auf die uns die Religionen hinweisen wollen: die Identifikation weg von der Glühbirne, unserem individuellen Fleisch gefangen in der Dimension von Raum und Zeit hin zum Licht, dem unterblichen Bewusstsein.

> „Wenn wir uns für die Glühbirne, für den Kopf, interessieren, bejahen wir das Individuum. Im Japanischen wird die Welt der Individuen "ji-hōkai" oder "individuelles Universum" genannt, und die Welt des einen Lichts heißt "ri-hōkai" oder "ein Universum". Dies sind einfach zwei

67 Campbell, 1988, S. 88

> verschiedene Arten, über dieselbe Sache zu sprechen. Das Ziel der Religionen des Ostens ist es, den Blick vom Materiellen auf das Transzendente zu lenken. Damit du dich nicht mit der Glühbirne, dem Kopf, dem Körper identifizierst, sondern mit dem Bewusstsein, und wenn du dich mit dem Bewusstsein identifiziert hast, hast du dich mit der solaren Existenz identifiziert, mit dem, was Kant die noumenale Welt nannte, und du wurdest nie geboren und wirst nie sterben."[68]

Es ist faszinierend, wenn man dem Ritual des lauten Dikr-Zirkels folgt und erlebt, wie Menschen die Einswerdung mit Gott suchen und sich durch das Ritual wieder an ihre göttliche Quelle anschließen.

Man erlebt aber auch, wie aus der vereinenden Re-ligio-Ideologien um die absolute Wahrheit entstehen können, wenn der Denkapparat einschaltet. Wie das Trennende in den Vordergrund gerät und ein „Wir gegen die Anderen" entsteht in dessen Namen Konflikte und heilige Kriege gegen *die Anderen* geführt werden.

In der Ideologie gelten die Gesetze der Dualität: Die Konfession zu einer Gemeinschaft, eines sinnstiftenden Systems oder Welterklärungsmodells und gegen das „Andere".

C. G. Jung beschrieb diese (institutionalisierte) Religion als ein System, das uns vor der Erfahrung Gottes bewahrt. Interessant ist, dass viele institutionalisierte Religionen die Suche nach dem Göttlichen ins Außen projizieren. Das Gotteserlebnis findet nicht im Inneren als Erfahrung statt, sondern Gott ist „da oben" und wir sind „hier unten". Hier wird das Gotteserlebnis auf den Glauben an Gott reduziert, weil das Göttliche nicht mehr im eigenen inneren erlebt werden kann.

Für Weltenbauer und Geschichtenerzähler ergibt sich hier eine zentrale Weichenstellung in der Interpretation und Erschaffung von Religionen, Mythologien und Ideologien. Man kann beispielsweise *dieeine* Mythologie entwickeln, die von Gruppierungen auf ganz unterschiedliche Weise, ideologisch trennend oder religiös vereinend, gesehen wird. Daraus können spannende Konflikte entstehen.

Für Weltenbauende ist es spannend, die beiden Perspektiven, Mythologie-Erschaffer und Mythologie-Praktizierende, bewusst voneinander zu trennen. Und hier wiederum hat man ein mögliches Spannungsfeld in den verschiedenen Lesarten und folglich Interpretationen von Mythologien. Entwickelt man Mythologien, die wörtlich oder metaphorisch zu lesen sind? Wer hat in der Welt die Mythologien erschaffen und zu welchem Zweck? Und welche Lesart nutzt welche Gruppierung? Zu welchen Spannungen kann das zwischen den Gruppierungen führen? Welche Ausdrucksformen hat die Mythologie in Ritualen, Gebetshaltungen und Örtlichkeiten?

---

68 Joseph Campbell zitiert nach Kudler, 2003

4.13 Die verschiedenen Gottesvorstellungen und Gottesbeziehungen für den Aufbau von Religionen und (Schöpfungs-) Mythologien

Falls es in Ihrer Geschichtswelt eine Mythologie gibt, stellt sich meist auch die Gottesfrage. Gottheiten entstehen im Bezug zu den Gruppierungen, die sie erschaffen. Betrachten Sie deshalb Schöpfung und Schöpfer im ersten Schritt bewusst unabhängig voneinander. Denn hier entsteht bereits die Beziehung zwischen Gruppierung und Gottheit. Diese Beziehung zwischen Erschaffer und Transzendenz wird meist in der Schöpfungsmythologie ausgedrückt.[69]

Einfach gesagt: Ist der Mensch und das Göttliche eins, geht es darum, das Göttliche in sich zu entdecken. Sind Mensch und Gott aber nicht gleich, dann stellt sich die Beziehungsfrage zwischen den Beiden.

Die westliche Tradition: Gott als Schöpfer des Menschen

In der christlichen Mythologie ist der biblische Gott der Schöpfer des Universums, der Welt und der Menschen. Somit sind Gott und Mensch nicht gleich und damit ist hier die zentrale Frage die Beziehung zwischen Mensch und Gott.

Der Mensch wurde geschaffen, um Gott zu dienen. Diese Schöpfung war anfangs gut, dann gab es den Sündenfall und die Vertreibung des Menschen aus dem göttlichen Paradies. Somit ist in dieser Mythologie die Beziehung zu Gott eine hierarchische Beziehung der Schuld und muss durch bestimmte Handlungen wieder „gut" gedient werden.

Abrahamitische Religionen wie das Judentum, Christentum und der Islam sind Beziehungsreligionen der Teilhabe an einer Geschichte und einer Gruppierung. Wie kann man die Beziehung zu diesem Gott im Himmel herstellen? Durch Identifikation mit einer gesellschaftlichen Ordnung, beispielsweise durch das Hineingeboren werden in eine Gemeinschaft. Man erzeugt eine Beziehung zu Gott durch die Zugehörigkeit einer Gruppe und durch das Einhalten eines Regelwerks.

Das Judentum beschreibt die Beziehung von Gott zu einem auserwählten Volk und dieses Volk zu ihm. Man kann nicht Jude werden außer durch die Geburt in der Blutlinie und als Jude ist man nicht Gott. Man lebt im Exil und erlebt die Beziehung zu Gott durch Teilhabe an der Geschichte Israels. *Wir erkennen Gott nicht durch Betrachtung des Universums, sondern durch Betrachtung der Menschheitsgeschichte*, sagte ein jüdischer Philosoph des siebzehnten Jahrhunderts. Das jüdische Geschichtsverständnis ist von so großer Kraft, weil es vom Glauben an das Wirken des Göttlichen an einem heiligen Volk inspiriert ist. Folglich ist ihr Leben von Spiritualität durchdrungen.

---

69 Campbell, 2002, S. 104

Monotheismus oder Polytheismus?

Den katholischen Monotheismus, also den Glauben an die Existenz eines Gottes, könnte man auch als einen verschummelten Polytheismus sehen. Zwar gibt es in der christlich-ideologischen Religion den einen Gott, der die Welt und die Menschen erschaffen hat, aber neben ihm existieren auch weitere "Teilgottheiten" oder "Heilige", wie Christus, die Jungfrau Maria sowie tausende Heilige, die angebetet werden können. Im "Martyrologium Romanum" der römisch-katholischen Kirche wurden im Jahr 2004 über 6000 Heilige verzeichnet.

Für Weltenbauer stellt sich die Frage, ob "Gottheiten" personifiziert werden sollen und ob eine mono- oder polytheistische Mythologie entwickelt werden soll. Spannungsfelder zwischen Göttern sind ja eine gebräuchliche Grundlage für Konflikte und somit für Plots.

Götter als die großen Brüder

Das biblische Gottesbild steht ganz im Gegensatz zu den Gottesbildern der griechischen Mythologie. Die meisten griechischen Götter haben uns Menschen nicht erschaffen, sondern gleichen uns mehr wie große Brüder. Vor großen Brüdern muss man sich in Acht nehmen und tun, was sie von einem wollen, sonst können sie unangenehm werden. Oft entsprechen sie Emanationen und psychologischen Aspekten des Menschen.

Der Mensch als Gott - Das östliche Gottesbild

In der buddhistischen und hinduistischen Mythologie gibt es keine personifizierte Gottheit. Mensch und Transzendenz sind hier ein Gleiches und die Beziehungsfrage zwischen Mensch und Gott stellt sich nicht. Ziel dieser Religionen ist es, den Menschen wieder mit dem Göttlichen, der Transzendenz in sich selbst in Verbindung zu bringen und in die Erkenntnis, dass er selbst dieses „Mysterium“ ist.

Das östliche Gottesbild ist für abrahamitische Religionen pure Härasie: Für die Behauptung, dass sie Gott sind, wurden viele Christen und Muslime verfolgt und getötet. Der prominenteste Vertreter dabei: Jesus der Christus selbst: Unter anderem für seine Aussage *Ich und der Vater sind eins* wurde er von den Römern hingerichtet. 900 Jahre später ereilte den islamischen Sufi-Mystiker Al-Hallädsch dasselbe Schicksal wegen seiner Idee *der Einheit mit Gott* und der Aussage *Ich bin Gott.* Auch er wurde als Ketzer für seine Aussagen hingerichtet. Man kann schon an der Realität unserer primären Welt sehen, welche kulturell-religiösen Spannungen monotheistische Religionen für den Aufbau von Geschichtswelten und Plots bieten. Wie kann man diese Gegensätze für den Aufbau eigener Mythologien nutzen?

Für Weltenbauer gilt hier das Handwerksmotto ganz nach dem ersten Buch Moses: Und der Mensch schuf Gott nach seinem Ebenbilde.

* Die Bibel als wertvollste Geschichtswelt der Erde und ihre linearen und interaktiven Formate

Die Bibel – Das meistverkaufte Buch

Werfen wir einen Blick auf die christliche Bibel: Zwischen 1815 und 2000 wurde die Bibel über 5 Milliarden Mal gedruckt.[70] Somit ist sie das am meisten gedruckte, am häufigsten übersetzte und am weitesten verbreitete Buch der Erde. Die Bibel entwirft eine Geschichtswelt, die bereits seit Jahrhunderten in der westlichen Welt etabliert ist und von vielen Institutionen erfolgreich verwendet wurde und wird. Somit wurde diese sekundäre Welt der Bibel und ihrer Geschichten und Figuren in unsere primäre Welt integriert. Christliche Kulturen sehen diese Welt als einen Teil ihrer (Werte-)Welt an. Im Lebensalltag zeigt sich das beispielsweise in einem Wohngebiet am Sonntagmorgen: Würde man da bei offenem Fenster lautes Glockenläuten abspielen, käme vermutlich die Polizei wegen Ruhestörung vorbei. Wenn aber die Glocken vom Kirchturm lautstark ein ganzes Stadtviertel wach läuten und zum Dienst an Gott rufen, ist das verinnerlichte, geduldete, gesellschaftliche Muttermilch.

Das Ticket in den Himmel

Ein Ziel der christlichen Glaubensgemeinschaft ist es, auf die Rückkehr von Jesus Christus zu warten, der dabei seine gläubigen Anhänger mit in den Himmel nehmen wird. In der Offenbarung des Johannes[71] heißt es, dass nur 144.000 Seelen mit zu Gott kommen können. Diese Zahl wird von einigen Glaubensgemeinschaften wörtlich ausgelegt.

Ich selbst bin in einer strengen und dogmatischen Glaubensgemeinschaft und einer dort sehr aktiven Großfamilie aufgewachsen. Meine Verwandtschaft bestand aus „Gottesvertretern" in diversen kirchlichen Ämtern. Selbstverständlich wollte ich als Kind auch in den Himmel kommen und zu diesen 144.000 Seelen gehören, zu denen sich auch meine Familie zählte. Also versuchte ich so wenig Sünden wie möglich zu begehen und an so vielen Tagen wie möglich in die Kirche zu gehen, um Gott zu gefallen und bei ihm Pluspunkte zu sammeln. Das konnten dann schonmal fünf Abende unter der Woche sein. Sonntags besuchte ich das Abendmahl für meine wöchentliche Sündenvergebung, so wie es auch in der katholischen Kirche Ritual ist. Nach der Sündenvergebung war mein Sorgenlevel am geringsten, denn mein Sündenlevel lag bei null und so konnte ich zumindest jetzt gerade nicht mehr in die Hölle kommen. In der Grundschule hatte ich tolle Freunde, die ich wirklich sehr mochte und die ich auch gerne mit in den Himmel

70 https://www.guinnessworldrecords.com/world-records/best-selling-book-of-non-fiction
71 Allerheiligen – Offenbarung 7,2-4.9-14

nehmen wollte, ebenso wie meine Haustiere. Ich habe meinen Vertrauenspriester gefragt, ob meine Freunde auch mit in den Himmel kommen können. Leider hat er das verneint, denn sie sind ja nicht in unserem Glauben getauft und kommen auch nicht zur Sündenvergebung. In der Konsequenz versuchte ich meine Freunde mit in die Kirche zu nehmen und zum einzig richtigen Glauben zu bekehren. Ich will ja schließlich meine Freunde und Spielkameraden mit in den Himmel nehmen. Man kann sich vorstellen, was für skurrile Situationen zwischen mir und meinen Mitmenschen entstanden sind.
Auf was ich hier hinaus will: Man kann solche Glaubenssysteme auch aus Perspektive des Gamings betrachten: Das Spiel des Lebens. Ziel der Spieler ist es, einen der begehrten Plätze in der *Hall of Fame* zu ergattern, exklusiv begrenzt auf 144.000 Plätze. Man muss dafür so wenig Sünden wie möglich begehen und im christlichen Sinne Gutes tun. Ein Besuch im Kino: Punktabzug! Denn wenn der Herr Jesus während des Kinobesuchs auf die Erde kommt, um seine gläubigen Schafe zu sich zu holen, geht er am Kino vorbei – also totaler Fail und *game over!* Ich erinnere mich an meine Kinobesuche als Kind und Jugendlicher: Während der laufenden Vorstellung saß ich angespannt und ängstlich da, während die anderen Kinder Freude am Film hatten. Ich dagegen bin während des laufenden Films aus dem Kino gegangen, um zu schauen, ob der Herr Jesus schon vorbeikam und die anständigen Schafe und meine Mama zu sich geholt hat und ich jetzt einsam mit den gottlosen Menschen leben muss. Fernsehen schauen: Punktabzug. Lügen: Punktabzug. Zu Gott beten: Pluspunkte. Vergessen zu beten: Punktabzug. Keine Lust zu beten: massiver Punktabzug! Am Ende des Lebens oder bei Christus' Rückkehr werden dann die Punkte miteinander verrechnet und dann gibt's die Highscoreliste: Wer gehört zu den 144.000, die zu Gott gehen dürfen? Leider kann man dieses Spiel nicht pausieren oder bei einem Fail neu laden.
Das waren jetzt nur kleine Ausschnitte aus dem Gedankenkonstrukt meiner damaligen Ideologie. Sie veranschaulichen, wie ich im Kopf ständig mit diesem angstgetriebenen Spiel des Lebens beschäftigt war.

Die katholische Kirche – Weltenbau und transmediale Erzähl- und Spieleformate

Im Folgenden möchte ich die katholische Kirche und das durch sie vertretene Christentum aus einem speziellen Blickwinkel betrachten, ohne dabei die Kirche oder das biblische Christentum in irgendeiner Weise zu bewerten. Es geht um die Perspektive der handwerklichen Mechanismen des Weltenbaus und der Entwicklung von Erzählformaten aus der Welt.
In der katholischen Kirche findet man eine jahrhundertelange Tradition der Sünden und der Kosten für deren Vergebung: **Den Ablasshandel**. Sünden wurden in Kategorien eingeteilt und daneben die Deals für die Vergebung angeboten. Das Ziel dieses Spiels ist klar: Ein Platz im Himmel zu bekommen und der Hölle und dem Fegefeuer zu entfliehen. Beispielsweise kostete die Eintrittskarte

in den Himmel pro Person 10 Goldmünzen, inklusive der Verwandtschaft 30 Goldmünzen.
Mit dem Segen *Urbi et orbi* wird nach katholischem Regelwerk allen Menschen, die es hören und sehen und guten Willens sind, ein vollkommener Ablass ihrer Sündenstrafen gewährt. Seit 1967 gilt das auch für Radiohörer, die das Urbi et Orbi live verfolgen, seit 1985 auch für TV-Zuschauer und seit 1995 auch für Internetübertragungen.
Man findet in christlichen Gemeinden „Spieleformate", in denen bereits Kleinkinder die Regeln der Bibel spielerisch lernen und die Figuren und Geschichten der Bibel erleben. Darunter Brettspiele, Onlinespiele und Apps. Sehr erfolgreich war die App *Follow Christ Go*, eine App im Pokémon-Stil, mit der man Heilige und andere biblische Figuren einfangen musste.
Aber auch in Realraumformaten kann man die Werte und Regeln der Bibel erleben, wie beispielsweise in Escape Rooms, die man direkt in Kirchen spielt. Außerdem gibt es diverse Beicht-Apps (beispielsweise die App *Confession*, die 2011 auch den offiziellen Segen der katholischen Kirche erhielt), mit denen man seine Sünden kategorisieren kann und dann dementsprechend erfährt, wie man diese Sünden vergeben bekommt.

Kirche als Game

Unter diesem Gesichtspunkt könnte man von einem MRRMPG (Massively Real Reality Multi Player Game) sprechen. Der vitale Glauben der Katholiken wäre somit eines der ältesten Transmedia Narrative Gaming Universes der Welt. Gespielt nicht mit schnöden VR- oder AR-Brillen in einem abgesonderten Onlinespiele-Universum, sondern in einem Spieleuniversum, dass sich mitten in unserer primären Welt befindet.
Der Mitgliedsbeitrag zu diesem Spieleuniversum ist eine „Monatsflatrate", die sogar der deutsche Staat für das Unternehmen als eine Spielesteuer einzieht. Vorteil: Jeder zahlt nur, so viel er kann, prozentual zu seinem Einkommen. Und noch ein Vorteil: Der Hardcore Gamer bezahlt so viel wie der Hyper Casual Gamer, der nur einmal im Jahr an Weihnachten eine Spielhalle besucht.
Das Aufnahmeritual in das Spieleuniversum ist nicht einfach nur eine schäbige Willkommens-E-Mail mit Rechnungsanhang und Zugangscode, sondern ein Aufnahmeritual im Realraum, umringt von einer Gemeinschaft erfahrener Spieler. Das Spiel kann man sein Leben lang spielen. Entweder als Singleplayer oder als Multiplayer mit Freunden oder einer Gemeinschaft. Lokale Spielhallen gibt es weltweit in beinahe jedem Land der Welt. Der große Vorteil: Egal wie fremd diese Kultur zur eigenen Kultur ist: Betritt man eine Spielhalle, hat man eine Kommunikationsebene durch dieselben biblischen Werte und Geschichten auf denen man miteinander im Gespräch mit lokalen Gamern aufbauen kann.
Die großen Gamertreffen an Weihnachten, Ostern oder Pfingsten sind sogar staatliche Feiertage. Gleichzeitig ist der Eintritt in das Spieleuniversum nieder-

schwellig: Alle sollen erlöst werden. Je mehr Mitspieler, desto besser für das Spiel. Jeder darf rein.

Die Spielhallen selbst sind meist imposante Gebäude im Herzen der Dörfer und Städte und bereits am Eingangsbereich werden die Geschichten der Geschichtswelt in kunstvollen Objekten erzählt. Beispielsweise die Geschichte vom Sündenfall Adam und Evas.

Beim Betreten der großen Spielhallen wird man aus seinen alltäglichen Gewohnheiten rausgerissen. Es begegnet uns Stille im Raum und die vertikale Architektur hilft uns, unseren Blick nach Oben ins Transzendente zu richten.

Überall in den Gebäuden finden wir Kunstwerke mit Figuren und Geschichten aus der biblisch-katholischen Geschichtswelt wider. Und überall in den Gebäuden ist das Logo des Spieleuniversums präsent. Das Erzählen von Geschichten findet in und über viele verschiedene Erzählformate statt bis hin in die Fensterscheiben der Spielhallen. Somit sind die Spielhallen transmediale und mit allen Sinnen erlebbare Realraum-Erlebniswelten.

Und wenn man Glück hat, ist gerade ein Pro-Gamer vor Ort, der eine Geschichte aus der Geschichtswelt erzählt und mit den Regeln und Gesetzen der Geschichtswelt interpretiert.

Wer selbst noch ein kleines Gaming machen möchte, kann sich in einem inneren Dialog mit dem Gott der Geschichtswelt verbinden. Wünsche und Sehnsüchte formulieren oder sich für bereits erhaltene Wünsche und gestillte Sehnsüchte bedanken und dafür jeweils noch eine Kerze anzünden, um den Wünschen beispielsweise Nachdruck zu verleihen.

Und wer möchte, kann auch bezahlter Vollzeitprogamer beispielsweise als Priester, Mönch oder Nonne werden.

Verschiedene Distributionsformate

Neben den Erzählformaten in den Spielhallen und den Spielen im Real- und Digitalraum gibt es noch viele weitere Distributionsformate, um Menschen mit den Geschichten aus der biblischen Geschichtswelt zu unterhalten und das Geschichtsuniversum der Bibel erlebbar zu machen.

Seien es Kinofilme wie *Exodus*, *Die Passion Christi*, *Der Prinz aus Ägypten*, *Noah*, *Maria Magdalena*, *Samson* oder in Miniserien, wie *The Bible* und *A.D. – The Bible Continues*, TV-Spieleshows wie *The American Bible Challenge*, unzählige Bücher mit den biblischen Geschichten für Jung und Alt.

Kunst und Merchandising

Kunst spielt im katholischen Geschichtsuniversum eine große Rolle. So ist beispielsweise das Headquarter des Spieleuniversums in Rom ein Hort feinster Kunstwerke mit einem der berühmtesten Museen biblischer Kunst weltweit. Seit Jahrhunderten werden biblische Geschichten und Figuren in Gemälden oder Skulpturen zum Leben erweckt und verewigt. Unter diesem Gesichtspunkt könnte man Michelangelo oder Rembrandt auch als Propagandisten der katholischen Geschichtswelt bezeichnen.

Verlässt man die Kuppel des heiligen Petersdoms über das Dach, landet man direkt in einem der vielen Merchandise-Shops des Vatikan. Ob ein Pappaufsteller des Papstes als Selfiestation, eine Vatikan-Kaffeetasse oder ein Jesus in Terminatormanier mit einem *I'll be back* – hier findet sich alles für den guten Katholiken.

Die Community und ihr Management

Die biblische Community ist weltweit in beinahe jedem Land aktiv, nachdem die „Marketingmaßnahmen" der katholischen Kirche in den letzten Jahrhunderten erfolgreich bis in die letzten Winkel der Welt vorgedrungen sind. Und die Anzahl der Katholiken wächst weltweit weiter, vor allem in Afrika und Asien.[72]

Das Community-Management im Realraum findet in lokalen Begegnungsstätten statt. Dort werden regelmäßig Rituale zum Erzeugen von Gemeinschaft und Lebensphasenübergängen gefeiert. Seien es Taufen (die Aufnahme neuer Spieler), Konfirmationen zur Übernahme der Verantwortung für die Mitgliedschaft im Spiel, Hochzeiten (zwei Spieler geben sich das Ja-Wort), Salbungen (Spieler werden gesegnet) oder Beerdigungen (das letzte Geleit, nachdem ein Spieler seinen fleischlichen Körper und das Feld von Raum und Zeit verlassen hat). Außerdem gibt es lokale Jugendorganisationen, um für Junge Menschen, die die vatikanischen Werte teilen, Gemeinschaft zu erzeugen.

Und wenn ein Spieler einmal ins Herz des Spieleuniversums pilgern möchte, dann kann er den heiligen Tempel, den Petersdom im Vatikan, besuchen gehen. Sozusagen das Disneyland der katholischen Kirche. Denn im Matthäus Evangelium der Bibel heißt es im Gründungsmythos der katholischen Kirche: *Du bist Petrus und auf diesen Felsen werde ich meine Kirche bauen und die Mächte der Unterwelt werden sie nicht überwältigen.*

Das Community-Management macht auch vor dem Digitalraum nicht halt und so findet man die katholische Kirche auf sämtlichen Social-Media-Plattformen. Auf X hat der Papst allein über 18 Mio. Follower.

Das „Headquarter" des Spieleuniversums sitzt in Europa und hat den Status eines eigenen Landes mit einem eigenen Justizsystem, einem eigenen Gefängnis und vor allem: einer eigenen Bank. Alles nach den biblischen Gesetzen und Vorschriften der Geschichtswelt. Die Macht des Justizsystems dieser sekundären Welt steht sogar in vielen Ländern über dem Justizsystem der primären Welt und dortigen Gesellschaft. Dies wird beispielsweise bei den Fällen von sexuellem Missbrauch von Kindern und Jugendlichen durch Pro-Gamer dieser sekundären Welt deutlich.

---

72 https://www.vaticannews.va/de/vatikan/news/2020-03/vatikan-statistik-paepstliches-jahrbuch-veroeffentlichung.html

Das Universum der katholischen Kirche und die Mechanismen zum Aufbau einer Geschichtswelt

Was zeigt dieses Beispiel? Worldbuilding ist nichts Neues, sondern ein mit dem Menschen gewachsener Prozess. Ein zeitloses Handwerk, das zutiefst menschliche Bedürfnisse nach Orientierung, einer Wertebasis und der Zusammengehörigkeit zu einer inneren und äußeren Heimat befriedigt. Eine Welt in der man sich mit seinem Wertesystem bewegen kann. Wo man es aufbauen, reflektieren sowie ausleben kann. Es befriedigt unser Bedürfnis nach Beständigkeit, hilft uns bei Übergängen unserer Lebensphasen durch Angebote von Ritualen, gibt uns einfache Antworten auf die komplizierten Fragen des Lebens und erzeugt Gemeinschaft unter Gleichgesinnten.

Die Welt der katholischen Kirche deckt die relevanten Säulen einer Geschichtswelt ab. Es gibt diverse Gruppierungen und Kulturen, eine reichhaltige Mythologie mit vielen Geschichten, die die Regeln der Welt erklären. Eine Gründungsgeschichte, sowie ein Schöpfungs- und Untergangsmythos. Die Rituale erzeugen Gemeinschaft unter den Spielern und es gibt unzählige Spiel- und Erzählformate im physischen und digitalen Raum für die unterschiedlichsten Zielgruppen.

Von der katholischen Kirche kann man sich viele handwerklichen Aspekte zum Aufbau einer Geschichtswelt und dem Ableiten von Spiel- und Erzählformaten abschauen. Gleichzeitig kann man auch handwerkliche Fehler entdecken, die die Welt für viele Menschen in sich inkonsistent zusammenfallen ließ. Beispielsweise wurde die biblische Mythologie meist literarisch interpretiert. Somit wurden Geschichten, Zahlen und Regeln zum realen Fakt erklärt. Unter diesem Gesichtspunkt entstehen bei genauer Auseinandersetzung Widersprüche und Inkonsistenzen, die bis heute für spitzfindige Auslegungsdiskussionen sorgen.

Es ist ein Beispiel für die Relevanz der Konsistenz im Aufbau einer Geschichtswelt und dem bedeutenden Unterschied in der Auslegung mythologischer Geschichten von literarischer oder metaphorischer Deutung.

Die Bibel – Das meist verkaufte Buch im Bereich non-fiction

Die Guinness World Records sprechen von der Bibel vom meistverkauften Buch im Bereich Nonfiction. Somit wurde diese sekundäre Welt der Bibel und ihrer Geschichten und Figuren in unsere primäre Welt integriert. Christliche Kulturen sehen diese Welt als einen Teil ihrer (Werte-)Welt an. Im Lebensalltag zeigt sich das dann beispielsweise in einem Wohngebiet am Sonntagmorgen: Würde man da bei offenem Fenster lautes Glockenläuten abspielen, käme vermutlich die Polizei wegen Ruhestörung vorbei. Wenn aber die Glocken vom Kirchturm lautstark ein ganzes Stadtviertel wach läuten und zum Dienst an Gott rufen, ist das verinnerlichte, geduldete, gesellschaftliche Muttermilch.

Die Bibel als Geschichtswelt

Die Bibel enthält eine Schöpfungsgeschichte, schildert den Aufstieg eines Volkes, das über tausend Jahre zu einer Nation heranwächst, verfolgt den langen Kampf zwischen Gut und Böse auf natürlicher und übernatürlicher Ebene und beschreibt ein unterdrücktes Volk, das nach einem prophezeiten Erlöser sucht (der in seiner Art ein Außenseiter ist). Sie schildert den zunehmenden Konflikt des Erlösers mit der Obrigkeit, der darin endet, dass er sich für das Volk opfert und mit seiner Hilfe die Freiheit und Gottesherrschaft erlangt, während am Ende des Buches ein neues Zeitalter durch eine Untergangsmythologie mit der Apokalypse eingeläutet wird. Betrachtet man diese Geschichte aus der Weltenbauerperspektive, so könnte eine mögliche Weltenprämisse folgendermaßen lauten: „Stell Dir eine Welt vor, in der ein Gott im Himmel gegen den Teufel auf der Erde um die Seelen der Menschheit kämpft." Oder, wenn man es neutestamentarisch möchte: „Stell Dir eine Welt vor, in der Gott seinen einzigen Sohn auf die Erde schickt, um für die Sünden der Menschen zu sterben."

Im Fundament hat man es mit einer Welt im Dualitätsprinzip zu tun: Himmel vs. Hölle, Gott vs. Teufel, Gut vs. Böse.

Mit der Genesis[73] gibt es eine Schöpfungsgeschichte, auf der das biblische Weltbild ruht und mit Adam und Eva und deren Sündenfall eine Gründungsmythologie im Zeichen der Schuld. Dieser Fall von Adam und Eva aus dem Paradies erklärt uns das Leiden unseres heutigen, irdischen Daseins und die Beziehung, die wir mit Gott pflegen oder Gott mit uns: Gott ist da oben im Himmel und er hat uns aus dem Paradies verbannt, weil wir uns als Menschen ihm gegenüber schuldig gemacht haben. Diese Geschichte ist der Startschuss für das Lebensspiel mit dem Ziel, nach dem irdischen Tod zurück ins himmlische Paradies und somit zur Liebe Gottes zu kommen.

Die Bibel schafft Wertesysteme und Regelwerke, ist voller Gruppierungen und deren Figuren, Kulturen und deren Mythologien, Handlungsorten und deren Spielregeln, sowie daraus resultierenden Konflikten, aus denen Geschichten erzählt werden.

73 https://de.wikipedia.org/wiki/Genesis_(Bibel)

5 Aufbaustrategien eines Worldbuildings

5.1 Entwicklung von Welt und Format

Nachdem die verschiedenen Bausteine einer Geschichtswelt besprochen sind, geht es nun darum, die Welt und ihre Formate auszubauen.
Dazu gibt es drei Strategien zur Entwicklung von Welt und Format, die wir uns im Folgenden anschauen.

1. Erst die Welt und nichts als die Welt
2. Erst das Format, dann dessen Welt
3. Welt und Format gemeinsam entwickeln

Im ersten Fall beginnt man die Entwicklung der Welt von Grund auf neu und öffnet sich uneingeschränkt den Tiefen und Weiten der Welt, ohne an ein Format oder eine Geschichte zu denken. Das wäre vergleichbar mit dem Vorgehen von J. R. R. Tolkien für die Welt von *DerHerr der Ringe.*

Der **Vorteil** dieses Vorgehens ist die völlige Freiheit in der multiperspektivischen Ausgestaltung der Welt, da man sich noch nicht auf eine Geschichte oder ein Format fokussieren und somit einschränken muss. Die Erschaffung der Welt steht im Zentrum der Arbeit. Man kann allein oder im Team die ganze Vorstellungskraft einsetzen, um eine glaubwürdige Welt zu erschaffen, die der Kreativität keine Grenzen setzt. Wenn man Fantasy und Science-Fiction mag, mit Welten und Naturgesetzen, die sich wirklich fremd anfühlen, dann ist dies ein guter Weg.

Der **Nachteil** ist zum einen, dass die Welt am Ende interessanter werden könnte, als die Geschichte, die man daraus entwickeln kann. Wenn man Spiel oder Geschichte zu sehr auf die Welt selbst konzentriert, kann es an starken Plots fehlen, die die Handlungen tragen. Außerdem kann man die Schöpfungen und Handlungsorte nicht in einer parallel entwickelten Geschichte auf erzählerische oder spielbare Qualität überprüfen. Es kann passieren, dass man reichhaltig und in tiefste Details entwickelt, sich im nächsten Schritt aber schwer tut, die Weltengestaltung in ein erstes Format aus der Welt zu konzentrieren. Man erschafft beispielsweise Handlungsorte oder detailreich angelegte Figuren, die für einen Plot basierend auf den Regeln der Welt ungeeignet zum Erzählen von Geschichten oder Spielhandlungen sind.

Beispiel | Das Spiel *Elden Ring* von *FromSoftware* ist nach dieser Herangehensweise entstanden. George R. R. Martin, der Romanautor der *Game-of-Thrones*-Serie, wurde zuerst damit beauftragt, die Welt mit ihrer Mythologie und ihren Figuren zu erschaffen, bevor das Studio daraus ein Spiel entwickelt hat.

Bei dem **zweiten Ansatz** steht zuerst die Formatproduktion im Mittelpunkt. Entweder wird dieses Format beispielsweise als ein Testlauf für die Attraktivität der Welt gesehen oder die Erschaffer des Formates dachten erstmal nicht über die Formatproduktion hinaus und entwickelten nur die Geschichte. Nach der Formatproduktion wurde dann erkannt, dass die Welt, in der das Format spielt, Potential für weitere Produktionen bietet, weil es dafür beispielsweise ein Interesse von Communities gibt oder die Welt durch das erste Format ihr Potential für weitere lineare oder interaktive Formate bewiesen hat.

In diesem Fall beginnt nach der ersten Formatproduktion die Öffnung in die Entwicklung der Welt, die in diesem ersten Format angelegt wurde. Man befreit hierbei beispielsweise Kulturen, Figuren, Handlungsorte und Regeln der Welt aus dem Formatkorsett in eine Multiperspektive und kann so die Welt erweitern, anreichern und vertiefen.

Nachteil dieser Methode ist die anfangs eher untergeordnete Rolle der Geschichtswelt bei der Entwicklung der Geschichte und des Erzählformates. Steht erstmal nur die Geschichte im Vordergrund, ist das Risiko groß, dass das Erzählformat in einer austauschbaren Welt ohne starkes Fundament, originärer Prämisse, inspirierenden Fragen zwischen primärer und sekundärer Welt und ungewöhnlichem Blickwinkel spielt. Außerdem wächst die Gefahr einer Welt voller Kompromisse und Inkonsistenzen und der gestalterische Rahmen für die Welt wird durch die Abhängigkeit zum bestehenden Format stark eingeschränkt.

Beispiel | Der Film *Star Wars: A New Hope* (1977) entstand aus einem vielfach überarbeiteten Drehbuch als eine Formatproduktion. Erst nach dem Erfolg des Films entwickelte George Lucas ab 1978 das *Expanded Universe,* eine Geschichtswelt, aus der weitere Star-Wars-Geschichten entwickelt werden konnten. Die erste Formatproduktion aus diesem *Expanded Universe* war der Roman *Splinter of the mind's eye* von Alan Dean Foster.

Beispiel | Der Film *Stargate* (1994) spielt in einer sekundären Welt, in der es Sternentore gibt, mit denen man über große Distanzen in andere Teile unseres Universums und in fremde Welten reisen kann. Die Welt des Films war so spannend, dass MGM daraus diverse Franchises entwickeln ließ. Darunter *Stargate Kommando SG-1, Stargate Atlantis* und Stargate Origins. Außerdem wurden aus der Welt diverse Spiele und Romane konzipiert. Zwar spielen alle diese Formate in der sekundären Stargate-Welt, doch leider gab es nach dem ersten Film keinen einheitlichen Aufbau einer Geschichtswelt, sondern unabhängig voneinander entwickelte Formate. Somit gibt es Unterschiede und Abweichungen zwischen den verschiedenen Formaten. Die jeweiligen Erschaffer waren zwar bestrebt, eine gewisse Konsistenz aufrecht zu erhalten, dennoch gibt es Inkonsistenzen, besonders wenn neue Ideen und Geschichten in die Welt eingeführt wurden.

Viele Spielwelten entstehen nach diesem Aufbauprinzip als Proof-of-Concept. Erst bei Erfolg folgt die Ausentwicklung der Welt, um daraus neue Formate generieren zu können.

Beispiel | Das Spiel *Hollow Knight* von *team cherry* begann als ein Spiel ohne groß ausgebaute Geschichte und wurde als Game-Jam an einem Wochenende entwickelt. Dessen Grafiken wurden danach in einem Prototypen wiederverwendet, aus dem zusammen mit einem weiteren Spiel eine unglaublich detailreiche Spielwelt erwuchs.

Der wohl ökonomischste und effektivste Prozess zum Entwickeln von Geschichtswelten ist **die dritte Strategie:** Welt und Format gemeinsam entwickeln. Am Anfang steht beispielsweise die Prämisse der Welt, ein ungewöhnlicher Blickwinkel und spannende Fragen zwischen primärer und sekundärer Welt. Mit der Entwicklung des Fundaments und des Samens der Welt kann man parallel das erste lineare oder interaktive Format anlegen.

Wenn man weiß, welche Erzähl- oder Spieleplots man nutzen möchte, weiß man auch, wo man wieviel Welt benötigt. Durch diesen ökonomischen Prozess wird die Welt um die Bedürfnisse des Plots und der Formatentwicklung herum entwickelt. Gleichzeitig kann man durch den Plot Figuren, Handlungsorte und Konflikte auch auf ihre Erzählbarkeit überprüfen und gegebenenfalls in der Geschichtswelt optimieren und anpassen.

Bei diesem Prozess ist es nur wichtig, beide Entwicklungsperspektiven bewusst voneinander zu trennen: Die Geschichtswelt mit ihrer Multiperspektive und die Formatentwicklung mit ihrer eingeschränkten Formatperspektive.

Ökonomisch ist dieser Prozess sinnvoll: Man will eine Geschichtswelt mit dem Fokus auf die Erzählung von Geschichten und Möglichkeiten zur Spieleinteraktion entwickeln und hier hilft ein erstes Format aus der Welt auch als Proof-of-Concept. So bemerkt man recht schnell, ob man aus der Welt Geschichten erzählen oder Spielemechaniken ableiten kann. Dieses erste Testformat kann beispielsweise eine Graphic-Novel, eine Kurzgeschichte, ein Kurzfilm oder ein einfaches Online- oder Brettspiel sein.

Beispiel | Das Spiel des Studios Supergiants Games *Pyre* ist so entstanden. Hier wurden Welt und Spieleformat miteinander entwickelt

Linktipp | In dem Dokumentarfilm „The Making of Pyre" wird die Welt von Pyre erkundet: www.s.narr.digital/gfmx1.

Je früher man mit der ersten Formatkonzeption beginnt, desto stärker muss man darauf achten, die Multiperspektive, also den Blick auf die Welt, nicht aus dem Gestaltungsraum zu verlieren. Formatkonzeption bedeutet normalerweise, eine bestimmte Perspektive auf die Welt einzunehmen. Der Aufbau einer Geschichtswelt sollte aber weiterhin unabhängig von der eingeschränkten Formatperspektive multiperspektivisch sein. Es ist wichtig, beide Perspektiven bewusst getrennt voneinander zu behandeln.

Je fortgeschrittener eine Welt entwickelt ist und je später man mit einer Formatentwicklung beginnt, desto klarer ist die Trennung der beiden Perspektiven. Gleichzeitig entdeckt man bei der Formatentwicklung möglicherweise Inkonsistenzen der Welt oder Figuren und Regeln der Welt, die so nicht miteinander in Spiel- oder Erzählformaten funktionieren.

Daher gilt es diese beiden Faktoren zueinander abzuwägen: Ökonomischer Prozess vs. Freiheit in der Entwicklung der Welt und der Multiperspektive.

Wieviel Welt braucht man für die Entwicklung von Formaten?

Unter ökonomischen Gesichtspunkten ist es sinnvoll, nur so viel Welt zu entwickeln, wie man für die Produktion von Formaten aus der Welt benötigt.

Stellt man sich dabei die Beziehung zwischen Welt und Format wie einen Eisberg im Wasser vor, so lässt sich das Verhältnis von Welt zu Format folgendermaßen vorstellen: Der Eisberg über dem Wasser ist das Format, der Teil des Eisbergs unter der Wasseroberfläche ist die Welt.

Stehen z. B. keinerlei ökonomische Zwänge oder Interessen im Raum, kann man sich mit einem Worldbuilding Zeit lassen und in die Tiefen der Weltengestaltung abtauchen, bevor man überhaupt in Formatüberlegungen geht. Aus diesem Worldbuilding kann dann auch ein Format entstehen, das nur wenig Welt verwendet. Im Bild gesprochen wäre das also ein großer Eisberg unter Wasser und nur eine kleine Spitze an der Wasseroberfläche.

Man kann aber auch eine sehr kleine Welt mit wenigen Regeln und Charakteren entwickeln und daraus eine Kurzfilmserie und diverse Spiele schöpfen. In diesem Fall würde man die gesamte Welt für die Formatproduktion verwenden. Im Bild gesprochen hätten wir dann einen kleinen Eisberg unter Wasser und einen hohen Berg über der Wasseroberfläche.

5.2 Rethink, transform, extend

Natürlich kann man direkt mit der Erschaffung einer neuen, originären Welt beginnen. Doch ein großer Vorteil des Worldbuildings ist es, erstmal nach bestehenden, populären Erzählformaten und Welten Ausschau zu halten, die man als Grundlage für ein Worldbuilding nutzen kann. Denn nichts macht Welten für Distributoren attraktiver als bestehende Geschichten und Welten (IPs), die bereits bei Communities beliebt sind.

Unsere Welt ist voller spannender, kreativer Geschichten in jeglicher Form. Seien es Volkserzählungen, Bücher, Romane, Märchen, Sagen oder populäre Mythologien. All diese Geschichten wurden zu ihrer Zeit in den damals möglichen Erzählformaten von der Lagerfeuergeschichte bis hin zur Buchform erzählt. Viele Märchen und Volksgeschichten sind bereits im Volksmund bekannt und populär, und man kann auf dieser kulturellen Popularität aufbauen und diese reichhaltigen Geschichten (viele davon auch noch rechtefrei) neu denken. Der heutige mediale Zeitgeist bietet uns dazu Spiel- und Erzählformate sowie deren Kombinationen, die noch vor wenigen Jahrzehnten undenkbar gewesen wären.

Viele dieser Geschichten spielen dabei in interessanten sekundären Welten und haben im besten Fall bereits eine gewisse Popularität.

Vielleicht kennen Sie spannende Sagen und Legenden aus Ihrer Kultur, die bisher nur als Kurzgeschichte existieren, oder Sie haben selbst noch Projekte (Kurzgeschichten, Romane, Drehbücher, Filme, Serien, Spiele etc.) in diversen Entwicklungsstadien im Schrank liegen. Diese Erzählperlen können Sie aus ihren bestehenden Formaten befreien, deren Welten ableiten und erweitern und neue Formate daraus entwickeln.

5.2.1 Rethink: Formate neu denken

Bei diesem Ansatz geht es darum, die Geschichte unabhängig vom Format zu sehen, sie also formatoffen denken, den Inhalt vom Format trennen. Welche Möglichkeiten gibt es heute, die Geschichte für die Rezipienten, die man bereits hat, neu zu erzählen, neu spielen zu lassen?

Dazu können bestehende Geschichten aus ihrem Erzählformat befreien werden und das Fundament und der Samen der Welt abgeleitet werden. Jetzt hat man Gruppierungen, Figuren, Handlungsorte und Konflikte vom Format befreit und kann die Geschichte mit den heutigen Erzählmöglichkeiten neu umsetzen. Das können z. B. interaktive, immersive Theaterstücke sein, VR-Experiences oder transmediale Erzählungen. Wie hätte beispielsweise Berthold Brecht die Dreigroschenoper oder William Shakespeare Romeo und Julia erzählt, wenn sie die Format- und Interaktionsmöglichkeiten von heute gehabt hätten?

Bei der Wahl der Umsetzungsformate kann man auf unterschiedliche Communities setzen: Um ein Publikum 60 plus zu erreichen, könnte man beispielsweise ein TV-Serienformat aus der Welt entwickeln, während man für eine junge Community die

Geschichte in einzelne Kurzgeschichten oder in einem episodischen Format auf verschiedenen Distributionsplattformen in den sozialen Medien erzählt oder sogar als Liquid Content unter Einbeziehung einer Community.

5.2.2 Transform: Geschichtswelten aus bestehenden Formaten ableiten und erweitern

Bei diesem Ansatz wird die Welt aus einem bestehenden Format abgeleitet, um sie danach zu erweitern und zu vertiefen. Anschließend können daraus wiederum neue Formate entwickelt werden.

Beispiel | Was passiert eigentlich im Haus der Eltern im Märchen von *Hänsel und Gretel*, während die beiden Hauptfiguren auf ihrer unfreiwilligen Reise sind? Wir wissen aus der bestehenden Geschichte, dass der Vater von Hänsel und Gretel seine Kinder nicht wegschicken wollte, sich aber nicht gegen seine neue Frau durchsetzen konnte. Als die Kinder zurückkamen, war seine Frau tot und er überglücklich über die Rückkehr seiner Kinder. Was ist in der Zwischenzeit passiert? Warum konnte sich der Vater nicht gegen seine neue Frau durchsetzen, obwohl er seine Kinder sehr lieb hatte? Woher rührt sein devotes Verhalten? Welche Erlebnisse in seiner Vergangenheit haben zu diesem Verhalten geführt? Was war mit der leiblichen Mutter von Hänsel und Gretel passiert? Diese Fragen werden alle nicht im bestehenden Format beantwortet, bieten aber Potential für weitere Erzählungen oder Spielformate. (Im Kapitel 5.5 Reverse-Building: Vom Format in die Geschichtswelt wird die Ableitung einer Welt aus einem Format anhand dieses Beispiels noch detailliert durchgespielt.)

Beispiel | Ähnlich sieht es bei einem anderen Beispiel aus: Seit Jahrzehnten fordert eine internationale Fanbase die Fortsetzung der Serie *Die Schwarzwaldklinik* (1985–1989). Ein Geschenk für jeden Produzenten: Eine Community, die neue Geschichten aus einer Geschichtswelt fordert. Leider sind viele der Darsteller bereits verstorben, daher wäre eine Fortsetzung der bestehenden Serie nicht möglich. Doch mit den handwerklichen Instrumenten des Worldbuildings ließe sich aus der Serie die Geschichtswelt ableiten. Im Anschluss könnte man Fragen stellen: Wie ist die Schwarzwaldklinik zu dem Ort geworden, der er damals in der Serie war? Wie ist die Schwarzwaldklinik entstanden? Was geschah dort in den letzten 30 Jahren, in denen wir nichts von ihr gehört haben? Wie wurde Prof. Brinkmann zum Chefarzt der Klinik? ...

Man sieht: In vielen bestehenden Geschichten lassen sich reichlich Fragen finden, die spannend zu erzählen wären. Seien es Nebenfiguren, denen die bestehende Formaterzählung nur wenig Raum gibt, oder die zeitliche Perspektive: Was ist vor oder nach der eigentlichen Handlung im Leben der Figuren passiert, und was passiert parallel in all den Geschichten und Handlungen der Nebenfiguren? Daher lohnt es sich, die Welt aus einer Geschichte abzuleiten, um sie aus dem einschränkten Fensterblick des Plots in eine **Multiperspektive** zu überführen. Folgende Fragen sind dabei besonders interessant:

- Gibt es reflektive Fragen zwischen primärer und sekundärer Welt, die heute eine erzählerische Relevanz haben?
- Gibt es einen Blickwinkel auf die Welt, der heute im gesellschaftlichen Zeitgeist funktioniert?
- Sind die Orte der Welt erzählerisch spannend oder könnte man Orte erweitern oder vertiefen?
- Welche Erlebnisse, Glaubenssätze und Wertesysteme haben die Figuren so werden lassen, wie sie in der bisherigen Geschichte sind?

Außerdem kann man multiperspektivisch arbeiten und alle Figuren mit der gleichen Sorgfalt und Tiefe behandeln:

- Wie stehen sie in welchen Lebensphasen in Verbindung miteinander?
- Wie sieht der Zeitstrahl der Welt aus?
- Was geschah, bevor die Geschichte erzählt wurde und was passiert danach?

Nach dem Aufbau der Welt ist man völlig frei in der Entwicklung neuer Formate aus der abgeleiteten Welt. Man kann eine Fortsetzung der Hauptgeschichte aus Perspektive einer anderen Figur entwickeln oder klassische Prequels und Spin-offs. Der Unterschied wäre: Bei der Entwicklung neuer Geschichten baut man nicht auf dem bestehenden Format auf, sondern nährt die Geschichten aus der reichhaltigen Welt.

5.2.3 Extend: Bestehende Formate erweitern, um neue Rezipienten zu erreichen

In aller Freundschaft – Die jungen Ärzte, Sturm der Liebe, Unter uns etc: Man kennt die eine oder andere Serie aus dem Fernsehen, die meist eine spezifische Community bedient. Doch wie kann man die Community beispielsweise um weitere Altersgruppen erweitern?

Eine erste Möglichkeit wäre, das bestehende Erzählformat, die Fernsehserie, durch weitere Erzählformate zu erweitern. Das können kleine Geschichten zwischen den Episoden sein, die über digitale Distributionsplattformen oder in den sozialen Medien erzählt werden. Hier könnte man beispielsweise Konflikte, die in der Hauptserie erzählt werden, weitererzählen, weil jede der Serienfiguren dort ein aktives Profil hat. Dort können die Nutzer Einblicke über Nebenfiguren erhalten, über deren Gefühlsleben, das in der Hauptserie meist verborgen bleibt. Diese Nebenfiguren könnten auch in einer eigenen Serie erzählt werden.

Beispiel | So ist z. B. *Sunny – Wer bist du wirklich?* ein Spin-off aus der Serie *Gute Zeiten, schlechte Zeiten*, die für den Streamingdienst TVNOW produziert wurde. Sunny Richter ist eine populäre Figur aus der Serie, die in der Mini-Serie eine Hauptrolle in einer eigenen Serie erhielt. Die Produzenten versuchten auf diese Weise, die RTL-Zuschauer der Hauptserie auf den Bezahldienst TVNOW zu locken.

5.2.4 Eine Frage der Perspektive: Der Unterschied zwischen der Entwicklung einer Serie und einem Worldbuilding

Eine **Serie** wird in der Regel plot- oder formatorientiert und im Bezug zu einem Genre entwickelt. Es gibt einen Figurenkatalog, der Haupt- und Nebenfiguren beschreibt, und eine Storyline der Episoden und Plots. Die Perspektive in die Erzählwelt liefern die Hauptfiguren.

Bei der Entwicklung einer **Geschichtswelt** arbeitet man dagegen (meist) genre-unabhängig mit einer offenen Perspektive auf die Kulturen, Figuren, Konflikte und Handlungsorte. Der Blick auf die Welt erfolgt multiperspektivisch und Figuren werden (meist) ohne Perspektive auf Haupt- oder Nebenfiguren entwickelt. Doch hier gibt es keine scharfe Abgrenzung. Welt und Plot bedingen sich gegenseitig und oftmals arbeitet man automatisch an der Welt, um neue Plots für Erzählformate zu generieren.

Beispiel | Die Serie *Breaking Bad* wurde klassisch als lineare Serie entwickelt. Die Nebenfigur, Saul Goodman, war beim Publikum sehr beliebt und die Produzenten hatten die Idee, ein Spin-off mit dieser Figur zu entwickeln mit der Leitfrage: Wie wurde aus Jimmy McGill der Anwalt Saul Goodman? So wurde aus einer Nebenfigur in *Breaking Bad* die Hauptfigur in *Better Call Saul*. Beide Serien entstammen aus einer Geschichtswelt, die für die neue Serie erweitert und angereichert wurde. Hier haben sich die Produzenten an den Bedürfnissen der Community orientiert und für sie weitere Geschichten aus derselben Welt entwickelt. Da die Welt bereits durch die erste Serie bekannt ist und eine vitale Community besaß, war es ein einfacher Schritt, die neue Serie zu verkaufen. In diesem Beispiel steht die Entwicklung der Serienformate im Vordergrund, nicht der Aufbau der Geschichtswelt. Es gibt nur so viel Welt, wie es die Erzählformate benötigen. Ein durchaus sinnvoller und ökonomischer Prozess.

5.2.5 Innovation und Konsistenz

Wichtig beim Weltenbau sind auch die Antworten auf folgende Fragen, die man sich unbedingt stellen sollte. In der Regel lassen sie sich mit einer **innovativen Prämisse** oder einem **besonderen Blickwinkel** auf die Welt gut beantworten:

- Wie unterscheidet sich die sekundäre Welt von unserer Welt und von schon bestehenden Geschichtswelten?
- Was ist der innovative Faktor?
- Welche spannenden Fragen und Themen spiegelt die sekundäre Welt in unsere Welt?
- Was hat sich im Vergleich zur Primärwelt verändert und wie interessant ist das?

Wenn eine Sekundärwelt glaubwürdig und interessant sein soll, muss sie ein hohes Maß an **inhaltlicher Konsistenz** und gleichzeitiger **Widerspruchsfreiheit** aufweisen. Nichts ist schlimmer als eine designbasierte Welt, die während der Ausgestaltung in sich zusammenfällt.

Je detaillierter der Grad der Ausarbeitung einer Welt, desto wichtiger ist es, dass Details in sich plausibel und widerspruchsfrei sind. Dies erfordert eine sorgfältige Integration neuer Elemente unter Beachtung aller Zusammenhänge. Ohne Konsistenz kann eine Welt schlampig konstruiert oder sogar willkürlich und unzusammenhängend erscheinen. Und das Schlimmste: Sie wird unglaubwürdig.

Konsistenz ist somit beim Aufbauen einer Geschichtswelt einer der wichtigsten Aspekte, denn je umfangreicher und detaillierter eine Welt wird, desto größer wird das Risiko von Inkonsistenzen.

Das bedeutet übrigens nicht, dass man nicht bewusst Brüche und Ungereimtheiten in die Welt einbauen kann. Im Gegenteil: Auch unsere primäre Welt ist voller unlogischer Regeln und Widersprüchen, die man selbstverständlich auch in sekundären Welten einbauen kann. Aber es macht einen Unterschied, ob man Inkonsistenzen bewusst dramaturgisch einsetzt oder ob sie durch ein fehlendes Fundament entstehen.

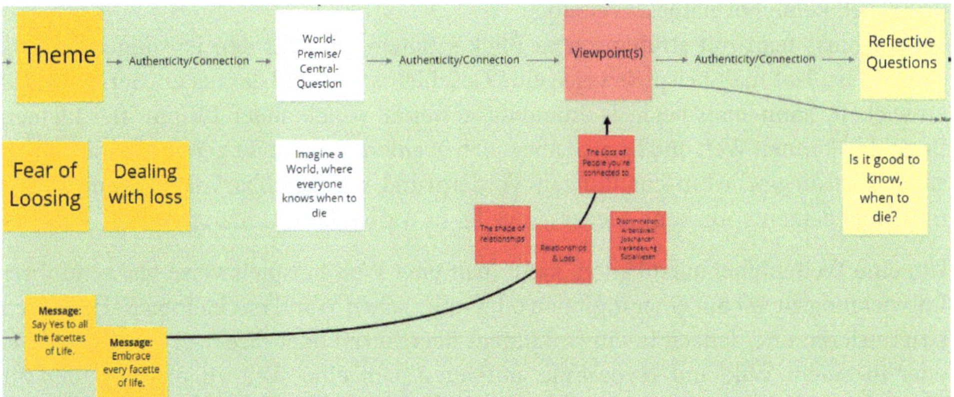

Abbildung 12 | Ausschnitt aus dem Miroboard: Konsistenz beim Weltenbau

5.3 Formatbibeln

> "A series bible is what every respectable TV show creator writes up for his series, so that the writers you hire can get inside your head without you having to tell them everything. There are no rules for series bibles. In fact, when I decided to write one I tried to get bibles from other shows and nobody could find any to give me. So, I just put in anything and everything I thought of that could help all of us on the writing staff, as well as the production staff, make the series everything I wanted it to be at the time."[74]

Wie es Paul Feig schon auf den Punkt gebracht hat: Es gibt es keine festen Formatdefinitionen für Welten-, Serien- oder Formatbibeln, die von einem international anerkannten Verband definiert wurden. Es gibt diverse Normierungsversuche, die aber nicht allgemeingültig in der Medienbranche sind. Bei der Entscheidung für die Inhalte verschiedener Bibeln spielen daher strategische Fragen eine Rolle. Was für ein Ziel verfolge ich mit dem jeweiligen Dokument?

5.3.1 Die Weltenbibel

Die Weltenbibel enthält Mythologien, Kulturen, Gruppierungen, Figuren, Konflikte, Geschichten, die Weltbeschreibung für Autoren, aber keine Formate (Dowd, 2016). Eine Geschichtswelt wird, je nach Umfang, entweder in Dateiform oder als Wiki angelegt, um so auch Hyperlinks zwischen Kulturen, Figuren, Handlungsorten und den Regeln der Welt herstellen zu können.

Eine Weltenbibel kann nur einige wenige Seiten umfassen oder biblische Ausmaße annehmen. Wichtig ist: Alles, was die Welt beschreibt, gehört in die Weltbibel, nur prinzipiell keine Formatbeschreibung.

Hier muss man mit strategischem Blick schauen, was für den jeweiligen Einsatz sinnvoll ist. Hat man beispielsweise eine Geschichtswelt und daraus ein Serienformat entwickelt, kann man beide Dokumente getrennt voneinander führen. Bei kleinen Projekten können Welt und Format aber auch in einem Dokument geführt werden. Hier steht die strategische Entscheidung im Vordergrund, wie „pitchbar" das Dokument sein muss und dementsprechend niederschwellig in Aufbau und Umfang.

Um eine Weltenbibel aufzubauen, kann man eine Welt beispielsweise während ihrer Entwicklung zuerst auf einer digitalen oder physischen Wand mit kleinen Karteikarten strukturieren und danach in ein Dokument überführen oder direkt in einer Textdatei oder in einem Wiki mit Hyperlinks aufbauen. Um eine Welt zu pitchen oder für Projektmitglieder zugänglich zu machen, macht es natürlich Sinn, ein Dokument zu besitzen, das einen niederschwelligen Zugang erlaubt.

Anbei das Inhaltsverzeichnis von „*The Inner World*"[75], einer Weltbibel, aus der unter anderem zwei Point'n Click-Adventures entstanden sind.

---

74 Feig, Freaks and Geeks. Diese Serienbibel kursiert im Internet, leider ohne Rechteinformationen.
75 Die Weltenbibel von "The Inner World" wurde von Sebastian Hollstein entwickelt.

TEIL 1

DIE WELT UND IHRE CHARAKTERE

Einführung	
Asposien	3
Die Asposer	5
Geschichte und Religion	6
Conroys Machtübernahme	8

AUSFÜHRLICHE WELTBESCHREIBUNG

Wichtige Orte in Asposien	10
Flora und Fauna	12
Technologie	14
Conroys Überwachungssystem	14
Wirtschaft	15
Zeitrechnung	15
Fortbewegung	15

EINE BESONDERE GESCHICHTE

Roberts Abenteuer	16
Beziehungsdiagramm	17
Hauptcharaktere	18
Nebencharaktere	23
Wichtige Handlungsorte in Roberts Geschichte	32

TEIL 2

DAS REGELWERK DER WELT

Was ist eine IP-Bibel	37
Genre	37
Vision Statement	37
Asposiens Geschichte	38
Dramaturgische Strukturen	40
Horizontale Erzählweise	40
Vertikale Erzählweise	40
Humor und Witz	41
Dialoge	41
Referenzen	42
Das Erscheinungsbild	43
Asposer-Anatomie	43
Tiere und Pflanzen	44
Zauberei	44
Basylen - Die Windgötter	44
Die runde Inner World	45
Außerhalb von Asposien	46

TEAM	48

Abbildung 13 | Inhaltsverzeichnis aus „The Inner World“ von Sebastian Hollstein

Eine mögliche inhaltliche Struktur einer Weltbibel in einer Datei könnte wie in der Tabelle dargestellt aussehen.

Titelseite	mit dem Namen der Welt und einem Bild, das die Welten-Prämisse, das Thema oder die Einzigartigkeit der Welt sichtbar macht.
Der Weltenpitch: Was zeichnet diese Welt aus und macht sie besonders?	Maximal eine Seite Einführung in die Welt und deren Besonderheit, um das Potential der Welt erlebbar zu machen. Diese erste Seite ist der Pitch, um die Welt den Lesern zugänglich zu machen und sie von der Einzigartigkeit und Qualität der Welt zu überzeugen. Man kann dies durch die Einführung des Weltenfundaments und die Leitfrage der Welt machen und einer Beschreibung der spezifischen Merkmale. Beispielsweise durch bestimmte Naturgesetze, Orte oder Ereignisse in der Zeit, die der Welt besondere Merkmale verleihen und wie diese sich auf die Welt und ihre Bewohner und Kulturen auswirken. Die Einführung in die Welt kann aber auch durch die Beschreibung eines beispielhaften Plots geschehen, der die Besonderheit der Welt, sowie und mögliche Formatideen oder Formatarchitekturen aufzeigt. Man macht dadurch das Potential der Welt für mögliche Spiel- oder Erzählformate, die man aus der Welt ableiten und gestalten kann, erlebbar.

https://de.wikipedia.org/wiki/The_Inner_World

Motivation	des Teams für den Aufbau der Welt, evtl. Botschaft
Fundament der Welt	Thema, Prämisse/Leitfrage, Blickwinkel, reflektive Fragen
Grundlegende Naturgesetze und elementare Regeln der Welt	Selbstverständlich nur, wenn es zur Welt passt. Beispielsweise ist bei der *Hades-Welt* ein geändertes Naturgesetz Grundlage für Fundament und Samen der Welt.
Samen der Welt	Naturgesetze Mythologien (Bsp. Schöpfungs-, und Untergangsmythologien) Kultur(en) und deren Geschichte(n) und ihre Gruppierungen Figuren (in der Multiperspektive) Genealogien der Figuren und deren Konfliktfragen (ggf. in einem Zeitstrahl) Handlungsorte (ggf. mit (Spiel-)Regeln/Gameplay-Elementen) Timelines (was geschieht wann in der Welt) Karten (Zusammenhänge der Handlungsorte, Kulturen etc.) Sprache(n)
Evtl. Weltenkarte	Bei kompakten, überschaubaren Welten bietet sich eine verbindende Karte an, auf der Figuren, Handlungsorte und Konflikte eingetragen sind und miteinander mit ihren jeweiligen Eigenschaften und Konfliktpotentialen in Verbindung stehen.
Formate	Welche Formate könnte man aus der Welt ableiten? Auch mögliche Formatarchitekturen, um das Erzählpotential der Welt erlebbar zu machen. Hier geht es darum, Möglichkeiten und Potenziale zu skizzieren. Keine ausgearbeiteten Formate.
Evtl. ein Proof-of-Concept.	Der Proof-of-Concept kann aber auch zu Beginn des Dokumentes stehen, um das Potential der Welt dadurch erfahrbar zu machen.

Tabelle 4 | Mögliche Struktur einer Weltenbibel

5.3.2 Die Formatbibel

In der Formatbibel sind alle Formate beschrieben inkl. deren Umsetzungsanweisungen. Die Formatbibel enthält die Anleitung, um das Format herstellen zu können.[76] Ist das erste Format aus einer Geschichtswelt beispielsweise eine Kurzgeschichte, so wäre die Kurzgeschichte in Textform wesentlicher Teil der Formatbibel. Daneben ggf. Umsetzungsanweisungen in Form Beschreibungen, ggf. Regieanweisungen, Bildern, Filmbeispielen oder Regeln.

Bei filmischen Formaten wäre beispielsweise der Inhalt in Form von Exposé, Treatment oder Drehbuch Teil der Formatbibel. Dazu ggf. Figuren- und deren Beziehungsbeschreibungen sowie Handlungsorte. Wichtig ist hierbei die erzählperspektive des Formates: Figuren werden hier nicht mehr in der Multiperspektive der Weltenbibel, sondern in Haupt- und Nebenfiguren und aus der Erzählperspektive des Formates angelegt.

76 Dowd, 2016

Wirklich relevant wird eine Formatbibel beispielsweise bei Franchises wie *Wer wird Millionär?*. Diese Spielshow sieht in jedem Land der Welt eindrucksvoll gleich aus: Gleiches Spielfeld, gleiche Spielregeln, gleiches Sound-Design, gleicher Spielablauf. Die Umsetzungsanweisungen zur Herstellung des Formates sind bis ins Detail in der Formatbibel beschrieben.

5.3.3 Die IP-Bible

Die Weltorganisation für geistiges Eigentum (World Intellectual Property Organization = WIPO) definiert geistiges Eigentum (IP) wie folgt: *Geistiges Eigentum (IP) bezieht sich auf geistige Schöpfungen wie Erfindungen, literarische und künstlerische Werke, Geschmacksmuster und im Handel verwendete Symbole, Namen und Bilder.*[77]

Die IP-Bible ist dafür gedacht, kreative Schöpfungen in einem Referenzdokument festzuhalten und zu bewahren. Bei Rechte- und Lizenzverkäufen ist die Bibel oder Teile davon die Basis für Verhandlungen. Die IP-Bible umfasst die Weltenbibel, sämtliche Formate, die bisher aus der Welt entstanden sind (falls diese nicht bereits separat rechtlich verhandelt und verkauft wurden oder aus einem separaten Franchise-Deal hervorgegangen sind) sowie sämtliche weiteren Bibeln, die es ggf. um die Welt herum gibt, wie beispielsweise eine Universums- oder Franchise-Bibel.

Die Intellectual-Property-Bibel, auch Super-Bibel genannt, ist das übergreifende Referenzdokument, das die Entwicklung aller verschiedenen transmedialen Iterationen der größeren Geschichte bestimmt und strukturiert. Dieses übergreifende Dokument kann so umfangreich sein, dass man verwandte Materailien zusammenfass und auf diese Bibel verweisen kann.[78]

Beispiel | Als George Lucas Star Wars an Disney verkauft hatte, wurde nicht nur die Worldbible verkauft, sondern auch die Rechte bisheriger Erzählformate, inkl. *The Clone-Wars.* Allerdings liegen noch gewisse Formatrechte einiger Filme und Serien bei anderen Distributoren (u. a. Fox). Somit ist Disney zwar Inhaber der Worldbible, besitzt aber bisher noch nicht alle Rechte für sämtliche Formate aus der Welt.

5.4 Die Bausteine zusammensetzen

Möchten Sie aus einem bestehenden Spiele- oder Erzählformat eine Welt ableiten, diese erweitern, verändern, anreichern und vertiefen? Dann starten Sie mit dem

77 https://www.wipo.int/about-ip/en/, Übersetzung des Autors
78 Dowd, 2016

umgekehrten Weltenbau und leiten aus dem Format die Welt ab. Ein Beispiel für ein *Reverse-Building* folgt in diesem Kapitel.

Im Folgenden beschreibe ich zwei mögliche Wege, wie man ein Worldbuilding beginnen kann. Ein Weg ist das *kleine Worldbuilding* mit dem Samen der Welt und einem kraftvollen Kern. Der andere Weg wäre der Aufbau eines erweiterten Worldbuildings auf einem Weltenfundament, aus dem man eine reichhaltige Welt erschaffen kann.

Sind Sie sich noch nicht sicher, welche Bausteine Ihre Welt benötigt, können Sie mit einer der beiden Strategien beginnen und dann jederzeit Ihre Aufbaustrategie anpassen, da Sie dazu ja lediglich die Bausteine anpassen müssen.

Ich empfehle Ihnen, die Entwicklung mit farbigen Notizzetteln zu beginnen, um die Bausteine der Welt in einem spielerischen Prozess zu finden und schärfen. Sie können diesen Prozess beispielsweise auf einer realen Wand machen, an die Sie die Notizzettel heften oder auf digitalen Notizzetteln in einem digitalen Workspace (siehe Link zum Miro-Board).

5.4.1 Das kleine Worldbuilding

In Kapitel 3.3 haben Sie ja bereits zwei Beispiele eines kleinen Worldbuildings kennen gelernt. Im Miro-Board kann man die Vorlage zum Aufbau eines kleinen Worldbuildings wählen.

Zuerst steht auch beim kleinen Worldbuilding die Frage an, ob Sie von null anfangen wollen oder mit einem Reverse-Building beginnen möchten (siehe weiter hinten im Kapitel). Also beispielsweise aus einem bestehenden Format die Figuren, Handlungsorte, Regeln der Welt, ggf. Gameplay-Elemente, Konflikte und Fragen ableiten wollen, um daraus formatoffen Plots zu entwicklen, um daraus wiederum neue Formate zu generieren.

Somit würden Sie mit der Befüllung des Samens der Welt beginnen und diesen dann, je nach Bedarf, erweitern. Der folgende Aufbauprozess ist somit eine Orientierung.

Während des Prozesses werden Fragen auftauchen. Schreiben Sie Fragen auf. Sie können im weiteren Verlauf der Entwicklung wichtig und hilfreich sein.

Sinnvoll ist der Beginn mit der Frage nach dem **Thema oder der treibenden Kraft** (ein Notizzettel), des Projektes sowie der **Motivation des Projektteams** (ein weiterer Notizzettel). Gerade bei der Entwicklung von Spielen kann eine treibende Kraft und deren Gegenkraft ein dynamischer Faktor und ein inhaltlicher Kompass bei der Entwicklung von Gameplay-Elementen sein.

Parallel dazu oder danach entwickeln Sie den Samen der Welt (jeweils mit unterschiedlich farbigen Notizzetteln):

- Gruppierungen, Kulturen Mythologien etc.
- Figuren
- Handlungsort(e), Regeln und Gesetze sowie Gameplay-Elemente
- Konflikte und Fragen

Zum Finden der Elemente des Samens der Welt hier eine kurze Anleitung (im Kapitel 3.2.2 gehe ich vertieft auf die Entwicklung einfacher Figuren ein):

Gruppierungen/Figuren

- Für das Finden einfacher Figuren kann folgende Frage helfen: Was sind die Haupteigenschaften der Figur(en)?
- Diese Eigenschaften kann man in körperbasierte und charakterbasierte Eigenschaften trennen: Körperbasierte Eigenschaften können beispielsweise sein: Dünn, dick, schnell, langsam, leicht, blind, taub, zahnlos, hungrig, durstig, einäugig, amputiert, farblos, falschfarbig. Charakterbasierte Eigenschaften können beispielsweise sein: ängstlich, nervös, arrogant, fokussiert, neugierig, impulsiv, kindisch, vertrauenswürdig, verspielt, konzentriert, machgierig,
- Dann können die Handlungsmotivationen für die Figur(en) folgen. Beispielsweise äußeres Ziel, inneres Bedürfnis etc.
- Gibt es eine Wandlung der Figur(en), die mit dem Thema des Projektes zusammenhängt?
- Haben die Figuren einen USP, also eine Eigenschaft, die sie Besonders macht?
- Haben die Figuren eine einfache aber starke Backstory?
- Gibt es das Suffer-Goal-Prinzip in der/den Figuren?

Die Gegenkraft zur treibenden Kraft des Projektes

Was ist die antagonistische Gegenkraft im Projekt? Eine antagonistische Kraft kann beispielsweise:

- dasselbe wollen, wie Hauptfigur(en),
- das Gegenteil wollen wie Hauptfigur(en),
- in Hauptfigur(en) selbst liegen,
- die größte Angst der Hauptfigur(en) personifizieren.

Einfache Handlungsort(e)

- Denken Sie an das Thema oder die dynamische Frage, um Handlungsort(e) zu gestalten. Welche Handlungsorte braucht es, um Thema oder Kernfrage in eine starke Dynamik zu bringen?
- Wie detailreich oder reduziert und einfach muss sie sein?
- Wie fühlen sich die Handlungsorte an? Was für Dynamiken benötigen sie für Aktionen der Charaktere? Wieviele Handlungsorte benötigt das Projekt?
- Weist der Handlungsort selbst bereits antagonistische Gegenkräfte auf, die das Thema der Welt unterstützen oder die Figuren in Konflikte und Handlungen zwingen? Zum Beispiel bestimmte physikalische Gesetze, Regeln der Welt oder Spielregeln? Vielleicht sind die/der Handlungsort(e) in verschiedene Bereiche unterteilt, um verschiedene Aspekte des Themas/ der Fragen zu erleben?

Gibt es eine **Logline** als Vorgeschichte oder Einstieg in Plots?

Sie können die kleine Welt erstmal ohne Formatperspektiven entwickeln oder parallel bereits an Formatideen arbeiten.

Jetzt würde der Schritt in die **Formatstrategien- und Architekturen** folgen, also die Auswahl einer Community oder bestimmter Rezipienten, für die Sie lineare, interaktive oder transmeidale Formate entwickeln.

Hier stehen die **Formatfragen** im Zentrum. Also welche Frage erzeugt eine starke Beziehung zu den jeweils ausgewählten Rezipienten?

Jetzt folgt der Schritt in die Formatproduktion.

5.4.2 Das erweiterte Worldbuilding

Die Aufbaustrategie für das erweiterte Worldbuilding beginnt mit der Motivatioin und Botschaft der Weltenbauer. Sie können sich an dieser Aufbaustrategie orientieren und selbstverständlich jederzeit andere Bausteine hinzunehmen oder weglassen.

Motivation und Botschaft des Weltenbauers

Eine Welt entsteht im Spiegel ihrer Schöpfer. Somit ist die erste Frage: Was motiviert Sie, diese Welt zu erschaffen? Gibt es ein bestimmtes Thema, ein Problem oder eine zentrale Frage, die Sie in unsere Welt spiegeln wollen? Es hilft ungemein, wenn man sich die Frage der Motivation klar beantworten kann. Meist ist die Motivation der Weltenschöpfer eng verbunden mit dem Thema der Welt.

Möglicherweise ist mit der Motivation auch eine Botschaft, die Sie mit der Welt transportieren wollen, verknüpft. Diese Botschaft selbst muss später nicht direkt im Projekt auftauchen, aber sie hilft bei der Schärfung der Motivation, des Themas und des Blickwinkels auf die Welt.

> **Tipp** | Auf dem miro-Board kann die Botschaft in der Nähe des Themas oder des Blickwinkels verorten werden. Je nachdem, wo sie besser passt.

Das Fundament der Welt

Zum Entwickeln des Vierergespanns ist der Einsatz unterschiedlich farbiger Notizzettel auf einer realen oder digitalen Wand ein spielerischer Prozess: Sammeln Sie diese vier Bausteine und schauen Sie, welche miteinander eine stark resonierende und harmonische Kraft bilden. Die Tabelle stellt noch einmal an drei Beispielen diese vier essentiellen Punkte eines Weltenfundaments dar.

	Prämisse	Blickwinkel	reflektive Fragen	Thema
Die Hades-Welt	„Stell Dir eine Welt vor, in der jeder weiß, wann er sterben wird."	Der Verlust von Menschen, mit denen man in Verbindung steht	Ist es wirklich gut zu wissen, wann man stirbt oder wann andere sterben werden?	Umgang mit Verlust
Sonnenwind-Projekt	„Stell Dir vor, in unserer Welt würde heute ein Sonnenwind alle Technologien zerstören?"	Statuswandel der Berufe und gesellschaftlichen Rollen	Wie verändern sich berufliche Hierarchien durch eine Welt ohne Technologien? Woran wird der Wert der Arbeit gemessen? Was für ein wirtschaftliches System wird dadurch begünstigt und welchen Wert hat darin ein Mensch? Was wären alternative Lebensmodelle?	(Ungerechtigkeit im) Wert der Arbeit
Die Welt der 100	„Stell Dir einen Planeten vor, der so klein ist, dass nur 100 Menschen darauf leben können, weil sonst die lebenswichtigen Ressourcen nicht mehr für alle Bewohner ausreichen würden."	Gier der Menschen, Umgang mit Ressourcenknappheit	Wie können Bevölkerungen mit den Begrenztheiten globaler Ressourcen umgehen?	Balance

Tabelle 5 | Prämisse, Blickwinkel, reflexive Fragen und Thema zu drei Beispielen

Thema der Welt

Wenn man sich mit der Motivation zum Aufbau der Geschichtswelt auseinandersetzt, wird in diesem Findungsprozess meistens auch das alles überspannende **Thema der Welt** sichtbar. Es gibt die inhaltliche Grundausrichtung der Welt vor. Das, was Prämisse und Blickwinkel eint.

Das Thema findet sich in der Regel während der Suche nach Eigenmotivation/Botschaft, Weltenprämisse und Blickwinkel der Welt. Daher müssen Sie nicht gleich zu Beginn der Arbeit am Weltenfundament das Thema in aller Klarheit kennen. Sammeln Sie diverse Themen auf Notizzetteln, und überprüfen Sie diese im Lauf des Prozesses, bis das Thema geschärft und klar mit den anderen Bausteinen des Weltenfundaments resoniert.

Weltenprämisse/Leitfrage der Welt

Mit der Einzigartigkeit der Weltenprämisse oder der Leitfrage der Welt steht und fällt die Attraktivität einer sekundären Welt. Deshalb sollte man sich bei ihrer Suche Zeit lassen und sie mit Sorgfalt angehen. Für das Weltenfundament können Sie sich für eine Weltenprämisse oder Leitfrage entscheiden oder zu Beginn mit beiden Möglichkeiten arbeiten.

Leitfrage/Weltenprämisse finden | Im Folgenden skizziere ich einen möglichen Prozess zum Finden einer passenden Weltenprämisse. Dasselbe gilt selbstverständlich auch bei der Suche nach einer Leitfrage der Welt.
Schritt 1 – Bewertungsfrei spielen: Beginnen Sie den Findungsprozess spielerisch. Schreiben Sie jede Idee einer Weltenprämisse auf einen separaten Notizzettel und bewerten Sie Ihre Ideen in diesem Schritt bewusst nicht. Erstmal gilt es, Ideen zu sammeln und dabei offen zu bleiben.
Schritt 2 – Reflektieren und bewerten: Erst im nächsten Durchgang können Sie die Prämissen in Verbindung mit dem restlichen Fundament der Welt setzen. Fragen Sie sich, ob diese Weltenprämisse eine spannende Welt im Kopf entstehen lässt, oder lediglich beispielsweise eine geänderte Weltenphysik, Biologie, Technologie oder Geographie beinhaltet. Wirft sie spannende Fragen zwischen unserer und dieser neuen Welt auf? Entstehen durch sie spannende Blickwinkel? Oder ist in der Weltenprämisse bereits ein Thema enthalten? Durch das Abgleichen mit den restlichen Elementen des Weltenfundaments können Sie recht schnell eine Weltenprämisse in ihr erzählerisches Potential einordnen.
Schritt 3 – Prämissen einordnen: Ordnen Sie jetzt Ihre Prämissen nach Potential für den Aufbau einer Geschichtswelt. (Falls Sie an einer Leitfrage der Welt arbeiten, können Sie sich die Frage stellen, ob die Leitfrage in enger Verbindung mit dem Thema der Welt steht und eine starke Dynamik erzeugt.)
Schritt 4 – Plot- oder Weltenprämisse?: Jetzt gilt es zu kontrollieren: Hat man Welten- oder Plotprämissen entwickelt? Also: Sind Prämissen mit einer subjektiven Formatperspektive oder mit einer Multiperspektive entstanden?
Dazu nochmal das Beispiel:

- Plotprämisse: Ein Wissenschaftler erschafft ein Monster aus toten Körperteilen.
- Weltenprämisse: „Stell Dir eine Welt vor, in der neue Kreaturen aus toten Körperteilen geschaffen werden können."

Haben Sie eine starke Plotprämisse entwickelt, suchen aber nach einer Weltenprämisse, so können Sie versuchen, die Plotprämisse in eine Multiperspektive zu überführen.
Sortieren Sie Ihre Prämissen nach Plot- und Weltenprämissen um. Zum Einordnen der Prämissen in eine Reihenfolge helfen die folgenden Fragen: Was wollen Sie

aus Ihrer sekundären Welt in unsere Welt spiegeln? Erzeugen die Prämissen ein Spannungsfeld zwischen unserer und der sekundären Welt?
Wiederholen Sie die vier Schritte, bis Sie eine kraftvolle und passende Weltenprämisse gefunden haben.

Der Blickwinkel

Der Blickwinkel gibt die Perspektive vor, mit der man auf die sekundäre Welt blickt. Dieser Baustein bietet nochmals das Potential, eine Welt zu etwas Besonderem zu machen. Gleichzeitig tut man sich mit dem Finden und Schärfen des Blickwinkels in diesem Vierergespann des Weltenfundaments meist am schwersten. Der Blickwinkel wiederum ist eng verbunden mit der Motivation der Weltenbauer. Es hilft, wenn man den Blickwinkel in Verbindung mit der eigenen Motivation und einer Botschaft oder dem Thema der Welt schärft.

Als Prozess empfehle ich hier auch die vier Schritte, die ich beim Weltenfundament vorgestellt habe. Sammeln Sie zuerst diverse Blickwinkel, ohne diese zu bewerten, auf kleinen Notizzetteln. Bewerten Sie sie erst im nächsten Schritt mit der Frage, welche davon zu Ihrem Thema/Motivation/Botschaft und zur Weltenprämisse passen. Anfangs können hier mehrere Blickwinkel zur weiteren Diskussion stehen. Im nächsten Schritt können Sie den Blickwinkeln eine Rangfolge geben mit der Frage, welcher Blickwinkel am besten mit der Prämisse und dem Thema resoniert.

Um den passenden Blickwinkel für eine Welt zu finden, muss man manchmal bereits in diesem Konzeptionsstadium etwas Welt anreichern. Aber nur so viel, wie man für die Schärfung des Blickwinkels benötigt.

Dabei allerdings darauf achten, dass Sie nicht den Blickwinkel auf die Welt mit der Erzählperspektive einer Geschichte verwechseln. Die Erzählperspektive ist bereits ein eingeengter Blick für einen Plot. Der Blickwinkel ist unabhängig von jeglichem Plot und multiperspektivisch offen.

Reflektive Fragen: Das Spannungsfeld zwischen primärer und sekundärer Welt

Welche Fragen oder Themen wollen Sie in unsere Welt spiegeln? Neben der Leitfrage der Welt tauchen während des Findungsprozesses des Weltenfundamentes normalerweise ganz organisch noch weitere Fragen auf, die spannende Aspekte der sekundären Welt in unsere primäre Welt spiegeln. Sammeln Sie diese Fragen parallel auf Notizzetteln. Falls Sie das noch nicht getan haben, machen Sie sich jetzt auf die Suche nach dem Spannungsfeld zwischen unserer Welt und Ihrer Schöpfung. Diese Fragen helfen beispielsweise, Plots aus der Welt abzuleiten.

Bleiben Sie bei dem gesamten Prozess des Weltenfundaments spielerisch, bis Sie eine starke und in sich homogene Kombination der vier Bausteine gefunden haben. Dieses Fundament sollte schließlich eine ganze Geschichtswelt kraftvoll tragen können.

Der Samen der Welt

Kaum ein anderer Baustein im Aufbau einer Geschichtswelt kann so unterschiedliche Gestaltungsformen und Dimensionen annehmen wie der Samen der Welt. Das habe ich sowohl bei eigenen Projekten erlebt als auch bei Projekten, die ich mentoriert habe. Kein Samen der Welt ähnelt einem anderen. Das liegt an den unterschiedlichen Bedürfnissen, die die jeweiligen Welten in ihrer Umfänglichkeit und ihren Schwerpunkten mit sich bringen.

Ein Samen der Welt kann aus nur mehreren Linien als Handlungsort und zwei Formen als Figuren und nur wenigen (Spiel-)Regeln der Welt bestehen oder – im Falle der Hades-Welt – biblische Ausmaße annehmen. Hier wird eine Welt mit einem geänderten Naturgesetz, drei Kulturen mit ihren jeweiligen Mythologien, den Regeln der Welt, Handlungsorten, Figuren und vielen Konflikten und Fragen in einer historischen Timeline angelegt.

Tipp | Weil ein Samen der Welt von so vielen Faktoren abhängig ist, können Sie beim Aufbau des Samens der Welt ganz nach dem Bedarf Ihrer Geschichtswelt die passenden Bausteine im miro-Board auswählen und ausgestalten. Haben Sie beispielsweise keine Kulturen oder Mythologien, so löschen Sie diesen Bereich einfach weg und ersetzen diese beispielsweise mit den Regeln der Welt. Mit dem Fundament der Welt haben Sie eine Kompassnadel, auf die Sie bei der Gestaltung des Samens zurückgreifen können. So bleibt der Samen konsistent.

Sollte es in Ihrer Welt **Mythologien** oder **Gründungsgeschichten** geben, wäre das eine gute Basis für einen Start. Sie können beispielsweise mit Schöpfungs- und Untergangsmythologien der Kulturen beginnen. Diese Mythologien wirken auf ihre jeweiligen Gesellschaften/Kulturen durch, die Sie als Nächstes schaffen können. Dann verkleinern Sie den Fokus über die Familien bis hin zum Individuum (siehe Abbildung).

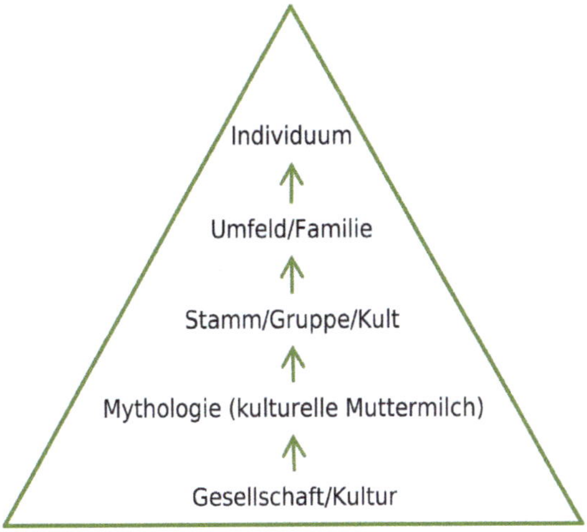

Abbildung 14 | Die Pyramide als Hilfestellung zum Aufbau von Kulturen

Durch unterschiedliche Mythologien und deren Lesart kann man bereits spannende Dynamiken zwischen Kulturen und deren Bewohnern entwickeln. Hier entsteht Potential für spannende Konflikte (siehe Abbildung), beispielsweise deren Beziehungen zum Weltenfundament.

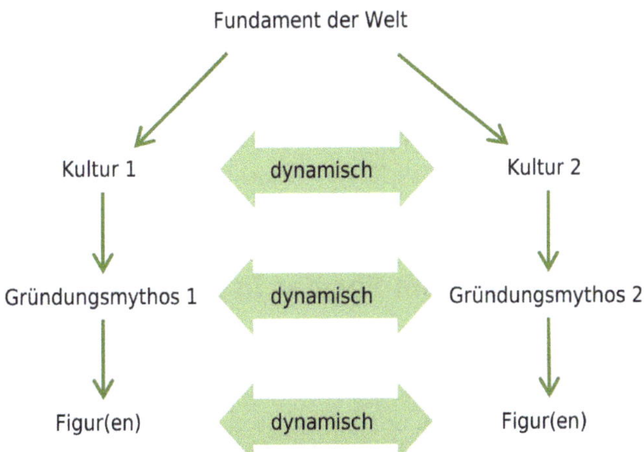

Abbildung 15 | Mögliche Dynamiken zwischen verschiedenen Kulturen und ihren Bewohnern

Beispiel | In der Hades-Welt ist das Thema der Welt der *Umgang mit dem Tod*, der Blickwinkel ist der Umgang mit Verlust von Menschen, mit denen man in Verbindung steht. Um einen Samen zu entwickeln, der dieses Fundament erlebbar macht, wären mehrere Kulturen und Mythologien sinnvoll, die jeweils anders und bis hin zum maximalen Kontrast mit dem Thema der Welt umgehen. So erhält man verschiedene Kulturen, die miteinander in dynamischen Kontrast stehen. Jede Kultur bildet eine Facette unserer primären Welt ab und spiegelt Rezipienten bestimmte Fragen zum Thema der Welt. Zu den Kulturen gehören Figuren, Handlungsräume und ein Zeitstrahl, wie sich diese Kulturen in Abhängigkeit zueinander entwickelt haben. Der Samen der Welt wird hier durchaus umfangreich.

Tipp | Um Kulturen unterschiedliche Ausrichtungen und Haltungen im Verhältnis zur Prämisse zu geben, kann man im Miro-Board zentrale Fragen des Weltenfundamentes in Beziehung zu den Kulturen setzen.

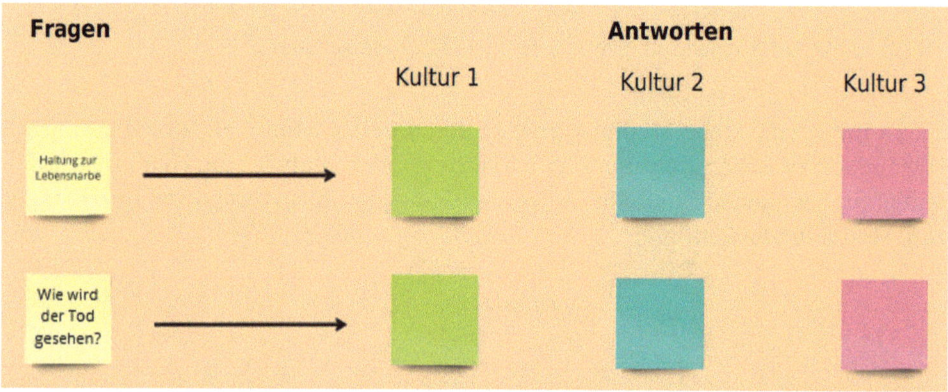

Abbildung 16 | Beispiel für die Visualisierung von zentralen Fragen in den verschiedenen Kulturen einer Welt, um auf diese Weise Konfliktpotentiale für Plots besser sichtbar machen zu können

5.5 Reverse-Building: Vom Format in die Geschichtswelt

Möchte man aus einem Märchen, einer Legende, einer bestehenden Serie, einem Roman, einer Kurzgeschichte, einem Kurzfilm oder anderen bestehenden Spiel- oder Erzählformaten eine Welt ableiten, um daraus wiederum neue, zeitgemäße Spiel- oder Erzählformate und Formatarchitekturen zu entwickeln, dann wäre ein **umgekehrter Weltenbau** das Richtige: Aus dem bestehenden Erzählformat die Welt ableiten und danach diese erweitern und anreichern, um daraus neue Formate zu entwickeln.

Dabei extrahiert man im ersten Schritt den Samen der Welt aus dem bestehenden Format. Das folgende Beispiel zeigt, wie das ablaufen kann.

Linktipp | Für das folgende Beispiel habe ich mich an einer Version von Hänsel und Gretel orientiert, die man unter www.s.narr.digital/ef1ek nachlesen kann.

Beispiel | Um aus der Geschichte von Hänsel und Gretel eine Welt abzuleiten, hilft es, sich zunächst der vorhandenen Elemente klar zu werden: Die Geschichte besteht aus insgesamt fünf Figuren, darunter vier Figuren in der Gruppierung der Familie sowie die Figur der Hexe.

Der Samen der Welt – Gruppierungen und Figuren

Der Vater: Von Beruf ist er Holzhacker. Verzweiflungsberuf, Berufung oder familiäres Erbe? Er ist mit einer Frau zusammen, die nicht die Mutter seiner Kinder ist. Hier stellt sich die Frage: Was ist mit der Mutter von Hänsel und Gretel passiert? Wie war für den Vater diese Trennung? Lebt die Mutter noch oder ist sie gestorben? Wir erfahren, dass er seine Kinder von Herzen liebt und nicht im Wald aussetzen will. Lieber würde er mit ihnen das letzte Brot gemeinsam teilen, doch gegenüber seiner neuen Frau hat er kein Durchsetzungsvermögen. Die neue Frau will die Kinder aussetzen und im Wald den wilden Tieren überlassen. Warum kann sich der Vater nicht gegen seine neue Frau durchsetzen, obwohl er seine Kinder liebt? Ist er vom Verlust der vorherigen Beziehung mit der Mutter seiner Kinder traumatisiert? Hat er deshalb Angst, auch seine aktuelle Frau zu verlieren, falls er sich durchsetzen würde? Oder hat er Schuldgefühle gegenüber seiner neuen Frau? Oder ist diese devote Haltung bereits in seiner Kindheit entstanden? Hat er durch Erlebnisse und Erziehung nicht gelernt, sich durchzusetzen? Welche Erlebnisse haben diesen Charakterzug genährt? Welche Glaubenssätze lebt der Vater?

Daneben gibt es in der Geschichte einen spannenden Teil, der uns nicht erzählt wird: Hänsel und Gretel kommen nach längerer Abwesenheit am Ende der Geschichte zum Haus des Vaters zurück. Wir erfahren, dass er seine Kinder sehr vermisst hat und sich über deren Rückkehr von Herzen freut. Seine neue Frau ist gestorben. Was ist in der Zwischenzeit passiert? Gab es Streit zwischen dem Vater und seiner Frau? Hat der Vater seine Kinder bereits gesucht? Wie hat seine Frau darauf reagiert? Hat sich durch seine devote Haltung zu seiner Frau ein emotionales Ventil aufgestaut, das irgendwann in einer Kurzschlusshandlung explodiert ist? Die Figur des Vaters enthält viele Fragezeichen und dadurch viel Erzählpotential.

Die Frau des Vaters: Die Frau des Vaters wirkt kalt und rational. In der aktuellen Not sieht sie nur sich und ihren Mann mit den verfügbaren Brotreserven überleben zu können. Oder ist das nur Mittel zum Zweck? Hat sie das Brot heimlich verknappt? Das Opfer für das gemeinsame Überleben sind für sie die beiden Kinder. Sie hat in der Beziehung mit ihrem Mann die Oberhand und trifft die Entscheidungen ohne mit ihm zu beraten. Was hat diese Frau so kalt werden lassen? Kannte sie seine Ex-Frau? Welche Beziehung hatten die Beiden zueinander gehabt? Waren sie verwandt? Haben sie eine gemeinsame Geschichte? Warum hat sie keine gute Beziehung zu den Kindern? Hängt für diese Frau eine Geschichte aus der Vergangenheit an den Kindern? Hat sie eine weiche, herzliche Seite oder wo, wann und warum ist diese verkümmert? Ist sie liebensfähig und was liebt sie? Welche Bedürfnisse hat sie?

Hänsel und Gretel: Hänsel ist der ältere der beiden Geschwister und hat die rettenden, kreativen Ideen in Notlagen wie mit den weißen Steinen den Rückweg zu markieren oder statt seines Fingers der Hexe einen Knochen hinzuhalten. Er hat einen Beschützerinstinkt seiner Schwester gegenüber und ist ein wacher, starker Junge, der um das gemeinsame Überleben kämpft.

Gretel ist die scheinbar schwächere Figur der Geschwister. Sie wirkt anfangs passiv und folgt den Handlungen ihres Bruders. Sie wirkt verzweifelt, schwach und weint oft als Reaktion auf das nächste Unglück. Doch Gretel hat einen Wendepunkt in der Geschichte: Sie folgt den Ideen und Aktionen ihres Bruders, die beide in immer schwieriger werdende Situationen bringt. Doch als die Hexe Gretel auffordert, in den Ofen zu klettern und sie damit ihrem sicheren Tod ins Auge blickt, schafft sie eine Wende. Mit einer List tötet sie die Hexe und befreit Hänsel. Hänsel sieht keine Möglichkeit, auf dem Rückweg über den See zu kommen, doch Gretel hat die Idee mit der weißen Ente. Hänsel fordert Gretel auf, sich mit ihm auf die Ente zu setzen, aber Gretel weigert sich. Die Ente ist aus ihrer Sicht zu schwach, um beide zu tragen. Zuerst überquert Hänsel das Wasser, dann sie. So ist Gretel die Figur, die die größte Wandlung der Geschichte erlebt und sich von ihrem Bruder emanzipiert. Hänsel ist eine statische Figur, Gretel eine dynamische, sich entwickelnde, emanzipierende Figur.

Die Hexe: Man kann die Hexe eine statische, antagonistische Figur sein lassen oder man kann sich die Frage stellen, ob diese Hexe einmal eine „normale" Frau war und welcher Lebensweg sie zur Hexe hat werden lassen. Was hat sie in die Isolation des Waldes geführt und in dieses Haus? Lebte sie früher im Dorf unter Menschen? Warum hasst sie Kinder? Woher kommt das Können, ein Haus aus Gebäck zu fertigen? War sie Bäckerstochter? Hat sie Kinder geliebt? Und was haben die Kinder des Dorfes mit ihr gemacht, dass sich die Liebe so in Hass gewandelt hat? Wie war die Beziehung zu ihren Eltern? Hat sie Geschwister? Welche Erlebnisse haben diese spezielle Beziehung zu süßem Gebäck wachsen lassen? Die Hexe könnte eine dramatische Leidens- und Wandlungsgeschichte durchlebt haben.

Die Figuren bieten viel Raum für Anreicherungen der Lebensläufe und Erzählungen aus deren Perspektiven. Man könnte jede Figur durcherzählen bis zur heutigen Hänsel-und-Gretel-Geschichte oder auch noch darüber hinaus.

Beispielsweise kann man einen radikalen Wendepunkt im Leben des Vaters anlegen, der ihn bis zur heutigen Geschichte nachhaltig geprägt hat. Nennen wir den Vater von Hänsel und Gretel **Albert** und schauen wir uns eine von vielen Möglichkeiten eines radikalen Wendepunktes in einer Lebensgeschichte an:

Alberts erster, radikaler Wendepunkt in seiner Lebensgeschichte: Alberts Mutter hatte bei seiner Geburt einen Gebärmuttersenkung. Seitdem drückt die Gebärmutter auf ihre Blase und ihre Harnröhre hat sich chronisch entzündet. Deshalb muss sie häufig aufs Klo und jedes Urinieren brennt höllisch. Daran ist Albert schuld. Sie wollte ihn nicht, aber der Vater wollte nach zwei Töchtern noch einen Nachfolger für seinen Holzhandel. Das ständige Brennen beim Urinieren nährt ihre chronische Aversion auf dieses ungewollte dritte Kind.
Als Kind lebt Albert mit seinen beiden Schwestern und der Mutter in einem kleinen Holzhaus mitten im Wald auf einer sonnigen Lichtung. Alberts Vater ist Flößer und die meiste Zeit des Jahres auf Flüssen unterwegs, um Holz zu schwemmen. Im Winter gibt es dagegen wenig zu tun und er hat Zeit für seine Familie. Am liebsten beschäftigt er sich mit seinem Sohn und nur ungern mit seiner Frau. Für ihn war sie ein Fehlgriff. Erst nach der Heirat lernte er deren Schwester kennen und lieben. Zu spät. Seine Frau war schwanger und bis heute grämt er sich mit Gott, warum er ihm die falsche Frau beschert hat.
Alberts älteste Schwester arbeitet mit der Mutter im Haushalt, und so kümmert sich seine zweitälteste Schwester Karla um ihn. Seiner Mutter ist das recht. Sie will mit diesem aufgezwungenen Kind nichts anfangen. Für Albert ist seine ältere Schwester Bezugsperson. Hier fand er Sicherheit, Verständnis und Mutterliebe.
Es war im Frühling. Der Schnee kam zurück und Albert war bereits sechs Jahre alt, als ihn das Fieber heimholte und Karla ihn liebevoll pflegte. Es war ein seltsamer Tag. In Alberts Mutter schien der Neid zu gären. Diese fürsorgliche Liebe zwischen diesen zwei Kindern, die sie nicht teilen kann. Dabei ist sie ist doch die Mutter! Diese Liebe hat Albert nicht verdient. Er hat ihren Körper in eine brennende Hölle verwandelt. Er dagegen scheint glücklich und zufrieden mit der Liebe seiner Schwester. Alberts Mutter blickt lange auf das Glück der beiden. Dann beschließt sie, Karla ins Dorf zu schicken, um Hustensaft für den kranken Albert zu holen. Alle drei Kinder starren die Mutter irritiert an. Draußen tobt ein Schneesturm und Albert selbst fühlt sich auf dem Weg der Heilung. Ihnen scheint der Schritt unnötig. Doch seine Mutter besteht darauf. Albert sagt, er braucht diesen Hustensaft nicht. Ihm geht es schon so besser, und beide Schwestern stimmen ihm zu. Das macht seine Mutter noch wütender. Karla gibt nach, möchte aber Albert noch ins Bett bringen, bevor sie sich auf den Weg macht. Sie liest Albert eine Gute-Nacht-Geschichte vor, der dann mit ungutem Gefühl einschläft.
Als Albert am frühen Morgen erwacht, steht seine ältere Schwester nervös am Fenster und blickt in die Dämmerung. Albert ahnt Schlimmes. Er erfährt von seiner Schwester, dass seine Mutter Karla noch am späten Abend in die Stadt zum Arzt geschickt hat und sie bisher nicht zurückgekommen ist.
Sofort zieht sich Albert an und geht hinaus in die Dämmerung, um seine Schwester zu suchen. Er findet sie erfroren im Schnee nur wenige Meter vom Haus entfernt. In der Hand die Flasche mit dem Hustensaft.

Albert schreit vor Schmerz und nimmt seine erfrorene Schwester in die Arme. Versucht ihr wieder Leben einzuhauchen. Sein zweiter Schrei ist ein Wutschrei. Er rennt zurück ins Haus. Seine Mutter hat ihn bereits am Fenster erwartet. Albert schreit seine Mutter an. Sie ist schuld am Tod seiner Schwester! Dieser Vorwurf prallt an den kalten Gesichtszügen seiner Mutter ab. Bedächtig, aber mit schweren Worten gibt seine Mutter ihm die Schuld an dem Tod. Er ist schließlich krank und brauchte den Hustensaft.

Albert springt seine Mutter an und prügelt auf sie ein. Als er mit seinem Fuß versucht, auf seine Mutter einzustauchen, nimmt sie das Nudelholz vom Küchentisch und schlägt es auf sein Knie. Der dritte Schrei Alberts folgt kurz nach dem knackenden Geräusch einer zerbrechenden Kniescheibe. Albert fällt zu Boden. Seine Mutter beugt sich über ihn und macht ihm klar, dass er für den Tod seiner Schwester verantwortlich ist. Damit muss er jetzt und für immer klarkommen.

Alberts Wut auf seine Mutter wächst und wandelt sich in tiefen Hass. Gleichzeitig wächst die Ohnmacht eines Sechsjährigen, der zum Überleben noch abhängig von seiner Bezugsperson ist. Er kann sie nicht töten. Er braucht sie zum Überleben.

Albert hat in diesem Moment seine Mutter verloren. Die seelische, nährende Mutter und seine leibliche Mutter. Er hätte es vorhersehen müssen. Den Neid der Mutter. Er hätte seine Schwester beschützen können. Sein Schuldgefühl über den Tod seiner Schwester wächst. Er hat sie auf dem Gewissen. Sie, die nur das Beste für ihn wollte.

Albert schreit in diesem Moment einen Fluch gegen seine Mutter aus. Sie soll ein Leben in Verdammnis leben. Nicht leben, aber auch nicht sterben dürfen. Ein Leben ohne eine Sekunde Glück. Gott soll sich von ihr abwenden und nur Dunkelheit soll sie umgeben. Dafür gibt er seine Kinderseele.

An diesem Tag übersprang Albert seine Kindheit und wurde erwachsen. Zumindest so weit das möglich war. Sein Knie heilte, sodass er wieder gehen konnte, aber an kalten Tagen schmerzte es und er konnte es kaum belasten.

Albert trat in die Schuhstapfen seines Vaters und flößte im Sommer Holz auf den Flüssen. Im Winter blieb er zu Hause. Sein Wunder Punkt ist sein Knie. Er hat Monate, in denen das Knie so schmerzte, dass er kaum arbeiten konnte. Es steht auch für den Verlust und die Schuld über den Tod seiner geliebten Schwester.

So weit das Beispiel für einen **radikalen Wandlungsmoment** im Leben des Vaters, der ihn nachhaltig und lebenslang geprägt hat. Sein kaputtes Knie kann beispielsweise der Grund sein, warum er in dem Jahr vor der bisherigen Geschichte nicht Flößern gehen konnte. Dadurch verarmte die Familie. Sein sensibles Knie gibt ihm das Gefühl, schwach zu sein und nicht für die Familie sorgen zu können. Seine neue Frau gibt ihm dazu die Schuld an der Misere und schon ist er in einer devoten Haltung ihr gegenüber und durch die Schuldzuweisung erlebt er wieder eine Mutterprojektion. So oder ähnlich könnte seine Figur gestaltet werden.

Für die Multiperspektive des Worldbuildings kann man für jede der Figuren eine Lebensgeschichte anlegen und die Figuren in einem Zeitstrahl und einer Genealogie in Beziehung zueinander setzen.

Der Samen der Welt – Die Handlungswelt
Aus der Geschichte hervorgehende Handlungsorte sind: Das Haus des Vaters am Waldrand, der Wald, der Weg im Wald, der Feuerplatz, der See im Wald mit der weißen Ente und das Hexenhaus aus Lebkuchen mit Käfig und Holzofen.

In der Geschichte werden die Handlungsorte meist nur grob ausgestaltet. Diese kann man nun mit Details, wie beispielsweise symbolisch aufgeladene Objekte und (Spiel-)Regeln, erweitern. Ein höherer Detailgrad oder spezifische Regeln können beispielweise für Spielformate interessant sein. Man kann aber auch weitere Handlungsorte hinzufügen, die in den (erweiterten) Lebensgeschichten der Figuren vorkommen.

Der Samen der Welt – Konflikte und Fragen
Für die Entwicklung von Spielen oder Geschichten aus der abgeleiteten Geschichtswelt benötigt man spannende Fragen, die die Rezipienten interessiert und dazu bringt, Spiele aus der Welt zu spielen oder Geschichten aus der Welt erleben zu wollen.

Im Märchen könnten dies z. B. folgende sein: Werden Hänsel und Gretel überleben? Werden Hänsel und Gretel wieder nach Hause finden? Werden Hänsel und Gretel ihr elterliche Sicherheits- und Liebensbedürfnis stillen können? Wird der Vater seine Kinder wiedersehen? Wird der Vater es schaffen, seine Bedürfnisse neben seiner Frau durchzusetzen? Werden Hänsel und Gretel der Hexe entkommen? Werden Hänsel und Gretel aus dem Wald zurückfinden? Wird sich Gretel aus dem Schatten von Hänsel emanzipieren? Werden sie es schaffen, ihre Armut zu überwinden? Warum ist die Frau des Vaters tot, als die Kinder zurückkommen?

Es gibt viel Konfliktpotential in der bisherigen Geschichte. Einige Fragen beziehen sich auf Zwischenziele der Geschichte, einige Fragen beziehen sich auf den Handlungsstrang als Ganzes.

Man kann diese Fragen beliebig erweitern, wenn man auf die Möglichkeiten der Figurenentwicklung blickt. Hier bietet sich bereits weiteres Erzählpotential, das man bereits bei der näheren Betrachtung der Figuren sieht.

Bei der Auswahl an Fragen für Plots hilft es, sich an den Bedürfnissen der Rezipienten zu orientieren. Welche Fragen sind für sie spannend?

Bei der Ausgestaltung des Samens der Welt kann auch ein **Zeitstrahl** hilfreich sein. Die Welt zum Zeitpunkt der Geschichte ist bekannt, aber was ist davor und danach in der Welt geschehen? Gab es in dieser Welt „dunkle Zeiten" und „glückliche Zeiten"? Wodurch wurden diese Phasen jeweils hervorgerufen? In diesen Zeitstrahl kann man, neben Vorkommnissen der Welt, auch die wichtigen Lebensaugenblicke der Figuren eintragen.

Das Fundament der Welt

Wie bereits gesagt muss man kein Fundament der Welt aufbauen, falls die bestehende Geschichte oder das Spiel keines hergibt. Hier beginnt auch meist der interpretatorische Spielraum. Doch manchmal kann es, gerade im Hinblick auf neue Geschichten aus der Welt, spannend sein, über ein mögliches Fundament nachzudenken. Gerade Märchen können oftmals psychologisch gedeutet werden oder alltägliche Themen behandeln, die man gut in den heutigen Zeitgeist übersetzen kann. Außerdem kann man über einen spezifischen Blickwinkel die Welt zu etwas Einzigartigem machen, wie man beispielsweise bei dem Sonnenwind-Projekt gesehen hat.

Daher kann man sich fragen , ob es spannende, reflektive Fragen gibt, die man in unsere Welt spiegeln möchte? Gibt es eine Weltenprämisse? Ein übergeordnetes Thema?

Neue Geschichten und Formate aus der angereicherten Welt

Im nächsten Schritt kann man aus der mit narrativem Fleisch angereicherten Welt neue Geschichten erzählen.

Z. B. kann man in der Phase ansetzen, in der Hänsel und Gretel nicht zu Hause waren und die Stiefmutter starb: Woran ist sie gestorben? Hat der Vater eine innere Wandlung erlebt? Und wenn ja, wodurch? Wollte er losgehen und seine Kinder suchen und kam dadurch in Konflikt mit seiner Frau?
Oder man blickt auf das tragische Leben der Hexe und die Frage: Was ist in ihrem Leben passiert, dass sie zur Hexe wurde? Es gibt viele Perspektiven und spannende Fragen, die man erzählen kann.

Das mediale Format

Neben dem Inhalt ist natürlich auch die Frage des medialen Formates wichtig. Sobald die ursprüngliche Geschichte in eine Welt und Multiperspektive überführt wurde, kann man diverse lineare, interaktive und transmediale Formate ableiten bis hin zum Storyliving in dieser angereicherten Märchenwelt

Denkbar ist bei der Formatentscheidung ja wirklich alles: Von einem Ego-Shooter durch den Wald über ein Spiel aus Perspektive von Gretel, die Hänsel aus dem Ofen und beide aus den Fängen der Hexe befreien muss bis hin zu einem Roman über das Leben des Vaters oder der Hexe.
Oder man entwickelt zwei Romane, die man parallel lesen kann. Ein Roman beschäftigt sich mit dem Leben des Vaters und ein Roman mit der Hexe. Beide Lebensgeschichten kreuzen sich immer wieder und beide Bücher werden aus der jeweiligen Subjektiven der Hauptfiguren erzählt. Der Leser kann so plötzlich in zwei unterschiedliche Blickwinkel aus einem Erzähluniversum eintauchen und

man bereitet die Backstory auf, die nachher zu der bisher bekannten Geschichte von Hänsel und Gretel führt.

5.5.1 Frankenstein abgeleitet: Ein Fundament aus der Prämisse abgeleitet

Als Beispiel für den Unterschied von Plot- und Weltenprämisse haben wir uns die Prämisse angeschaut: „Stell Dir eine Welt vor, in der neue Kreaturen aus toten Körperteilen geschaffen werden können."

Aus dieser Weltenprämisse, die sich aus der Plotprämisse ableiten lässt, kann man nun beispielhaft ein Weltenfundament entwickeln, das folgendermaßen aussehen kann:

Thema der Welt	Der Wert eines Menschen? Was macht einen Menschen aus?
Prämisse	„Stell Dir eine Welt vor, in der neue Kreaturen aus toten Körperteilen geschaffen werden können."
Blickwinkel	Menschen als Arbeitskraft/ in der Hand von Unternehmen, Macht vs. Machtlosigkeit, Sklaverei
reflektive Frage	Wie weit kann man gehen, um einen Menschen zu kapitalisieren?

Tabelle 6 | Beispiel für ein Weltenfundament abgeleitet aus einer Plotprämisse

Durch dieses Weltenfundament wird aus einer prinzipiell bekannten Geschichte eine Welt mit einem Blickwinkel, der die Welt und die daraus entstehenden Formate von den bisherigen Erzählformaten abgrenzen kann und somit eine Einzigartigkeit schafft.

5.5.2 Das autorische Beziehungsdreieck

Zum Schluss des Kapitels noch einen Hinweis zur Beziehung zwischen den beteiligen Akteuren: Spieler, Leser oder Zuschauer gehen mit den Geschichten, ihren (Spiele-)Figuren und deren Welt eine Beziehung ein. Sie fühlen sich in die Konflikte der Figuren hinein und lachen, leiden und freuen sich mit ihnen. Hinter dieser Zweierbeziehung befinden sich die unsichtbaren Personen des Projektes: Die Erschaffer der Figuren, der Geschichte und der Welt. Auch sie gehen bei der Entwicklung der (Spiele-)Figuren, Geschichte und Welt eine Beziehung ein.

Für die Erschaffer ist die Perspektive der Rezipienten enorm wichtig. Neben der eigenen Beziehung zwischen Welt, deren Figuren und Konflikte, hilft es, die Erlebnisperspektive der Rezipienten einzunehmen und sich zu fragen, wie die Rezipierenden diese Figur, jenen Konflikte und diese Welt erleben. Auch die Frage nach dem Erlebnis, dass man den Rezipienten schaffen will, ist relevant. Und dabei auch: In welchen Formaten wollen die es am liebsten erleben?

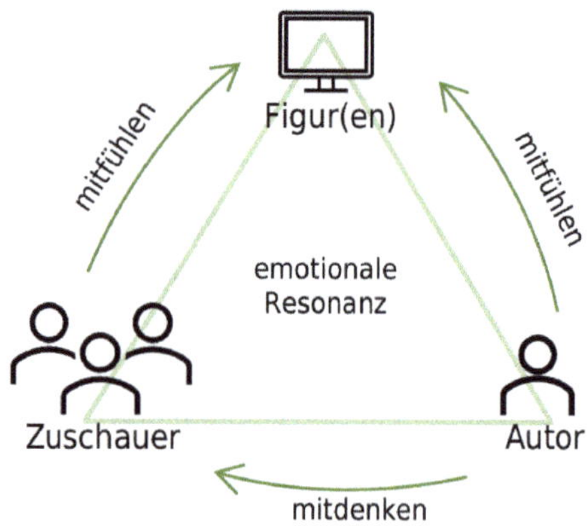

Abbildung 17 | Autorisches Beziehungsdreieck

Am Ende sind Medienschaffende Gefühlsproduzenten und dieses Beziehungsdreieck ist eine wichtige, handwerkliche Perspektive, um Welten, Figuren und deren Geschichten so zu entwickeln, dass sie nicht nur den Erschaffenden gefallen, sondern auch Erlebnispotential für die Rezipienten entfalten. Fühlt man etwas beim Gestalten der Welt, der Figuren und Konflikte? Wenn ja, gut. Wenn nicht stellt sich folgende Fragen: Werden die Rezipienten etwas fühlen, wenn die Erschaffer ihres eigenen Projektes nichts fühlen? Und was macht ein mediales Projekt für die Rezipienten besonders? Ist es nicht das, was diese Menschen beim Rezipieren fühlen?

> "People will forget what you said, people will forget what you did, but people will never forget how you made them feel."[79]

79 Maya Angelou, amerikanische Dichterin, zitiert nach Gallo, 2014

6 Vom Worldbuilding ins Storybuilding

Nachdem die Geschichtswelt nun steht, geht es darum, diese in Formate oder Formatarchitekturen zu bekommen. Dabei geht es um moderne Erzählformate und Formatarchitekturen, nicht aber um deren Distributionsstrategien. Diese sind zwar durchaus wichtig bei der Ausgestaltung eines moderenen Erzählformates, allerdings würden sie hier den Rahmen sprengen.

6.1 Inhalt und Format - Konstante und Variable

Handwerklich kann man das Storytelling in zwei Säulen unterteilen: **Was** (Inhalt) und **wie** (Erzählformat) erzählt wird. Die Konstante ist dabei der Inhalt, der sich aus den menschlichen Bedürfnissen nährt und sich seit vielen Generationen nur unwesentlich verändert hat. Die Variable ist das Erzählformat, das durch neue Devices und Plattformen und eine sich wandelnde Mediennutzung ständig neue Formate hervorbringt.

Noch vor 20 Jahren gab es eine überschaubare Anzahl an medialen Erzählkorsetten, für die man Geschichten entwickelte. Heute ist es umgekehrt: Wir können das oder die passenden Erzählformate für unsere Geschichte auswählen und gegebenenfalls sogar neu entwickeln. Ganz im Sinne der Geschichte und der Rezipienten, die wir damit erreichen wollen: Der Inhalt führt zum Format. Die Rezipienten führen zur Distributionsstrategie.

6.2 Der Formatkompass

Welche Kriterien kann man anlegen, um sich, neben den klassischen Erzählformaten, für weitere Erzählformate zu entscheiden? Ein hilfreicher Entscheidungsaspekt sind die Rezipienten: Welche Interaktions- und Erzählformate nutzen diese und welche dieser Formate würden zur Geschichte passen? Die **Formatentscheidung** ist daher immer auch eine **Community-Entscheidung**.

Zum Schärfen der Formatfrage helfen einige Fragen:

- Was wollen Sie in dem Format erforschen/erzählen und wie soll das Nutzer-/Zuschauererlebnis aussehen?
- Was ist das Thema/die Botschaft/die zentrale Frage des Projektes?
- Durch welche(s) Format(e) kann die Kernbotschaft zum Erlebnis gemacht werden?
- Gibt es eine Community, die an Thema, Prämisse, zentraler Frage oder Botschaft interessiert ist?

- Wer sind die Rezipienten, wie sieht die Community aus, welche Bedürfnisse haben/hat sie? Wo können diese Bedürfnisse im Realraum und Digitalraum erreichen werden und wie kann man darauf eingehen?

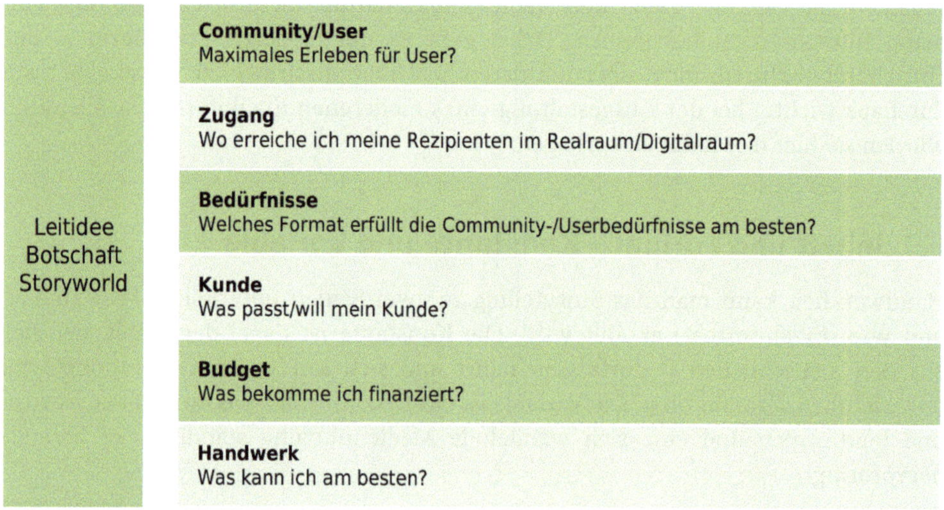

Abbildung 18 | Formatkompass

Crossmedia vs. Transmedia

Wenn man sich mit Erzählformaten und Formatarchitekturen beschäftigt, wird man früher oder später mit den zwei Formatstrategien Crossmedia und Transmedia konfrontiert. Man findet dazu unterschiedliche Definitionen, da beide Erzählformen besonders im Kontext von Werbe- und Marketingkampagnen genutzt werden. Der Unterschied ist jedoch einfach zu verstehen:

- Schauen wir uns als Beispiel die Geschichte von Aschenputtel an. Ursprünglich findet sich die Geschichte in Textform. Später folgten weitere Erzählformate wie Opern, Theaterstücke, Ballettaufführungen, Musicals, Film- und Fernsehadaptionen und vieles mehr. Hier wird also dieselbe Geschichte in mehreren Formaten erzählt: Eine Geschichte, mehrere Erzählformate – das ist **Crossmedia**. Dabei erzählt jedes Format in sich geschlossen entweder die ganze Geschichte in einer Interpretation oder nur Teile davon. Ein crossmediales Format ist somit ein in sich abgeschlossenes Erzählformat.
- Wenn aus einer Geschichtswelt eine Geschichte entwickelt wird, die über mehrere Formate und Plattformen erzählt wird, handelt es sich um ein **transmediales Projekt.** Man kann die ganze Geschichte also nur erleben, wenn man mehreren Erzählformaten folgt. *The Matrix* ist eine bekannte Welt, aus der diverse, transmediale Formate entstanden sind. Die Formate sind jeweils offen in ihrer

Architektur angelegt. Neben den Kinofilmen gibt es beispielsweise die Animatrix, eine Sammlung von Kurzfilmen, die Hintergründe und Nebenhandlungen aus den Hauptpfilmen vertiefen und ergänzen. Mit *Enter the Matrix* gibt es ein Videospiel, das parallel zu den Ereignissen von *The Matrix Reloaded* spielt und zusätzliche Handlungsstränge bietet.

Beispiel | Beim Sonnenwind-Projekt (siehe dazu auch Kapitel 3.1.4) lässt sich sehr schön zeigen, wie wie man von der Prämisse über das Weltenfundament und den Samen der Welt in die möglichen crossmedialen und transmedialen Formatarchitekturen gelangen kann.
Aus dem entwickelten Worldbuilding mit Weltenprämisse („Stell dir vor, in unserer Welt würde heute ein Sonnenwind alle Technologien zerstören."), Blickwinkel (Statuswandel der Berufe und gesellschaftlichen Rollen), reflektiven Fragestellungen (Wie verändern sich berufliche Hierarchien? usw.), Thema der Welt (Wert der Arbeit) und Samen der Welt lassen sich verschiedene crossmediale und transmediale Formate und Formatarchitekturen ableiten (siehe Abbildungen).
Um den jeweiligen Formaten bereits einen gewissen narrativen „Formatkompass" mitzugeben, kann man hier schon die Leitfrage/Prämisse oder das innere und äußere Thema des Formates formulieren. Dadurch lässt sich sehen, welches Format sich auf welche spannenden Aspekte der Geschichtswelt bezieht. Außerdem erkennt man die verschiedenen Projektteams oder Autoren, falls man multi-autorisch arbeitet, sowie die verschiedenen Communitites, die man damit erreichen möchte.

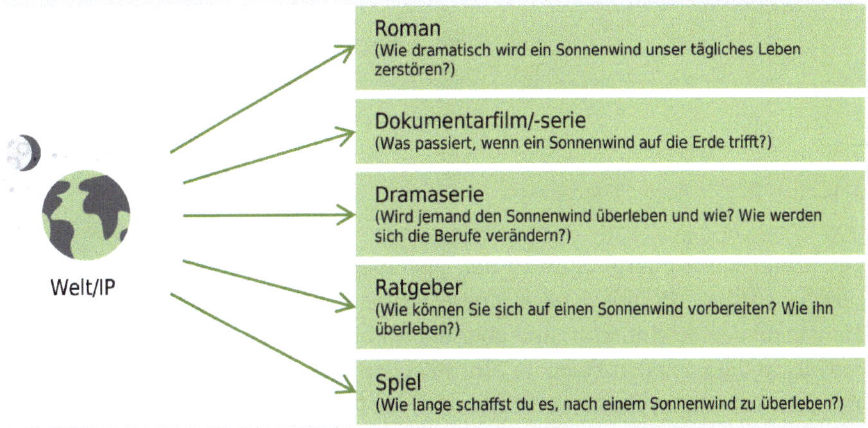

Abbildung 19 | Crossmedia-Architektur

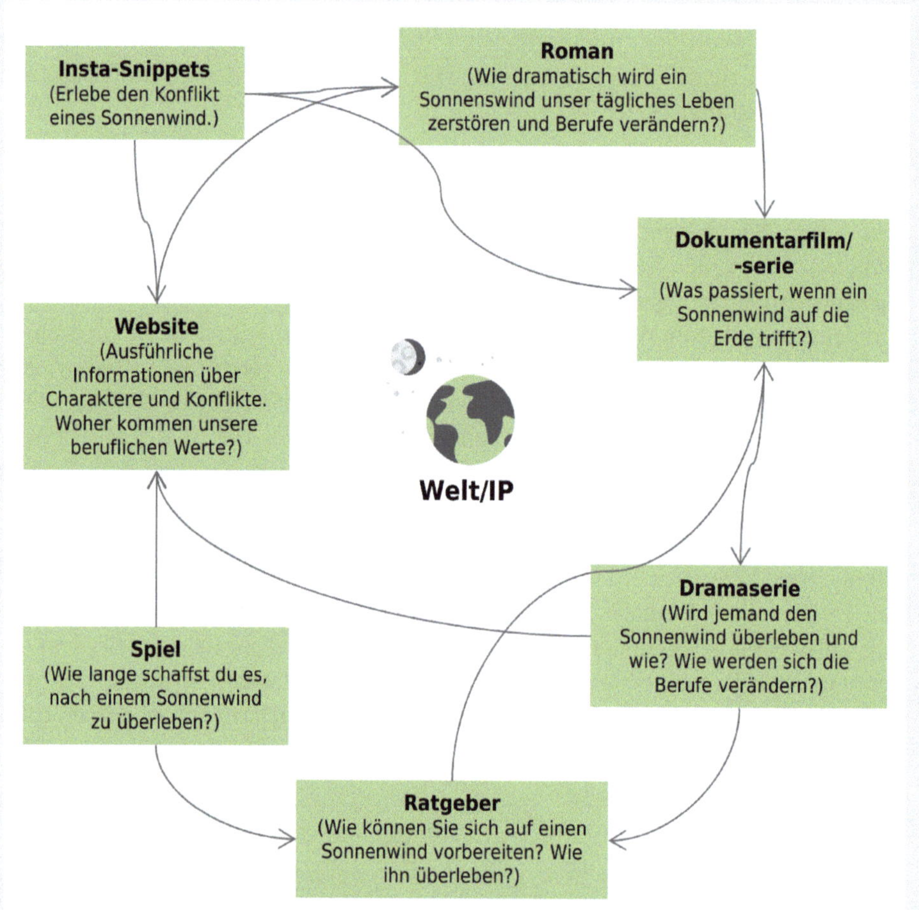

Abbildung 20 | Transmedia-Architektur

Auch hier kann man bereits zu den jeweiligen Formaten einen Formatkompass durch Leitfrage, Prämisse oder inneres/äußeres Thema mitgeben. Wichtig in der transmedialen Architektur sind aber die Mehrwerte für die Rezipienten, die diese jeweils in die nächsten Formate führen sollen. Also: Welche Bedürfnisse kann ich mit dem jeweiligen Format erfüllen und wie führe ich die Rezipienten strategisch damit ins nächste Format?

Diese Formatarchitektur wäre Teil der IP-Bibel, weil sie das Potential der Formatentwicklung(en) für die (jeweiligen) Communities aufzeigt. Außerdem die verschiedenen Aspekte, die man in den jeweiligen Formaten behandeln kann.

6.3 Storytelling heute - Moderne Storytelling-Formate

Welche modernen Storytelling-Formate gibt es aktuell? Zur Inspiration zunächst einige Beispiele, darunter auch Werbeformate, von denen sich einige Mechanismen für die generelle Formatkonzeption ableiten lassen.

Das Seeding-Format

Beispiel | Besuchen wir nochmals das Restaurant *La Table Suisse* in der Schweiz, in dem man Hunde und Katzen essen kann. Das **Seeding-Format** ist das kurze, filmische Portrait über den Koch des Restaurants Moritz Brunner[80].

Daneben gab es eine einfache **Website** über das Restaurant mit Details zur Geschichte und Philosophie des Restaurants. Man hätte auch noch weitere Formate, wie ein Kochbuch von Moritz Brunner o. Ä. aus der Geschichtswelt entwickeln können, aber diese beiden Formate waren genug, um das Projekt ins Rollen zu bringen. Der Multiplikator für die Erzählformate war hier das Social Web. Die Kampagne wurde gezielt in die Feeds von Haustierbesitzer gespielt, um polarisierende Diskussionen anzuheizen. So war die Wahrscheinlichkeit höher, dass es einen Aufschrei gibt.

Innerhalb kürzester Zeit hatte der Portraitfilm auf Youtube hohe Klickzahlen aus der ganzen Welt. In den sozialen Medien sind hitzige Diskussionen und Streitgespräche entstanden, ob es in Ordnung ist, Hunde und Katzen zu essen, da man doch auch andere Tiere isst. Einige wünschten den Koch und das Restaurant in die Hölle und schufen sogar eine Petition auf *change.org*[81] gegen das Restaurant. Das Seeding und die Diskussion über Sinn und Unsinn von Karnismus (der User Generated Content) im Social Web waren Kernstück dieses Projektes.

Linktipp | Bei der google-Suche nach „La Table Suisse" findet man verschiedene Artikel über die damalige Aktion.

Nach einigen Wochen tauchte auf der Website von *La Table Suisse* ein neues Video mit dem eigentlichen Absender des Projektes auf: Der vegetarische Bund Deutschland e. V. mit einem Aufklärungsfilm[82] über Karnismus. Dies war das Katharsis-Format in

80 https://youtu.be/eR-ymsgA_FE
81 https://www.change.org/p/la-table-suisse-stop-cat-and-dog-meat-served-at-the-restaurant-la-table-suisse
82 https://youtu.be/ao2GL3NAWQU?si=1OBYSqOcwk_nes6G

der Formatarchitektur. Außerdem mit einem Add-on am bestehenden Portraitfilm von Moritz Brunner[83].

Was macht dieses Projekt so besonders? Das klassische Format wäre hier ein Social-Spot gewesen. Vermutlich mit der moralischen Botschaft, dass Fleisch essen leid verursacht o. Ä. Statt moralischem Zeigefinger provoziert der Portraitfilm das Thema und die Rezipienten machen ihrem Ärger im Social Web Luft.

Am Ende gibt es für die erregten Gemüter die emotionale Katharsis mit der Bekanntgabe des Absenders und dem Zurückspiegeln des Themas *Karnismus* ins Social Web und in die Communitites.

Es gibt also drei Erzählformate, Website, Portraitfilm und Aufklärungsfilm, eine bewusst provozierte Diskussion im Social Web und die Strategie der veränderten Website mit dem zweiten Film nach einer gewissen Zeit.

Das Projekt ist ein wunderschönes Beispiel für den Aufbau einer passenden Geschichtswelt für das Thema, das die zentrale Frage mit geeigneten Erzählformaten in unsere Welt spiegelt und mit einer spannenden Formatarchitektur und einer effektiven Seeding-Strategie verbindet.

Die Recherche macht den Unterschied

Eine gute Recherche zeigt die manchmal unvorstellbaren Bedürfnisse und Verhaltensweisen einer Zielgruppe auf. Das folgende Projekt ist etwa 20 Jahre alt, trotzdem ist es ein Vorbild für eine gute Recherche nach einem in diesem Kontext noch nicht entdeckten Erzählformat. Denn: Würde man jemals auf die Idee kommen, einen Erotikfilm im Pay-TV von Hotels als Kommunikationsmittel mit einer Zielgruppe einzusetzen?

In der Businessclass der englischen Fluggesellschaft *Virgin Atlantic Airways* waren die Buchungen unter 60 % gefallen. Virgin Atlantic beauftragte eine Werbeagentur mit einer Werbekampagne, um die Auslastung der Businessclass wieder zu erhöhen. Die klassischen Werbemaßnahmen wären in diesem Fall beispielsweise Plakatwerbungen auf Flughäfen oder in Magazinen der Zielgruppe gewesen. Doch die Werbeagentur (Crispin Porter + Bogusky, Miami) machte zuerst einen Research in der Zielgruppe: Wer fliegt eigentlich Businessclass? Es waren zum Großteil Geschäftsleute. Und was machen diese Geschäftsleute, wenn sie an ihrem Zielflughafen angekommen sind? 80 % davon checken in ein nahe gelegenes Hotel ein. Und wiederum 80 % dieser Geschäftsleute schalteten den Fernseher ein und schauten im Pay-per-View den Pornokanal.

Dieser Research gab der Agentur völlig neue Einblicke in die Bedürfnisse der Zielgruppe und die Frage: Können wir hier ein Erzählformat für unsere Kommunikation nutzen? Anstatt den klassischen Weg zu gehen, produzierte die Agentur einen neun-

83 https://youtu.be/qgGqVsLzAyM

minütigen Softporno (http://s.narr.digital/9ccd8), der in der Businessclass von Virgin Atlantic spielt und bot ihn gratis im Pay-per-View-Kanal der Hotels an. Wenige Wochen nach der Platzierung des Filmes war die Businessclass ausgebucht. Diese offene Strategie im Research führte die Agentur an bisher unbekannte Bedürfnisse und vor allem an ein bisher nicht gedachtes Erzählformat.

Die erfolgreiche Strategie war hier: Die Zielgruppe führt zum Distributionsformat.

Für Medienschaffende stellt sich die Frage, wo sich mediale Innovationen befinden. Die radikale Innovation liegt dort, wo wir bisher noch nicht gesucht haben, weil wir überhaupt nicht auf die Idee gekommen sind, dorthin zu schauen. In einem anderen Zusammenhang beschrieb dies Donald Rumsfeld, damaliger Verteidigungsminister, bei einer Pressekonferenz:

> „… es gibt bekanntes Bekanntes; es gibt Dinge, von denen wir wissen, dass wir sie wissen. Wir wissen auch, dass es bekanntes Unbekanntes gibt; das heißt, wir wissen, dass es einige Dinge gibt, die wir nicht wissen. Aber es gibt auch unbekanntes Unbekanntes – es gibt Dinge, von denen wir nicht wissen, dass wir sie nicht wissen."[84]

In den Dingen, von denen wir nicht wissen, dass wir sie nicht wissen, liegt die radikale Innovation von Formaten und ihren Architekturen.

Das vorherige Projekt von Virgin Atlantic Airways schafft genau diesen Schritt in ein bisher noch nicht gedachtes Format an einem bisher nicht gedachten medialen Ort. Solche Innovationen findet man beispielsweise in qualitativen Interviews oder einem tiefgehenden Research heraus.

Je offener und breiter man vorgeht, desto eher findet man dieses unbekannte Unbekannte. Und hier findet sich Innovation, das Neue, das uns einen Schritt voraus bringt, uns neue Erzählformen und Formatarchitekturen finden lässt und uns an die Spitze des medialen Zeitgeistes setzt.

Liquid Content

Die Serie *SKAM* kennt man in Deutschland als Adaption unter dem Namen *DRUCK*. Wir schauen uns im Folgenden das Original aus Norwegen genauer an.

84 Zitiert nach: https://de.wikipedia.org/wiki/There_are_known_knowns

Der Anfang mit einem Research

Julie Andem, Autorin und Regisseurin der Originalserie, wollte ein Projekt für die Bedürfnisse 16-jähriger Mädchen entwickeln. Über sechs Monate führte sie stundenlange Interviews mit Teenagerinnen, um ihre verborgenen Bedürfnisse, Themen und Lebensfragen zu erfahren. Außerdem stalkte sie die Zielgruppe in den sozialen Medien. Ziel war ein klares Bild und eine authentische Geschichtswelt der Teenager mit ihren Themen, Konflikten und Lebensfragen zu erhalten.

Dann entwickelte sie die Figuren der Geschichtswelt passend auf die Bedürfnisse ihrer Zielgruppe.

Vision und Ziel

Ihr Mission Statement für die geplante Serie war: SKAM will 16-jährigen Mädchen helfen, ihr Selbstwertgefühl zu stärken, indem es Tabus abbaut, sie für zwischenmenschliche Beziehungen sensibilisiert und ihnen die Vorteile der Konfrontation mit ihren Ängsten aufzeigt.

Sie präsentierte das Projekt dem Landessender NRK, der die Idee gut fand und die Serie im klassischen Fernsehen platzieren wollte.

Während ihrer Recherche fand Julie Andem allerdings heraus, dass die Zielgruppe kein Fernsehen mehr nutzt und die konsumierten, medialen Formate völlig andere waren. Sie wollte eine Serie für die Zielgruppe und deren Nutzungsverhalten produzieren. Daher sollte sie auf einer Website und in den sozialen Medien stattfinden. Die einzelnen Folgen sollten nicht in ein starres Formatgerüst gepackt, sondern in kleine Erzählsnippets zwischen einer und 20 Minuten unterteilt „in Echtzeit" online gestellt werden. Steigt beispielsweise in der Geschichtswelt am Abend eine Party, dann sollte das Snippet zur selben Zeit am Abend online gestellt werden. Somit wäre die Zeit in der Geschichtswelt dieselbe Zeit wie in der realen Welt. Wäre in unserer primären Welt Weihnachten, wäre auch in der Geschichtswelt Weihnachten.

Der Sender stimmte der Idee nur unter Einschränkungen zu: Das Budget der Serie wurde klein gehalten, denn die Senderverantwortlichen sahen in der Online-Auswertung keine populäre Reichweite. Außerdem musste es einen Zusammenschnitt der Online-Snippets geben, der einmal pro Woche, immer freitags, im Fernsehen gesendet werden konnte.

Formate und Formatarchitektur

Um den Social-Web-Bedürfnissen der Zielgruppe gerecht zu werden, hatte jede Figur der Serie auch ein Profil in den sozialen Netzwerken. Die Zuschauer der Serie konnten den Protagonisten so auch in ihrem Leben „zwischen den Episoden" folgen und Teil der Geschichtswelt werden. Beispielsweise gingen dann schon vor einer Party in der Geschichtswelt Gossiptalks im Social Web los. Wer kommt alles auf die Party? Die Zuschauer konnten auch den Textnachrichten zwischen den Figuren folgen und so den Figuren näherkommen. Auf der Party posteten dann sämtliche Figuren Content in ihre

Social-Web-Accounts. Das Publikum bekam ein Gefühl von Live-Sharing und konnte in die verschiedenen subjektiven Erzählperspektiven eintauchen.

Das Storytelling fand also nicht nur in der Serie statt, sondern auch im Social Web. Spannend waren dabei die verschiedenen „Gesichter" der Figuren: Mit welchen Ängsten und Sorgen kommen sie auf die Party? Das erfahren wir in den Chats im Social Web. Wie geben sie sich dort? Die Zuschauer hatten so umfangreiche Einblicke in die Figuren, ihre Lebensfragen, Ängste, Sehnsüchte und Themen, sowie ihrem Sozialverhalten mit ihren Mitmenschen.

An dieser Stelle kommt nun der **Liquid-Content** ins Spiel: Produziert wurde immer nur die nächste Folge der Serie. Diese wurde online gestellt und das Team beobachtete die Reaktionen der Zuschauer, las die Kommentare, Erwartungen und Fragen der Zuschauer. Mit diesem Feedback gestalteten sie die nächste Episode entsprechend den Bedürfnissen und Erwartungen der Zuschauer. Es gab somit eine starke Einbindung der Zuschauer in die Gestaltung der Geschichten.

Skam bestand aus vier Staffeln. Jede Staffel wechselte die Perspektive in eine andere Hauptfigur. Insgesamt waren diese umfassenden Einblicke in die Figuren, sei es durch den Wechsel der Hauptfigur oder die verschiedenen Erzählformate, etwas total Neues und gleichzeitig lieferte das ein hohes Identifikationspotential für die Zuschauer. Denn wer hat nicht diese verschiedenen „Gesichter" und Facetten in seinem Leben? Vorne das Instagram-Lächeln und dahinter die menschlichen Schwächen, Lebensfragen und das Gefühl der Einsamkeit.

Erfolg der Serie

Skam wurde nicht beworben. Die Serie wurde organisch in den sozialen Medien geteilt. Die erste Folge der Serie wurde die am meisten angeschaute Folge in der Mediathek von NRK überhaupt. Heute ist es die erfolgreichste Webserie überhaupt mit 500.000 bis 800.000 Views pro Folge. Die dritte Staffel schauten im Schnitt 5,3 Millionen Norweger. Das entspricht 15 % der Gesamtbevölkerung. Allein in Schweden hatte die Serie über 25 Mio. Views. Für eine internationale Auswertung wurde die Serie, u. a. wegen nicht vorhandener Lizenzrechte, geoblocked, doch Fans verpassten der Serie englische Untertitel (UGC) und so wurde die Serie weltweit geschaut, besonders in den USA, Südamerika und China. Allein in China haben Posts der Serie bis zu 180 Millionen Pageviews.

Skam ist ein wunderbares Beispiel für einen guten Research und die Entwicklung einer Geschichtswelt nach und mit den Bedürfnissen der Zielgruppe. Ebenfalls der Aufbau der Formatarchitektur und einer Distributionsstrategie mit den Erzählformaten, die die Zielgruppe nutzt.

Es wurden also zwei Strategien verfolgt: Der Inhalt führt zum Format und das Publikum führt zur Distributionsstrategie. Wir haben es hier mit einer **transmedialenFormatarchitektur** zu tun, die sich an den Bedürfnissen der Zielgruppe orientiert. Und um der klassischen Medienwelt gerecht zu werden, wurde ein Zusammenschnitt der Snippets im Fernsehen ausgestrahlt.

6.4 Aufbau von Formatarchitekturen

Das Wort *Formatarchitektur* ist bereits mehrmals gefallen und ich nehme an, man hat eine Vorstellung bekommen, was eine Formatarchitektur sein kann. Einfach gesagt bietet eine Formatarchitektur eine Übersicht, wie verschiedene Formate innerhalb eines Projektes miteinander in Beziehung stehen und veranschaulicht den Erlebnisweg der Rezipienten. Dadurch werden Schwachstellen im Gesamtprojekt sichtbar.

Besteht ein Projekt aus mehreren Formaten einer Geschichtswelt, so ist es sinnvoll, diese Formate im Vorfeld inhaltlich und strategisch miteinander zu verbinden. Auf diese Weise sieht man, ob die Formate im Gesamtprojekt sinnvoll sind oder für das Gesamterlebnis der Rezipienten Formate verändert und angepasst werden müssen.

Sprechen wir beispielsweise über transmediale Projekte, kommt man an der Planung einer Formatarchitektur nicht vorbei. Denn bei transmedialen Projekten verbindet man lineare und interaktive Erzählformate meist noch unter Einbindung der sozialen Medien für Interaktion und Seeding miteinander.

Die Formatarchitektur verbindet dabei alle Inhalte, Formate, Geräte und Plattformen strategisch miteinander. Gleichzeitig kann man beim Aufbau einer Formatarchitektur die jeweiligen Bedürfnisse der Rezipienten mit einbeziehen. Wo möchte man Mehrwerte generieren und mit Bedürfnissen bewusst arbeiten, um von einem Format in das nächste zu überführen?

Auguria - Filmprojekt von Abdalla

Wussten Sie, dass 2018 über 1,5 Millionen Menschen aus aller Welt ein Kurzvisum für die Europäische Union verwehrt blieb? Menschen aus den Erste-Welt-Ländern ist der Prozess der Visabeantragung so gut wie unbekannt. Für Europäer ist es beispielsweise unvorstellbar, dass wir bei jeder Reise in ein anderes Land mit dem Gedanken eines Verhörinterviews konfrontiert werden.

Abdalla, ein Student aus Ägypten an der Hochschule Darmstadt, hat diese Erfahrung an der mexikanisch-amerikanischen Grenze machen müssen. Er wurde während einer Studienreise von Mexiko in die USA beinahe zurückgewiesen, weil die Grenzbeamten ihm nicht glaubten, dass er nur reist, um Länder und Kulturen zu erleben. Die Grenzbeamten drangen während des Visa-Interviews tief in seinen Privatraum ein.

Für Abdallah eine verstörende Erfahrung. Nur weil er in einem anderen Land geboren wurde, wird ihm das Reisen schwierig bis unmöglich gemacht.

Diese Erfahrung wollte er mit uns Europäern teilen und uns zeigen, wie privilegiert wir mit unserem europäischen Pass sind und wie selbstverständlich wir diese Freiheit zu Reisen nehmen.

Für sein Studienprojekt[85] definierte er das Problem folgendermaßen: Wenn man am falschen Ort geboren wird, verliert man seine Reisefreiheit.

Die Lösung: Den Menschen die Augen öffnen für das Privileg des visafreien Reisens.

Die Kernidee des Projektes: Wir nehmen den Menschen die Reisefreiheit, so dass sie ihr selbstverständliches Privileg sehen können.

Um diese Kernidee für die privilegierten Menschen erlebbar zu machen hat sich Abdallah für den Aufbau einer Welt entschieden: Auguria.

Die Prämisse der Welt: „Stell Dir eine Welt vor, in der alle Deine (verborgenen) Sehnsüchte erfüllt werden."

Das Team um Abdallah schuf eine Inselkette im Nordatlantik auf der Höhe Marokkos. Sie entwickelten eine Gründungsgeschichte, die ihre Wurzeln in der Religionsverfolgung im Römischen Reich hat. Die verfolgte Minderheit ist auf diese Inselkette geflohen und hat dort Auguria gegründet. Dort konnten sie ihre Religion, Augury, frei ausleben. Kern der Religion ist es, Vögel als heilige Wesen anzusehen. Das Team schuf eine Landesflagge, eine Nationalhymne sowie einen Zeitstrahl, der Ökonomie, Bevölkerungsentwicklung und Politik abbildete. Da auf Auguria Vögel und Natur heilig sind, ist Auguria Naturparadies und gleichzeitig Touristenmagnet. Einmal jährlich wird auf Auguria das Augora-Festival veranstaltet. Eine Mischung aus *Burning-Man- und Goa-Festival*. Eine Woche lang wird hier ekstatisch gefeiert und Sonne, Strand, Menschen, Kultur und Natur genossen.

Formate aus der Geschichtswelt und der Formatarchitektur

In Phase 1 ging es um das Seeding des Festivals. Dafür kreierte das Team eine Website des Landes Auguria, auf der auch das Festival beschrieben wurde und bewarb es auf diversen realen Urlaubsplattformen, wie beispielsweise Urlaubspiraten.de. Als Köder entwickelte das Team einen emotionalen Werbefilm für Urlaub auf Auguria und das Festival für das Seeding auf Instagram, Facebook und TikTok. Alle Seeding-Formate führten am Ende auf die Website von Auguria.

Die Rezipienten wurden mit dem Versprechen eines großartigen Festivals und eines grandiosen Urlaubs angefüttert und mussten sich jetzt nur noch für ein Visum registrieren.

Mit einer gespannten, positiven Erwartungshaltung kam nun Phase 2 des Projektes: Das Visumsgespräch. Dieses war ein interaktives Online-Video-Format, das durch

---

85 Studentisches Projekt an der Hochschule Dieburg, Worldbuilding: Team: Abdallah Abdel Wahab, Lilly Huynh, Mohim Naim, Ashif Shahriar Rakin, Florian Stratenwerth

die Antworten der Antragsteller via Sprachsteuerung verschieden vorproduzierte Videos ohne sichtbare Unterbrechung abspielen konnte. Ein Zollbeamter von Auguria stellte den Antragsstellern Fragen. Die ersten Fragen waren dabei unverfänglich und allgemein, bis der Zollbeamte plötzlich unangenehme Fragen bis tief in den Privatraum hinein stellte. Das Interview hinterließ bei den Antragstellern irritierende und verstörende Gefühle, weil sie etwas ganz anderes erwartet hatten. So schnell wie das Interview begonnen hatte, fand es auch ein abruptes Ende.

Wenige Minuten nach dem Interview erhielten die Probanden das Ergebnis: Ihr Visumsantrag wurde abgelehnt. Sie durften nicht nach Auguria einreisen und an dem Festival teilnehmen. Damit haben die Probanden nicht gerechnet und in der ersten Planungsphase des Projektes war hier Schluss.

Nun kommt die Formatarchitektur und somit das User-Erlebnis ins Spiel. Die Studierenden haben durch den Aufbau der Formatarchitektur bemerkt, dass dem Projekt noch die Katharsis für die Rezipienten und die Aufklärung des Projektes fehlt. Ihr Visum wurde abgelehnt – und jetzt? Will man die Rezipienten so stehen lassen? Ein ganz entscheidendes Puzzleteil im Gesamterlebnis fehlt noch: Der Sinn und die Botschaft des Projektes. Daraufhin hat das Team noch einen zweiten Film produziert, der die Rezipienten mit ihrem Gefühl der Ablehnung abholt und ihnen den Hintergrund des Projektes enthüllt sowie das Problem vieler Menschen schildert, nicht frei reisen zu können. Jetzt konnten die Rezipienten ihre Erfahrung einordnen.

Nach dem Film konnte man seine Visaablehnung via Hashtag mit seinen Freunden teilen, die dann wiederum zum Werbefilm für das Festival geführt wurden.

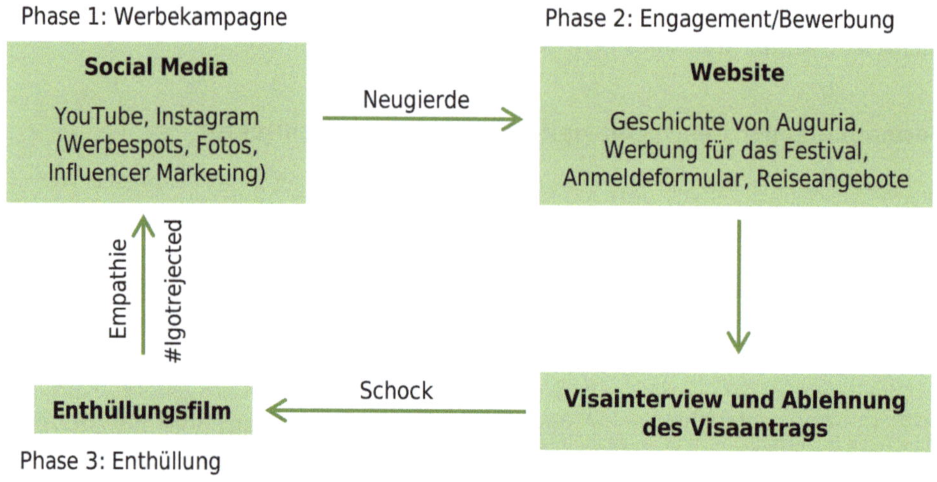

Abbildung 21 | Formatarchitektur

Die Formatarchitektur ist auch ein gutes Beispiel für Wertschöpfungskette vs. Wertschöpfungskreislauf. In dieser Formatarchitektur schließt sich der Kreis. Am Ende des Projektes steht der Übergang zum erneuten Anfang. Somit ist es ein Kreislauf, in dem das Seeding ganz organisch durch die Rezipienten stattfinden kann.

Epilog

Wir könnten uns noch viele spannende Beispiele zur Inspiration anschauen, doch jetzt sind Sie dran. Ich hoffe, Ihnen mit diesem Buch ein Handwerk an die Hand zu geben, das Ihnen im sich ständig wandelnden Zeitgeist in der Ausübung Ihrer Profession hilft.

Genießen Sie den Prozess der Projektentwicklung und lassen Sie Ihre Projekte inhaltlich reifen, bis sie auf einem kraftvollen Fundament stehen. So werden Sie zum Gefühlsproduzierenden.

Ich wünsche Ihnen den Lebensweg, der Sie innerlich erfüllt und glücklich macht. Wohin er Sie auch führen wird. Um es mit Campbells Worten zu sagen: „We must be willing to let go of the life we planned so as to have the life that is waiting for us."

Literaturverzeichnis

Alle Internetquellen waren am 14.5.2024 aktiv.

Black, F. C. (2006). *The Recycled Bible.* o. O., Society of Biblical Literature.

Bryant, P. (2009). *Yoga Sutras of Patanjali.* Berkley, California: North Point Press.

Campbell, J. (1972). *World Mythologie and the Individual Adventure.* o. O.: Big Sur Tapes.

Campbell, J. (1988). *The Power of Myth.* o. O.: Anchor.

Campbell, J. (1990a). *The Flight of the Wild Gander: Explorations in the Mythological Dimension.* o. O.: New World Library.

Campbell, J. (1990b). Wisdom of the East: Transformations of Myth Through Time. Volume II, Tape II, Programs 8-9. (From Id to the Ego in the Orient: Kundalini Yoga Part 1. o. O.: Home Vision Ent.

Campbell, J. (1993). *Mythen der Menschheit.* München: Kösel Verlag.

Campbell, J. (1997). *Inward Journey Vol. 2: East and West.* o. O.: Highbridge Co.

Campbell, J. (1999). *Die Mitte ist überall.* München: Kösel Verlag.

Campbell, J. (2001). *Thou Art That: Transforming Religious Metaphor.* o. O.: New World Library.

Campbell, J. (2002). *Das bist Du.* München: Econ Ullstein List Verlag.

Campbell, J. (2004). *Pathways to Bliss – Mythology and personal Transformation.* o. O.: New World Library.

Dowd, T. (2016). *Storytelling Across Worlds: Transmedia for Creatives and Producers.* o. O.: Routledge.

Eberl, U. (2020). *Künstliche Intelligenz.* München: Piper.

English Heritage. (2024). https://www.english-heritage.org.uk/visit/places/stonehenge/history-and-stories/understanding-stonehenge/

Fischer, M. (2014). *Erzdiözese-Wien.*https://www.erzdioezese-wien.at/wie-weihnachten-zum-fest-wurde

Gallo, C. (2014), *The Maya Angelou Quote That Will Radically Improve Your Business.* Forbes, https://www.forbes.com/sites/carminegallo/2014/05/31/the-maya-angelou-quote-that-will-radically-improve-your-business/

Gennep, A. v. (1999 (Original 1909)). *Les Rites de passage.* o. O.: Campus Fachbuch.

Greiner, C. (1998). *Das Thomas-Evangelium.* o. O.: Genius Verlag.

Grimm, I. (2011). *Erfungene Gründungsmythen von Firmen.* Hannoversche Allgemeine, https://www.haz.de/kultur/regional/erfundene-gruendungsmythen-von-firmen-PZI3FSLUBSCW5LYBYA7LIQCBPM.html

Harpur, T. (2004). *The Pagan Christ, Recovering the lost Light.* o. O.: Thomas Allen Publishers.

Hufen, U. (2022). *In den USA tobt ein Machtkampt um die eigene Geschichte und Identität.* Deutschlandfunk, https://www.deutschlandfunk.de/geschichte-history-wars-project-1619-usa-gesetzgebung-100.html

Jung, C. (2018). *Die Archetypen und das kollektive Unbewusste.* o. O.: Patmos.

Keen, S. (1993). *Feuer im Bauch. Über das Mann-Sein.* o. O.: Lübbe.

Kudler, D. E. (Hg.) (2003). *Joseph Campbell.Myths of Light: Eastern Metaphors of the Eternal (The Collected Works of Joseph Campbell).* o. O.: New World Library.

Toms, M. (1990). *An Open Life: Joseph Campbell in Conversation with Michael Toms.* o. O.: Harper & Row

Tolkien, J. R. R. (1980). Der Herr der Ringe. Stuttgart: Klett-Cotta

Truby, J. (2008). *The Anatomy of Story: 22 Steps to Becoming a Master Storyteller.* o. O.: Farrar, Straus and Giroux

Villarosa, L. et al. (2019). *The 1619 Project.* The New York Times Magazine. https://www.nytimes.com/interactive/2019/08/14/magazine/1619-america-slavery.html

Wolf, M. J. (2021). *Building Imaginary Worlds.* New York: Taylor & Francis.

Wulf, C. (2015). *Anthropologie kultureller Vielfalt.* Bielefeld: transcript Verlag.

Wulf, C. (2018). *Die Erzeugung von Ggemeinschaft in Ritualen (The Generation of Community through Rituals).* https://papers.ssrn.com/sol3/papers.cfm?abstract_id=3753315

Yamamoto, T. (2012). *Hagakure: Der Weg des Samurai.* o. O.: Angkor.

Zimmer, H. (1961). *Religion und Philosophie Indiens.* Zürich: Rhein-Verlag.

Filme

Joseph Campbell and the Power of Myth – 'The Hero's Adventure' (1988).

Psyche and Symbol, Joseph Campbell (o. J.).

Register

Filme und Filmprojekte

Abbildungsverzeichnis

Tabellenverzeichnis